KB080293

안녕하세요 7일

안나푸르나 7일

초판 1쇄 인쇄일 2019년 12월 16일
초판 1쇄 발행일 2019년 12월 23일

지은이 김창환
펴낸이 양옥매
디자인 임흥순
교 정 임수연

펴낸곳 도서출판 책과나무
출판등록 제2012-000376
주소 서울특별시 마포구 방울내로 79 이노빌딩 302호
대표전화 02.372.1537 팩스 02.372.1538
이메일 booknamu2007@naver.com
홈페이지 www.booknamu.com
ISBN 979-11-5776-812-7(03910)

이 도서의 국립중앙도서관 출판시도서목록(CIP)은 서지정보유통지원 시스템
홈페이지(http://seoji.nl.go.kr)와 국가자료공동목록시스템
(http://www.nl.go.kr/kolisnet)에서 이용하실 수 있습니다.
(CIP제어번호 : CIP2019050697)

안나푸르나 7일

김창환 지음

책과나무

안나푸르나行

배낭을 꾸리며

여행은 배낭을 꾸리는 것에서부터 시작된다. 가는 장소와 만날 사람들을 생각하며 준비물을 챙기고 선물을 준비하기도 한다. 여행지에 도착하면 꼭 한두 가지는 챙겨오지 못한 후회와 아쉬움을 체감하면서도 여전히 설렘을 앞세우니 차분해지기가 어렵다.

안나푸르나로 가는 길, 이번엔 달라야 했다. 산 아래는 봄에서 여름으로 가는 계절이고 산의 중턱부터는 눈 쌓인 겨울이랬으니 각기 다른 철의 옷을 준비해야 했고 심지어는 아이젠이나 고산병에 대비한 약품도 마찬가지였다. 길에서 만날 아이들에게 건넬 선물을 준비하는 것은 즐거운 고민이기도 했다. 사계절이 뚜렷한 곳에서 나고 자랐으니 시간이 달리 흐르는 듯, 다른 계절을 만난다는 설렘은 배낭을 챙기는 손끝에 닿아있었다.

삶과 여행은 닮아있다. 지나온 길은 아름다웠거나 때때로 절망스러웠고 우울했다. 앞으로 가야 할 길도 막연하거나 두려움, 설렘의 공간으로 짚어진다. 삶의 여정은 대지에 나 있는 길을 가는 것이기도 하고 살아가는 방편으로서의 길이기도 하다. 길은 결국 이어져있다. 꽃길만을 가는 이는 결단코 없다.

내면화된 인식과 부딪치는 현실 사이에 늘 간극은 존재하는 것이니 인생에서 이로 인해 갈등과 좌절, 성취와 보람을 향유한다. 그런데 여행은 일상의 현실에서 비켜선 낯선 공간에서 체감되는 현상만이 존재한다. 우리네 삶은 늘 어제의 착오와 미련,

다가올 시간에 대한 막연한 걱정으로 흔들린다. 여행은 일상의 단선적인 행로, 현실에서 벗어나는 것이다.

존재함이 시작된 지 60년, 안나푸르나로 떠났던 여행은 오래전부터 꿈꾸었던 시간 여행이었다. 실제 여행기간은 그보다 길었지만 안나푸르나에 다가갔던 시간은 7일이었다. 안나푸르나에서 7일이라는 낯선 공간과 시간은, 여행을 시작하면서 주어진 숙제이자 설렘이었다. 폭설로 정한 곳까지 이르지 못한 안타까움과 정의롭지 못한 현실에 대한 분노도 있었다.

최소한 사계절, 아니 한철을 살아야 무슨 이야기를 할 것이 아닌가, 생각했지만 어쩔 수 없었다. 하루하루의 숙제를 풀어가는 데 7일을 넘어섰다는 것은 나의 한계였다. 여행, 정서 또는 문화, 욕망, 정의, 죽음, 종교까지 마지막 일곱째 날의 주제는 끝내 정하지 못했다. 아니 그 앞의 여섯 날의 것도 하루하루가 벅찬 고갯길이었다. 오지 않았었다면 챙길 수 없었을 이야기들.

삶이 지나간 길에는 연민과 그리움이 남는다. 심지어 나를 괴롭힌 자라 할지라도 그 자는 나에게 끈기와 연민의 폭을 넓혀주기도 했다. 사회적인 성취나 위업이었더라도 그것은 바람과도 같은 것, 이내 지나가버리는 것들이다.

각기 다른 환경과 여건 속에서 살아가는 지구촌의 사람들, 밥을 얻기 위해 일하는 모습과 친구들과는 무슨 놀이를 하며 노는

지 하는 다양한 습속(習俗)을 들여다보아야 한다. 마을의 고샅길에서 만나는 아이들의 표정을 살피는 것도 빠질 수 없다. 그러니 나에게 여행의 주제는 풍경이 아니라 늘 사람이다. 다른 이들이 풍경을 볼 때 나는 낯선 사람들과 눈을 맞추고 때로는 환심을 사기도 해야 하니 단순히 여행이 아니라 노동의 모습이기도 하다.

여행을 떠나기 전이든 돌아온 후에도 나에게 물을 것이다. '어디에 갔다 왔느냐?'가 아니라, '누굴 만나고 무엇을 나누었느냐?'고. 그것은 언제까지나 변하지 않았으면 싶다. 안나푸르나에서 돌아와서도 그렇게 물을 것이다.

2019년 12월

김창환

운수행각,

그렇듯 바람처럼 물처럼 떠돌던 시절이 있었다.

동행도 없이 심야에 떠나는 밤차를 타고 낯선 곳으로 떠돌던 시절,

여행은 길이 끝나는 곳에서야 시작된다는 말이

새로운 의미로 다가오기도 했다.

첫째 날.

그
길
위
에
서
다

여행

　만년설을 이고 있는 마차푸차레가 올려다보이는 들판은 봄기운이 완연했다. 출발지점인 나야풀에서 비레탄티로 이동하면서 계곡 사이로 올려다보이는 마차푸차레, 봉우리의 모습이 물고기의 꼬리 모양으로 네팔어 이름에도 그런 뜻이 담겨 있다. 쿰부히말라야의 아마다블람(6,812m), 알프스 마터호른(4,478m)과 함께 세계 3대 미봉(美峰)으로 꼽히는 마차푸차레(6,993m)는 네팔인들이 신성시하여 등반이 금지되어 있는, 히말라야 유일의 미등정산으로도 유명하다. 1957년 지미 로버트가 이끄는 영국등반대가 정상 50미터 앞까지 등반한 것이 등정 기록의 전부다.

　유채꽃이 노란 빛으로 봄을 퍼트리고 그 바람에 보리며 밀은 이삭을 뽑아 올렸다. 정겨운 옛 풍경처럼 보리밭 가의 완두콩이 나비처럼 흰 꽃잎을 팔랑거린다. 겨울을 지난 양배추들은 야무지게 굴린 실타래처럼 속을 꽉 채우고 연두빛 잎으로 감싼 채 둥글어져 있었다. 골목길에도 봄볕이 자글거리고 아이들 소리가 왁자했다. 우리 삶에서 정말 소중한 것은 다 공짜라는, 그 풍경들은 햇볕과 바람, 비와 안개 같은 자연이 만들어주는 산물이었다. 안나푸르나로 다가갔던 7일 동안 네팔의 자연은 봄과 초여름, 심지어 설산이 아니었는데도 깊은 눈의 겨울 풍경까지도 보여 주었다. 꼭 왔어야 할 이유를 만들어주려는 것처럼.

　한번도 다닌 적이 없던 그 길은 여러 번 다닌 길처럼 전혀 낯
설지가 않았다. 꼭 오고 싶었던 길, 오랜 염원이 닿은 길이었으
니 그랬던 것일까?

　오랫동안 정착생활을 영위했던 이 땅의 민초들에게 여행은 낯
선 말이었다. 여행은 대부분 두 발로 걷는, 여벌의 짚신을 챙겨
야 했던 도보 길이었을 것이다. 말의 잔등을 빌리거나 무동력의
배를 타야 하는 경우도 있었을 것이다. 긴 여정이었을 뿐만 아
니라 위험하고 고달픈 과정이었다. 산적이나 해적을 만나기도
하고 사나운 날씨, 호랑이 등 산짐승을 만나기도 했으며 때로는
목숨을 걸어야 했다. 뱃길도 마찬가지였다.

여행의 기회가 드물었더라도 요즘처럼 여행에서 뭔가 체험하고 기존의 영역을 허무는 기대가 있었는지는 추측하기 어렵다. 그러나 여행에서 뭔가를 챙겨왔으면 하는 기대와 바람은 그때도 있었을 것만 같다.

우리의 삶에서 관계가 삐걱대거나 예상치 못한 불운이 닥쳤을 때 우리가 핑계나 이유로 돌아보는 것은 무엇일까? 자신이든 타인이든 사람의 문제라고 생각하기 쉽다. 그러므로 이때 시간적인 요소는 지나치는 경우가 많다. 예전에 단순히 여행만을 목적으로 나서는 것은 드물었다. 첫째 날의 이야기를 시작하면서 그 어느 때보다 쉽게 여행길에 나설 수 있는, '좋은 세상'에 존재하는 것에 새삼스러운 감사함을 품는다.

여행을 뜻하는 영어 트래블(travel)은 라틴어 트레팔리움(trepalium)에서 유래했다고 한다. 트레팔리움은 셋을 뜻하는 트리아(tria)와 회초리를 뜻하는 팔루스(plaus)를 기초로 만들어진 단어라는 것, 세 개의 회초리를 한데 묶으면 일종의 삼지창이 되는데 이를 노예들을 길들이는 도구로 사용했다는 것이다. 트레팔리움에서 파생한 트라바이런(travailen)이라는 동사는 근대에 '힘들게 일하다'라는 의미 외에도 '여행하다'라는 의미로도 사용되었다. 이러한 의미의 확대 또는 전환은 중세시대에 여행이 얼마나 힘들었는지를 짐작케 한다.

주거지에서 멀리 벗어나 길을 떠난다는 것은 소금장수 등의 직업을 가진 경우였거나 과거를 보러 가는 등의 특별한 용무가 있는 경우였다. 낯선 풍경과 새로운 세상을 보기 위하여 집 밖을 나설 수 있는 이들은 극소수 기득권층으로 풍류를 즐긴다는 시인묵객 등이었다. 이는 사치스런 행위였으니 대다수의 민초들의 행동반경은 대부분 태어난 마을의 언저리를 벗어나지 못했다. 왕조가 몰락하면서 밀려드는 외세의 여파로 불가침의 영역이었을 상투를 잘라내기 시작했고 사람들은 떠나는 것에도 익숙해지기 시작했다. 이 땅에 철길이 놓이는 시기와 일치했다.

기관차가 발명되고 철길이 놓이기 시작한 19세기, 세계는 혁신의 주역과 마주했지만 우리는 수탈의 처연한 현실과 마주해야 했다.

이제 여행은 현대인들에게 필수 덕목처럼 끼어들었다. 농경으로 정착생활을 영위하던 시절, 이웃집이나 동네 사랑방으로 가던 마실의 개념으로도 다가오는데, 변화하는 정서에도 기인하는 듯했다.

근래에 새로운 도시가 생긴다는 것은 성냥갑 같은 아파트 단지의 밀집을 뜻하는 말이 되었다. 우리나라 국민 10명 중 6명이 아파트에 산다.

아파트라는 주거공간이 이 땅에서 각광을 받게 된 이유는 무엇일까? 한 전문가의 분석처럼 '새것에 대한 맹목적 숭배, 국가와 기업, 중산층의 이익연합구조가 거대한 아파트 숲을 이루게 한 동력이 되었다'는 말은 충분히 설득력이 있다. 그처럼 투자가치, 편리성 등 여러 이유가 있을 것이지만 그러나 조금 다른 측면에서 보면 '타인과 거리두기'에도 있을 것이다. 마을이라는 촌락구조에서 우리의 전통적인 가옥은 일상의 많은 부분을 자의든 타의든 노출시킬 수밖에 없었고 타인의 접근도 마찬가지였다. 말은 늘 사실과 소문이 명확하지 않은 채 떠돌다가 당사자에게 돌아오는 필연적인 구조였다.

벽을 맞댄 앞집이나 천정을 맞댄 윗집이나 아랫집 사람들과도 오히려 전혀 무관하게 살 수 있다는 것, 무심하게 살아야 한다는 절실한 이유(?) 등으로 아파트라는 주택 구조를 선호하게 되었을 것이다. 문을 닫으면 타인에게서 나를 단절시키고 나를 타인의 시선에서 숨겨둘 공간이라는 것이다.

아파트라는 공동주택으로 다닥다닥 붙어살기도 하지만 슬리퍼를 끌고 편하게 마실을 갈 수 있는 집은 드물다. 사전에 기별을 전하지 않고 방문한다면 대개는 얼굴을 붉힐 것이기 때문이다. 심지어는 부모자식 간에도 이는 마찬가지다. 그런 시절이 있었고 꼭 꿈까지 꾸어야 할 일은 아니었지만 이제 한 시인이 읊은 대로 지란지교(芝蘭之交)는 정말 꿈을 꾸어야 하는 세상이 되어간다.

'입은 옷을 갈아입지 않고 김치 냄새가 좀 나더라도 흉보지 않을 친구도, 비 오는 오후나 눈 내리는 밤에도 고무신을 끌고 찾아가도 좋은 친구도, 밤늦도록 공허한 마음도 마음 놓고 보일 수 있는 친구도, 악의 없이 남의 얘기를 주고받고 나서도 말이 날까 걱정되지 않을 친구'도 드물고 또 드물어져가는 세상이다. 시간과 경제적인 여유가 여행을 떠나는 이유로 한몫하겠지만 그렇게 편하게 찾아갈 수 있는 친구 같은 이들이 주변에 흔치 않다는 것도 이유가 되리라.

🏔 운수행각(雲水行脚)

　번잡스런 수속과 장거리 비행에 시달리며 해외여행을 떠나는데 다른 이유가 있을까? 농경시대 삽자루를 뒷짐에 지고 물꼬를 보러 다녔을 아비의 자식들이 골프채를 휘두르며 신분상승의 기분을 만끽하는 경우도 있을 것이다. 우물 안에서 밖을 한 번도 내다보지 못한 개구리처럼 새로운 세상을 본다는 것은 새로운 도전처럼 인식되기도 하니 부정적으로만 대할 일은 아니다. 하지만 동남아 등 여행지에 갔다 온 사람들이 하는 말이 "같은 말을 하는 사람들이 참 많더라." 하니 좀 지나치다는 느낌이 들기도 한다. 더러는 요즘 젊은이들이 취업을 위해 가지가지 스펙을 쌓아가듯이 여행을 다니는 모습은 고단하게 느껴진다. 심지어는 대단한 도전처럼 소문을 내며 일터도 벗어나고 아이들은 학교도 벗어나 온 가족이 여행을 떠나기도 한다. 둘레길이니 올레길이니 이정표를 세우고 사람들을 꾀기도 하더니 멀리 해외로까지 그 범위를 넓혀갔다. 다녀와서는 대단한 전적을 올린 것처럼 여행기를 써서 퍼트리기도 한다.

일본의 작가 다치바나 다카시가 쓴 '사색기행', 그는 여행할 때는 여행 자체에 몰두한다고 했다. 물론 글을 쓰기 위하여 여행을 하는 경우에는 어쩔 수 없지만 그런 경우 여행도 글도 가치가 낮아진다고 했다. 자신이 체험하는 것 자체에 열중한다는 것이다. 그 체험으로 글을 쓰자는 생각이 전혀 들지 않을 정도로 말이다. 그는 그런 예를 나열했다.

'처음으로 맛난 것을 먹을 때 그 맛에 대해서도, 정말로 황홀한 섹스를 할 때, 그 섹스의 황홀경에 대하여 글을 쓰자는 생각이 들겠는가.' 하는 등의 이야기이다. 그는 이어서 '무언가에 몰입하고 있을 때에는 몰입된 체험을 계속하는 일 자체가 중요하다는 것이다. 그러니 그는 한창 여행을 하는 중에 그 여행에 대해서 뭔가 글을 쓰려고 시도하는 사람은 변변찮은 여행을 하는 사람이라고 본다는 것, 나도 그 말에 절대 공감하면서도 써야 하는 이야기를 밀쳐 두지는 못한다. 여행지에 가면 사진 찍는 것에 매달리는 이들도 마찬가지다. 철저하게 무위(無爲)여야 하는데 그게 쉬운 게 아니다.

단순한 일상에서 탈출한다는 것, 여행이 마치 '여유로운 행동'의 줄임말일 것처럼 여행에서 새로운 자극을 받거나 무엇인가를 챙겨올 수 있다. 그래서 여행은 마치 동냥아치처럼 남루한 차림에 빈 깡통이나 차고 나서야 한다. 그러나 우리는 많은 것을 준비하고 챙겨간다. 좀 더 편안한 숙소를 찾고 질펀한 먹을거리에 술까지. 여행은 자신만의 고독의 공간을 만들 수 있는 소중한 기회인데 술은 이를 회피하는 수단이다. 대개의 사람들은 고독과 외로움을 혼동하는 편이다. 아니 고독의 방법을 잊어버린 듯하다. 릴케는 고독을 이렇게 이야기했다.

　'우리가 자유롭게 갖거나 버릴 수 있는 무엇이 아니고 우리 자체가 고독'이라고. 고독은 자기 안에 숨겨진 자기만의 공간이다. 혼자 있으면 오히려 존재감이 충만해지기도 하는 것처럼 고독은 외로움과는 다른 것이다. 외로움은 내 안에 들어와 있던 타인의 공간 때문에 생긴다. 일상생활에서 고독의 공간을 찾아내는 것은 어렵다. 이는 일상에서 자신의 본 모습을 그대로 드러내거나 찾아내기는 어렵다는 것과 궤를 같이한다.

　외로움은 누군가를 만날 때 해소된다는 단순한 해결책을 갖기도 하지만 고독감을 즐기거나 완화한다는 것은 어려운 것이고. 고독으로 진입하는 상태는 다분히 의도적인 상황 하에서 인지된다. 많은 사람들이 여행지에 가면 술을 찾는 것은 그런 상황을 회피하기 위한 수단이다. 낯선 자신의 내면에 익숙하지 않은 두려움. 술은 숨어있던 자신과 온전히 교유할 수 있는 기회를 박탈하는 반자위적인 행위인 셈이다.

학습의 과정처럼 사회생활을 한다는 것은 자신의 본 모습을 숨기고 포장하는 것을 끊임없이 익히고 배우는 과정이랄 수도 있다. 한때 처세에 대한 책들이 인기를 구가했던 것처럼 말이다. 흔히 스트레스라고 하는 정신적인 불순물은 이것의 누적이고 여행은 이를 완화 또는 해소하기 위한 수단으로 치부되기도 한다. 자신의 밑바닥에서 내는 소리에 귀를 기울이고 친숙해져서 먼저 자신과 교감할 수 있는 공간을 확보하는 것, 익숙한 시간과 공간을 떠났을 때 도모할 수 있는 것이 고독이다. 인간은 고독해지기 위해서 실제로 혼자 산을 오른다거나 호숫가의 고요함에 머무르기도 한다. 그리고 그 순간에 숨어있던 자신이 돌아나오기도 하는 것이다.

'운수행각(雲水行脚)', 예부터 수행의 한 방편이었다. 구름이나 물이 별다른 목적도 없는 듯이 흐르는 것처럼, 일체의 경계나 대상에 집착하지 말고 길을 나선다는 말이다. 길을 나서는 것은 몸만이 아닌 마음도 포함하는 것이다. '움직여 가는 곳마다 진리의 자리임을 확인하라'라는 의미가 있다고도 한다.

운수행각은 탁발을 기본으로 했다. 탁발은 범어로는 'Pindapa-ta'이며, '걸식(乞食)', '걸행(乞行)' 등으로도 번역된다.

탁발을 통해 걸식한다고 해서 비구(比丘)란 낱말이 생겼다. 비구란 본래 '얻어먹는 사람'이라는 뜻이며, 한문으로 걸사(乞士)라고 번역한다. 그런데 이 말에서는 밥만 비는 것이 아니라 법이나 진리를 비는 사람이라는 의미가 더 강조된다고 했다. 말 그대로의 뜻은 손에 바루(鉢盂)를 들고 집집마다 돌아다니면서 먹을 것을 구하는 행위를 말한다. 탁발은 출가자가 가장 간단한 생활태도를 갖도록 한다는 의미를 지니고 있다. 다른 한편으로는 아집(我執)과 아만(我慢)을 버리게 하는 수행으로서의 의미도 있고, 보시(布施)하는 자에게 복덕(福德)을 길러준다는 의미도 지닌다. 요즘의 비구들은 그 말뜻을 잊은 듯 많은 것을 가졌거나 가지려 하는 듯도 싶다. 언젠가 길에서 우연히 만났던 한 비구는 역시 노후대책을 걱정하고 있었다.

태국이나 미얀마 등 남방불교에서는 여전히 그 전통을 이어간다. 그곳을 여행하면서 보았던 이른 아침의 탁발행렬은 주요한 관광코스가 되어 있었다. 이제 수행자의 길을 가려는 젊은이들이 점차 줄어들어 이 땅에서는 그 또한 관심거리에 포함되는데 그곳에서 보았던 붉은 장삼을 걸친 많은 스님들의 긴 행렬은 강렬했다. 신도들은 복덕을 염원하며 이른 아침 그 자리에 있었을 것이다.

무언가를 주는 자는 당연히 자비를 베푸는 것이지만 부처님이

탁발을 통해 누군가에게 자비의 기회를 주었듯이 받는 사람은 주는 사람에게 자비의 기회를 주는 것이다. 메마른 세상에는 탁발이 사라진다. 탁발하는 사람이 없으면 베푸는 사람도 없다. 탁발은 주고받는 사람, 서로가 세상에 진 빚을 갚는다는 것이다.

"여행은 동냥아치처럼 떠나라." 예전에 누군가 했던 말이 아니다. 자주 세상을 떠돌다보니 나에게서 생겨난 말이다. 풍족하고 편안한 것은 집 안에서 구하면 되는 것이고 여행을 떠날 때는 가진 것을 잠시 집 안에 놓아두거나 버리고 떠나야 한다는 말이다. 사회적으로 부여받았던, 의무처럼 자신이 끌어안아야 했던 정체성도 마찬가지다. 내가 누구라는 것을 잠시 잊는 것 말이다. 이는 뭔가 결핍되고 불편하기도 해야 한다는 말과도 같다.

비워야 채워올 수도 있고 내 안에 사그라져 가는 정도 품어올 수 있다. 동냥아치가 차고 다니는 빈 깡통에 무언가를 채우고 나면 나설 필요가 없듯이 여행을 나서려면 내가 알고 있는 것들을 일부러라도 버리고 비우고 떠나야 한다. 공간에 여백을 두어야 한다는 의미이다. 지식과 정보의 여백은 오감을 풍성하게 한다. 대상에 좀 더 가깝게 다가가기 위해서는 감각이 훨씬 오류가 적다는 이유도 있다.

운수행각, 그렇듯 바람처럼 물처럼 떠돌던 시절이 있었다. 동행도 없이 심야에 떠나는 밤차를 타고 낯선 곳으로 떠돌던 시절, 여행은 길이 끝나는 곳에서야 시작된다는 말이 새로운 의미로 다가오기도 했다. "지혜로운 자는 여행을 하고 어리석은 자는 방황을 한다."라는 말의 분간은 무의미했다. 햇빛과 달빛, 바람은 빈부와 귀천을 가르지도 않고 고르게 주어졌으니까. 동냥아치처럼 떠난 여행이었다면 내 안에 있는 또 다른 나를 만날 수도 있었다. 내 안의 나를 만난다는 것의 실체는 이야기였다. 혼자 산을 오르다보면 자신과 이야기를 나누는 시간을 갖기도 한다. 자기 자신과 이야기를 나눈다는 것은 시시때때로 부유(浮遊)하는 잡념과는 다른 특별한 공간의 산물인 것이다.

천일야화

　이십여 년 군생활을 마치고 새로운 직장생활, 첫 근무지가 과천이었다. 아침 출근은 가급적 걸어서 하겠다는 생각을 했고 곧바로 행동으로 옮겼다. 남부순환로 횡단보도를 건너 우면산을 넘고 양재천을 거슬러 올라 과천청사까지 가는 길을 이어가기 시작했다. 한 시간 반을 걸어야 하는 결코 짧지 않은 길에서 스치듯 만나는 사람들이며 철따라 변하는 스스로 그러한 자연을 접할 수 있었다. 그렇게 철따라 만나지는 것들과 눈을 맞추고 이야기를 시작했고 그렇게 나눈 이야기들을 한 편의 시 같은 짧은 산문으로 써서 곁에 있는 이들과 나누기 시작했다. 그것은 길에서 만드는 창작의 시공간이었다. 서울청사로 근무지가 바뀌었을 때에도 과천까지 걸어와 통근버스를 타고 출근했었는데. 근무지가 바뀌어 세종시로 옮겨가게 되었을 때 사람들은 먼저 그 길을 잃어버리게 된 것에 대해 걱정하듯 아쉬운 마음을 나눠주었다. 마치 삼손이 가진 힘의 원천을 알아 낸 블레셋인들처럼, 그 이야기들은 대부분 길에서 주운 것이었다는 것을 사람들이 알아차린 셈이었다.

　여행에서는 조금 다르다. 여행에서 만나지는 풍경이나 음식이 새롭고 특별할 수도 있지만 그래도 사람을 만나는 것이 으뜸이다. 사람은 이야기와 궤를 같이한다. 우연히 마주친 나쁜 상황도 마찬가지다. 일정이 틀어지거나 길을 잃고 헤매거나 막다른 길에서 좌절하였을 때 이야기는 또 생겨난다. 성 아우구스티누스는 '세상은 한 권의 책이다. 여행하지 않는 자는 그 책의 한 페이지만을 읽었을 뿐이다.'라고 말했다. 모든 책의 한 장 한 장의 내용이 다 다르듯이 세상도 그러할 것임을 암시한다.

이야기는 주로 사람에게서 생겨나는 산물이다. 익숙한 사이로 만나는 사람들이라면 이야기의 주제는 한정된다. 이해나 친분을 이유로 일정한 주기로 만나는 사람들과 나누는 이야기를 복기해보면 나의 말에 수긍이 갈 것이다. 특정한 누군가를 만나면 늘 이야기의 주제나 흐름이 대개 비슷한 경로를 지난다. 정치이야기를 했던 친구는 다시 만나도 정치이야기를, 부동산투자 관련 이야기를 친구를 만나면 다시 비슷한 이야기를 한다. 역시 새로운 이야기의 길을 튼다는 것은 거의 불가할뿐더러 이야기는 단절되고 이어지기가 쉽지 않다.

그것은 무엇을 의미하는가? 만날 때마다 이야기의 흐름이 동일한 까닭은 만나는 사람에 대해 정형화된 선입견이 내재하고 있다는 것과도 같다. 상대방에 대한 불확실한 정보가 입력되어 있다는 것이다. 여행을 떠날 때는 그러한 지식과 정보를 지워버려야 한다. 그래야 새로운 이야기들을 만들어 담아올 수 있디.

천일야화 속, 초등힉교시설 교과서에도 배웠던 '알리바바와 40인의 도둑' 이야기를 기억한다. 당시는 이야기의 의미를 깊이 생각하지 않았을 것이다. '옛날이야기를 좋아하면 가난하게 산다.'라는 옛말도 있지만 나는 이와 다른 생각을 가진다. 이야기를 많이 가지고 있는 사람, 누구와 만나든지 물이 흐르는 것처럼 자연스럽게 이야기를 이어가는 사람은 진정한 부자라고 말하고 싶다. 얼마 전에 회사 행사관계로 만났던 한 여성은 우연히 자신의 고향이야기를 했다. 그녀의 고향은 소록도가 곁에 떠 있는 전남 고흥의 거금도였다.

"박치기왕, 김일 선수가 태어난 곳이네요." 했더니 그녀의 얼굴은 화색이 돌며

"맞아요. 김일 선수 때문에 다른 섬보다 전기가 먼저 들어왔대요. 당시 대통령이 김일 선수에게 소원 한 가지를 들어주겠다며 물었다는 거예요."라며 많은 이야기들이 줄줄이 달려 나왔다. 이야기를 많이 가지려면 자신을 낮춰야 하고 호기심도 많아야 하며 여행도 많이 다녀야 한다. 사람도 많이 만나고 책도 많이 보아야 한다. 천일야화가 상징하는 의미도 그러하다는 것이 나의 생각이다. 그러니 내가 부자가 되기는 어려울 듯도 싶지만 뭐 그게 중요한 것은 아니다.

천일야화는 1000일 동안의 이야기가 아니라 1001일 동안의 이야기이다. 3년에 가까운 긴 시간의 이야기 공간, 그곳에서는 '1001'이라는 숫자는 무한대의 의미를 지닌다고 했다. 그러면 그 이야기는 어떻게 비롯되었는가?

아내의 부정을 목도하고 비탄에 빠진 왕은 매일 한 명의 처자와 결혼하여 하룻밤을 지낸 후 다음 날 해(害)하는 잔혹한 짓을 이어간다. 연산군 시절에 있었다는 채홍사 같은 직무를 수행하였던 재상의 맏딸, 셰헤라자데가 왕의 잔혹한 행위를 멈추겠다고 자청해서 왕과 결혼하면서 천일야화는 시작된다.

매일 밤 이어지는 그녀의 이야기는 너무나도 흥미진진하고, 에로틱하거나 달콤했고, 자극적이기까지 해서 왕은 그녀를 죽일 수가 없게 된다. 다음날 아침이면 자신을 죽일 수도 있는 왕이며 남편에게 다음 이야기는 어떻게 이어질 것인가 하는 궁금증으로 마무리를 했기 때문이다. 흥미를 유지하면서도 도중에 이야기를 멈추고 이야기에 빠져 있는 왕을 그 상태 그대로 내버려 두었다. 왕은 이야기를 더 듣고 싶은 욕망과 결말을 알고 싶다는 궁금증에 사로잡혀 더더욱 이야기에 빠져들었을 것이다. 천일야화의 내용은 에로티시즘과 이국적이고도 열정적인 짜임새를 갖는다. 이는 역시 절정과 죽음 사이를 넘나드는 욕망에서 비롯되었다고 볼 수 있을 것이다.

누구나 셰헤라자데와 같은 재능을 가질 수는 없다. 그녀는 누군가 지어낸 이야기의 주인공일 뿐이다.

여행이야기에서 천일야화를 생각한 것은 삶에서 이야기의 중요성을 이야기하고 싶었기 때문이다. 낯선 곳에서 낯선 사람과 만나 이야기하는 것이 여행의 빼뜨릴 수 없는 묘미이다. 진정한 여행자는 만나는 누군가와의 대면에서 나이와 처지와 신분을 뛰어넘을 수 있는 사람이다. 국경을 달리한다면 언어라는 장벽이 있을 수도 있지만 말이다. 내가 많은 이야기를 하는 것보다 상대방의 이야기를 잘 끄집어낼 수 있는 비법, 자연스럽게 상대를 내가 원하는 방향으로 끌고 갈 능력을 가진 사람이다. 외국이라면 언어의 문제로 제한될 수밖에 없지만 많은 시간이 주어진다면 그것의 극복의 대상이 될 수도 있다. 천일야화에서 이야기로 많은 처자의 목숨을 구하고 자신의 목숨을 이어가면서 유쾌한 결말이었던 것처럼 이야기를 많이 가진 자는 진정한 부자라는 것이다.

'누군가를 만나러 갈 때 마음이 설렌다면 그는 친구다.'라는 말을 한다. 누군가를 만나러 가거나 집에 손님을 초대할 때에 준비하는 것이 무엇인가? 용무를 확인하고 집으로 초대했다면 집 안을 정리하고 음식도 준비해야 하지만 그보다 더 중요한 것은 나눌 이야기를 준비하는 것이다. 상대방에 대한 관심처럼, 당나귀가 쫑긋 세운 귀처럼, 나눌 이야기라는 것이 마주 서야 할 상대방이 좋아할 이야기가 무엇인가를 생각해보는 것이다.

🏔 사람과 풍경

만년설을 이고 있는 설산에 가까이 다가가려니 이런저런 준비물이 배낭 속을 비집고 들어찼다. 챙겨간다는 것에 단순해지려고 하지만 행선지가 별다르다 보니 그러기가 쉽지 않았다.

인도에 다녀왔다는 이들이 많다. 심지어는 배낭여행으로 몇 달씩이나 뭔가를 탐구하듯 다녔다는 이들도 있고 기행문처럼 인도에 대한 이야기를 쓴 사람들도 많다. 대중적인 인기작가의 반열에 든 이들도 마찬가지다.

열악한 환경에서 가난하게 살지만 명상가나 마치 신오한 철학이 내재된 듯, 하지만 인도는 복잡다단한 나라이다. 10억 인구 가운데 5,000만 명이 엄청난 부(富)를 누리고, 1억 5,000만 명이 이른바 중산층이고, 4억 명은 겨우 밥 먹고 사는 정도, 3억 명은 건드리면 터진다는 일명 불가촉천민이다. 그보다도 못한 1억 명은 길에서 태어나 길에서 죽는다고 했다. 4억 명이 비참한 생활을 하고 있어도 잘사는 상류층은 눈도 깜짝하지 않는 사회라는 것이다. 많은 사람이 글로 옮긴 인도 땅의 이야기 속에는 그런 복잡다단한 사회를 단순하거나 단일한 세계로 펼쳐놓는 경우가 많았다. 그것의 바탕은 영국인들이 식민국으로 군림하면서 은연중에 주입했을 백인우월주의가 자리하고 있을 것이다. 경멸의 시선으로 바라보면서도 무질서라고 여겨지는 사회의 모순을 일종의 초월적인 것으로 여기는 것이다. 무질서와 가난 속에 살아도 삶의 여유라는 시각을 가져야 한다는 듯. 절대적 빈곤상태의 극빈층들도 행복한 것 같은 환상을 갖게 된다. 결국 그것은 우리 사회에 던지는 또 다른 의미로 위선의 칼날과도 같은 것이었다.

'가난해도 행복하지 못한 건 자신 탓이니 괜히 환경 탓하지 말고 자기 자리에서 만족하라.'는 강압적인 의도도 엿보인다.

원고를 마무리하고 출판사에 넘기려는 시점에 접한 충격적인 뉴스, 인도의 한 처자가 불가촉천민과 결혼했다고 사위를 대상으로 신부의 아버지, 즉 신랑의 장인이 청부살인을 교사했다는 내용이었다. 나름 어렵게 결혼했을 이들 부부 중 남편은 다른 사람도 아닌 장인에게 여러 번 생명의 위협에 직면해야 했고 결국 잔혹하게 살해당한 것이다. 이들 부부는 신분의 억압 없이 살 수 있다는 호주로 이민을 떠날 준비를 했다. 그러다 아내가 임신한 사실을 알고 아이가 태어날 때까지 이주를 미룬 상태에서 생겨난 일이었다. 사위를 청부살인한 장인은 '명예살인'을 주장했고 조건부 보석으로 풀려나 구속 8개월 만에 자유의 몸이 되었다.

해외여행이 이웃집 마실 가는 것처럼 일반화된 세상이니 인도에 갔다 왔다는 것이 뭐 대단한 것도 아니지만 많은 이들이 한결같이 "꼭 한 번 인도에는 가봐"라며 나에게 말하곤 했다. 세상물정에 뒤처진 자처럼 자괴감을 가지면서도 그 이유를 묻지는 않았다. 섣부른 예단일지라도 그 말을 하는 이유가 뻔하기 때문이라는 거다. 뭐 대단한 걸 깨닫거나 충격적인 현상을 목도했다는 의미일 듯도 싶지만 대개는 자신의 관점에서 피상적으로만 그들의 삶을 보고 왔을 것이라는 생각 때문이다. 많은 불자들이 성지순례로 다녀오기도 하는 이유도 있을 것이다.

먼저 갔다 온 이에게나 아직 가보지 못한 나에게나 인도의 중심은 현생을 살아가는 이들의 고통이다. 고통을 둘러싼 종교 또는 신앙이다. 윤회라는 또 다른 순환에 대한 신앙은 그들의 삶을 억압한다. 거기에 갔던 이들이 과연 그들의 종교에 대해 얼

마나 알고 있을까? 빈곤과 비위생적인 환경, 무질서 속에서 태연하게 살아가는 그들에게서 뭔가 깨달음이라도 전이된 듯한 이유가 있을 테지만 말이다. 특히 바라나시의 갠지스 강가에서 공개된 의식처럼 주검을 화장하고 그 강물을 마시고 성수처럼 몸을 담그는 의식을 치르는 그들의 모습을 과연 어떻게 보았을까?

풍경을 볼 것인가? 사람을 볼 것인가? 여행의 참된 의미로 새로운 풍경보다는 새로운 시각을 가질 것을 주문한 마르셀 푸르스트의 견해를 가져와 보며 시각의 대상을 사람이라고 말하고 싶다.

산천은 의구하고 사람은 간 데가 없으나 나에겐 여전히 사람이 여행의 주제일 뿐이다. 단 한 번 풍경이 가슴에 치댔던 것은 요르단의 페트라에서였다. 이전에도 이후에도 없을 것처럼.

나를 가장 기쁘게 하는 것도 사람이고, 가장 슬프게 하는 것도 사람이다. 그러니 여행은 사람과의 만남과도 닮아있다. 누구를 만나든 처음 만날 때는 호기심을 갖게 되고 호기심은 호감과도 궤를 같이한다. 여행도 마찬가지다. 누군가를 처음 만날 때처럼 여행도 출발하면서 호기심을 갖는다. 사람과의 만남에서 만남의 목적을 이루어가는 것도 중요하지만 사람을 알아간다는 괴로움과 즐거움이 있다. 그 갈등을 통해 내면의 변화를 겪는다. 세상을 더 알아간다는 의미이다. 대개는 헤어지게 되고 그리워하고 원망의 마음도 남겨두게 된다. 부딪치고 양보하며 상대방을 알아가듯 여행지도 그런 모습을 갖는다.

이번 네팔 히말라야로의 여행은 시간 여행이었다. 수구초심(首丘初心), 여우도 죽을 때는 자기 굴을 향해서 머리를 둔다고 하듯이 우리는 누구나 떠나온 고향을 그리워하는 나그네로 살아간다. 이것은 아마도 어머니, 모체를 향한 회귀본능일지도 모른다. 철학이나 종교나 학술논문과 달리 문학이 예술인 이유는 감동적 기법이 있기 때문이며 그 감동을 위해서는 향수를 유발하는 서정성은 문학에서 매우 큰 자리를 차지한다. 그리워 몸부림치게 하는 것이야말로 사랑하는 연인을 그리듯이 누구도 이면하기 어려운 강력한 매력이며 아름다움이기 때문이다. 과거의 시간은 그런 매력을 지닌다. 흘러간 과거는 누구나 되돌아가고 싶은 세계다. 과거는 실패의 경우도 있다. 그러나 시간이 지났을 때 그 실패와 곤경 속에서도 새로운 것을 알아가는 깨달음의 즐거움이 있다. 그 과거 속에는 사람들이 있다.

🏔 금단의 땅 안나푸르나

바다도 없고 기차가 다닐 철로도 잇기 어려운 험준한 산악지형, 게다가 만만한 자원과 기술도 없는 네팔 사람들에게 세계의 지붕이라는 히말라야 산맥이 이어져있다는 것은 어떤 의미일까? 외국여행이 처음은 아니지만 네팔에 간다면서 가지가지 기대와 설렘을 큼지막한 빈 자루로 배낭 속에 넣어 왔다. 인도는 너무 많은 사람들이 다녀와 그 다녀온 이야기를 했고 그 선입견으로 너무 버거웠는데 인도와 이웃인 네팔은 상대적으로 가벼웠다. 아니 만만했다. 그래서 마음은 가벼운 만큼 뭔가 담아가야 할 빈 자루는 큼지막한 것으로 준비했던 것이다.

여행과 답사는 다르다. 여행은 빈 자루를 메고 가는 것이고 답사는 답사예정지에 대한 정보를 담아가지고 가야 하는 것이다. 하지만 단순히 여행이 목적이더라도 '아는 만큼 보인다'는 또 다른 벽에 부딪치게 된다. 정조 때 문인 유한준은 "사랑하면 알게 되고 알면 보이나니, 그때 보이는 것은 전과 같지 않더라"

고 말했다. 낯선 여행지에서 현상과 풍경에 대해 어떤 관점을 갖느냐 하는 차이, 이것은 여행자의 몫이다.

히말라야 산맥의 에베레스트가 발견되어 알려지기까지 세계 최고봉은 안데스 산맥의 침보라소였다. 그곳을 최초로 등반하고 실측한 인물이 알렉산더 폰 훔볼트다. 하지만 그는 전문산악인이 아니었다. 지리학과 지질학, 천문학, 생물학, 광물학, 화학, 해양학에 이르기까지 자연과학 전 분야에서 재능을 발휘한 과학자였다. 그의 업적은 세계 곳곳에 남아 있다. 그의 이름을 딴 '훔볼트 만', '훔볼트 강', '훔볼트 산', '훔볼트 해류'라는 이름으로.

1802년 훔볼트는 안데스 산맥의 최고봉 침보라소에 도전한다. 일행이 산 정상이 바라보이는 5,907미터까지 오르자 지원병 노릇을 하던 현지 인디언들은 더는 오르지 못하겠다며 내려갔다. 그곳의 산소량은 산 아래의 20%에 채 미치지 못했다. 좀 더 오르려 했으나 주변의 만류에 폭설까지 내리기 시작해 결국 등정을 멈춰야 했다. 며칠 전 굴러 떨어지면서 다리를 다치고, 악천후까지 겹친 상황에서도 훔볼트는 고산병 증세를 연구하는 한편 침보라소의 표고를 측정했다. 최초로 고산증의 실체를 드러낸 것이 그였다.

우리 땅에서는 백두산이든 한라산이든 어딜 가든지 호흡을 하는 데 지장을 받지 않는다. 해발고도 3천 미터를 넘지 않기 때문이다. 3천 미터를 넘어서면 정상적인 신체활동이 제한되는 고소 증상이 나타나기 시작한다. 고소증은 산소결핍과 저기압 등 갑자기 달라진 외부조건에 적응하지 못해 몸에 나타나는 이상증세를 일컫는다. 손과 발, 얼굴 등이 붓고 기분 나쁜 두통 증상, 잠이 쏟아지거나 입맛이 없어지고 어지럽기도 하다. 산소가 부족하면 숨이 가쁘다. 공기 중에 산소함량이 적기 때문에 같은 활동을 하더라도 호흡을 훨씬 빨리 하기 때문이다. 부족한 산소를 채우려니 그런 것이다.

산소는 해발고도가 높아지면서 줄어든다. 5천 미터에서는 해수면보다 절반 정도로 8천 미터에 이르면 공기중의 산소량이 1/3 수준까지 떨어진다. 때문에 고산을 등반하는 산악인들 중에는 산소통을 사용하기도 한다. 고소에 잘 견디는 사람과 그렇지 않은 사람은 분명히 구분된다고 했다. 그러나 고산지대에 가지 않고서는 모르기 때문에 그 누구도 장담할 수 없다는 것이 문제다. 고소증은 체질적인 차이가 분명히 존재하는 것이지만 그보다는 개인의 성격이나 습관이 문제가 된다고 했다. 음주를 자제해야 하고 머리를 감는 것도, 옷을 따뜻하게 입어야 한다거나 천천히 이동해야 한다는 것을 무시하는 경우다.

그날은 출발하면서 비가 내렸지만 평소 습관대로 등산속도를 빨리 했다. 그러다 보니 점심식사 하는 장소를 지나쳤고 젊은 가이드 하나가 쉬어야 하는 시간에 일부러 나를 데리러 오게 하는 등 민폐를 끼치기도 했다. 정상적인 속도라면 한 시간쯤을 올라와야 하는 거리였다. 일부러 올라온 그에게 얼마나 미안했던지. 하지만 나쁜 게 꼭 나쁜 것만은 아니어서 끝나는 날까지 그와는 친구처럼 다정한 사이가 되기도 했다. 점심을 먹고서도 마찬가지였다. 푼힐전망대가 가까운 곳이니 고도가 높아지는 곳이었는데 두세 시간을 먼저 도착했고 기분 나쁠 정도의 두통에 시달려야 했다. 가끔 그런 증상이 나타나도 곧바로 주변에 알리고 응급조치를 해야 하는데 체면 때문에 숨기는 경우도 많이 있다고 했다. 생과 사의 갈림길에 설지도 모르는 일인데. 나 또한 예외일 수는 없었다.

가까이 설산을 올려다보거나 닿아보겠다는 것은 명분을 두른 외피였다. 척박한 땅에서 살아가는 이들을 보며 잊히거나 잃어버린 정서를 찾아보고 싶었다.

인천공항에서 오후 1시 반에 출발한 비행기는 일곱 시간쯤 후에 네팔의 수도 카트만두에 도착했다. 떠나온 곳보다 세 시간 십오 분, 해가 늦게 뜨고 저문다. 이웃인 인도는 세 시간 반인데 15분이라는 그네들이 줄인 차등의 의미에 의아해 두리번거렸다.

공항청사는 시골 소도시의 역사처럼 한산했다. 수하물을 찾아 청사 밖을 나오니 역시 시골 장터의 파장처럼 쓸쓸했다. 대부분 여행객들인 듯 현지 네팔리를 기다리거나 일행을 기다리는 듯 서성이는 이들뿐이었다. 입국수속이 늦어지면서 한참동안 일행을 기다려야 했고 버스에 올라 통성명을 하듯 간단한 절차를 치르고 식당으로 이동한다. 저녁식사는 전통식이었다. 간단한 공연도 곁들인 식사였지만 어색했다. 남녀 무용수들이 표현하고자 하는 것이 무엇인가를 모르는 이유도 있을 것 같았다. 식사를 마치고 숙소로 이동, 네팔에서의 첫날밤을 맞았다. 다음날은 다시 포카라로 이동해야 했다.

히말라야 등반을 하든 트래킹을 하든 대부분 포카라 등을 거쳐 히말라야 설산으로 다가선다. 그런 목적이 아니더라도 포카라는 설산을 조망할 수 있고 온난한 기후와 설산에서 흘러내린 물이 모여드는 넓은 페와호수가 있는 곳이다. 하늘이 맑고 물결이 고요한 날이면 설산을 호수 속으로 밀어 넣기도 하니 휴양지로도 각광받는 곳이다. 포카라에서 뒷동산처럼 가볍게 오르는 이름도 예쁜 사랑곳('곳'은 동산을 의미)은 설산군의 조망과 행글라이더를 즐길 수 있는 세계적인 명소로도 꼽힌다.

세계적으로 유명한 트래킹코스를 말할 때 단연 안나푸르나 베이스캠프까지 가는 트래킹코스를 치고 다른 지역의 코스로는 옥룡설산의 차마고도와 호도협 트래킹이며 다른 하나는 뉴질랜드의 밀포드 사운드 트래킹이라고 한다. 안나푸르나 트래킹은 크게 두 가지로 구분되는데 내가 시작하려고 하는 코스는 ABC(Annapurna Base Camp) 트래킹이라는 포카라에서 두어 시간

정도 버스를 타고 들어가서 시작하는 트래킹이다. 다른 하나는 안나푸르나 서킷코스가 있다. 안나푸르나 산군 전체를 한 바퀴 도는 코스로 안나푸르나 이외에 다울라기리나 마나슬루 등 다른 8,000미터급 산들도 볼 수 있다.

인도와 중국 사이, 실은 티벳 사이에 설산을 길게 두르고 있는 나라 네팔, 험준한 산악지형처럼 그 역사도 산비탈처럼 오르내렸다.

19세기에 영국이 인도를 점령하자 네팔을 지배하던 라나 가문은 위협을 느끼고, 영국과 실질적 자치를 보장받는 협정을 맺었다. 쇄국정책으로 외국에 문호를 개방하지 않던 시기였다. 하지만 인도를 넘어 네팔로 밀려들어오는 서구 세력(영국 동인도 회사)과의 치열한 분쟁이 시작되었다. 1810년 네팔과 영국은 전쟁에 돌입했는데 처음엔 험준한 지리에 익숙지 못한 영국군들이 고전을 면치 못했지만 결국 네팔은 무기의 질에서 압도적인 우세를 보였던 영국에게 패배하고 말았다. 샤 왕조는 점차 밀려드는 서구 세력(영국)에 맞서 1814년에서 1816년까지 네팔 전쟁, 이른바 구르카 전쟁을 치르게 되는데 네팔의 험난한 지형을 이용해 격렬하게 저항했던 구르카 병사들조차 패배를 피해 갈 수는 없었다. 네팔은 비록 영국에 의해 완전히 식민지가 되는 수모는 피할 수 있었지만 영토를 할양하고 영국주재관을 두게 되었다. 그 결과 네팔의 행정·교육 등 많은 분야에 영국식 문화가 이식되었다.

1951년 인도에 망명해 있던 트리부반 왕이 인도의 지원으로 왕정이 복고되면서 입헌군주제로 전환, 국왕이 직접통치하는 나라가 되었다. 오늘날 하나밖에 없는 네팔의 국제공항, 박물관 등에 그의 이름을 앞세웠다. 대학의 80%도 그의 이름을 앞세우기는 마찬가지다.

왕정하에서 네팔 국민들이 군주제에 불만을 품고 저항하였다. 그러는 과정에 2001년 6월에는 네팔의 왕세자가 국왕 등 왕족 8명을 총으로 사살하고 자살하는 비극적 사건이 발생했다. 이후 2008년 왕국에서 대통령이 통치하는 공화국으로 바뀌었다.

네팔의 현대사는 험준한 산세처럼 흔들리며 지나왔다. 전제정치에 찌든 대지, 왕과 총리, 좌파 성향의 정당들은 끊임없이 불화를 일으켰고, 이 와중에 경제개혁과 같이 중요한 쟁점들은 채택되지 못했다. 왕정 타도와 인민공화국 수립을 목표로 1996년 초부터 준동하기 시작한 마오쩌둥주의 반군의 존재는 정국의 불안을 한층 부추겼으며, 이러한 정치적 불안은 극심한 경제난으로 이어졌다.

그다지 넓지 않은 땅에 100개의 다양한 종족으로 구분되고 같은 종족들도 다시 여러 집단으로 나뉘는 나라, 부처님이 탄생한 곳이지만 힌두교가 국교였을 정도로 대부분 힌두교를 추종

한다. 사람 수보다 많은 신이 존재하고 심지어는 살아있는 어린 소녀를 신으로 모시기도 하는 종교의 나라이다. 가파르고 척박한 땅에 많은 사람들이 가난하게 사는 나라, 하지만 행복지수는 우리보다 훨씬 더 높은 나라(?), 후에 안 것이지만 그건 사실이 아니었다. 성인 반 이상이 글자를 모르고 바다가 없고 기차가 다니지 않는 곳, 대부분 농사를 짓고 여행자들이 뿌리는 돈과 해외에 나가 일하는 노동자들의 송금으로 국가 예산의 상당부분을 충당한다. 부처님의 탄생지 룸비니와 히말라야는 그나마 그들에게 내린 축복이다. 많은 사람들이 여행객들에 의존해 생계를 유지하고 있기 때문이다. 평균 수명이 60세를 넘지 못하지만 일반적이지는 않게 여자의 수명이 남자보다 짧은 곳, 용맹함의 용병으로 상징적인 구르카병사들, 그들이 쓰는 칼 쿠크리는 또 유명하다. 구르카족으로 이루어진 영국의 외인부대, 한국전쟁에도 참전하여 지평리전투에서 구르카 1개 대대가 중공군 1개 사단을 전멸시켰다는 전설 같은 이야기도 전해진다.

단순하게 지도만 보면 히말라야의 가운데쯤에 포카라가 있고 뒤편으로 안나푸르나가 있다. 안나푸르나, 산스크리트어로 '풍요(수확)의 여신'이다. 산을 오르면서 나라꽃인 날리구라스가 화려하게 피어난다. 해발 2,000미터를 넘어서면 영화 아바타의 배경이라도 되는 듯 짙푸른 원시림이다. 울창한 숲 그늘에는 천리향이 짙은 향기를 날리고 길가에는 앙증맞은 앵초꽃도 피어난다.

　네팔에서 벼농사를 지을 수 있는 곳이기도 한데 여신의 풍요가 농작물 등의 물질적인 수확을 의미하는 것인지 아니면 종족 번식을 의미하는 것인지는 애매했다.

　앞서 말한 대로 51년 왕정으로 복귀하면서 히말라야를 오르기 위한 등반대가 밀려들기 시작했다. 오늘날처럼 개인적인 욕구가 아닌 국가의 위상을 높이기 위한 수단으로 국가차원에서 지원했던 등반대들이었다. 히말라야 고봉 중에 안나푸르나를 최초로, 이어 최고봉인 에베레스트까지 오르면서 전문 산악인이 아닌 일반인들도 정상이 아닌 그 언저리로의 도보여행, 트래킹이 시작됐다. 등반의 개념이 고도로 훈련된 전문산악인이 정상을 오르기 극한의 스포츠라면 트래킹은 낯선 환경을 체험하는 도보여행쯤으로 간주하면 될 듯도 싶다. 아직 가보지 못한 이들이 걱정하듯 고도의 산악기술과 체력을 요하는 수준은 아니다.

안나푸르나로 오르는 길에 안나푸르나 1봉 또는 주봉의 주변에 세 개의 봉우리가 있고 제1봉의 높이는 8,091미터로 열 번째로 높은 봉우리이다. 산세도 험하고 하루에도 수차례나 돌변하는 기상과 수시로 발생하는 눈사태 때문에 가장 오르기 어려운 봉우리로 꼽힌다.

온통 크리스털로 된 세계에 들어온 듯했다.
소리는 아스라이 들리고 공기는 솜털과 같았다.
눈부신 행복감에 가슴이 벅차올랐으나 그 느낌을 뭐라 표현할 수가 없었다.
그저 세상 모든 것이 새로웠다.

1950년 6월 3일, 인간은 최초로 8,000미터급 고산의 정상에 첫발을 내딛었다. 흔히 정복이라는 단어를 인용하지만 나는 그렇게 썼다. 프랑스 원정대 모리스 에르조그와 루이 라슈날 두 사람이 주인공이었다. 최고봉인 에베레스트(8,848m)가 아닌 안나푸르나(8,091m)에 오른 것으로 주목을 덜 받았지만, '인간이 8,000미터 이상의 고산을 오르는 것은 불가능하다.'라는, 당시의 막연한 한계를 넘어서는 쾌거였다.

모리스 에르조그가 이끄는 프랑스원정대의 당초 목표는 안나푸르나가 아니었다고 했다. 안나푸르나보다 70미터 가량 더 높은 7좌 다울라기리(8,167m)였다. 제대로 된 지도 한 장 없었던 그들은 탐사에만 2달 가까운 시간을 소모한 후였다. 유월중순이 넘어서면 몬순, 기상이 급격히 나빠지므로 현실적으로 등반에 성공할 확률이 희박했다. 대신 안나푸르나로 목표를 수정한 것이다. 이들은 정상 가까이까지 캠프를 전진시키는 포위 전술, 일명 극지법으로 정상 가까이에 다다른다.

마지막 캠프에서 잠시 휴식을 취하고 정상을 향하던 그들은 희박한 공기를 끌어 모아 한 걸음 한 걸음, 인간의 한계를 넘어서는 마의 구간의 통과했다. 에르조그의 배낭 속에는 우유 한 통과 여벌의 양말 한 컬레가 들어있었다. 체력은 한계치까지, 산소통을 쓰지 않아 극심한 고통에 시달리고 있었다. 전날부터 아무 것도 먹지 못했고, 한숨도 못 잤다. 라슈날은 가죽 등산화를 후벼 파는 한기에 떨고 있는데다 발의 감각도 무뎌지고 있었다.

"에르조그, 내가 못 올라가겠다면 어떻게 할 건가."

"그럼 나 혼자 가지."

그러나 라슈날은 그를 내버릴 수 없었다. 눈보라와 심장이 터질 것 같은 고통으로 당장이라도 발길을 돌리고 싶은 충동을 느꼈을 테지만 둘은 정상을 향하고 있었다. 드디어 어느 순간, 주위의 모든 산들이 그들의 발밑으로 내려앉았고 하늘의 경계는 사라졌는데 그는 그 느낌을 위와 같이 노래했다. 둘은 기어이 정상에 올랐다. 그들은 작은 기념탑이라도 만들 돌을 찾을 수 없었다. 모든 것이 얼어붙어 카메라 조작하기도 힘들었지만 에르조그는 사진 찍기에 바빴다. 라슈날은 그런 에르조그를 채근했다.

"빨리 내려가야지."

에르조그는 훗날 안나푸르나 정상에 오른 감정을 이렇게 표현했다. '그렇게 강하고 순수한 행복은 처음이었다.' 반면 라슈날은 동료의 입을 빌려 이렇게 말했다. '공허감으로 가득 찬 고통.'이었다고.

마침내 에르조그와 라슈날은 8,000미터가 넘는 봉우리를 최초로 오른 인간이 된 것이다. 에르조그는 배낭에서 프랑스 국기를 꺼내어 피켈 끝에 묶어 번쩍 들어 올렸고 꿈결에 잠긴 모습으로 안나푸르나 정상의 환상적인 비경을 머릿속에 담았을 것이다. 하지만 지칠 대로 지친 라슈날은 어서 빨리 내려가자고 재촉하다가 이내 먼저 산을 내려갔다.

이는 그들에게 닥칠 비극의 전조였다. 잠시 후 에르조그

도 라슈날의 뒤를 따라 정상에서 하산의 발걸음을 옮기지만 이미 라슈날은 한참을 내려간 상태, 무리하게 걸음을 재촉하다가 호흡이 힘들어진 에르조그는 잠시 멈춰 배낭을 열어야 했다. 뒤에 기억을 더듬어도 배낭을 열어야 했던 명확한 이유가 떠오르지 않았지만, 어쨌든 그가 배낭을 열기 위해서 장갑을 잠시 벗었을 때 갑자기 강풍이 불어 닥쳐 장갑이 저 멀리로 날아가버렸다. 배낭에 있던 여분의 양말을 장갑 대용으로 사용할 수도 있었지만 당시의 그는 전혀 생각도 하지 못했다고 했다. 영하 30도가 넘는 추위에 맨살로 노출된 손은 급속도로 얼어갔다. 그의 손은 보라와 흰색이 버무려져, 나무처럼 딱딱하게 변했다. 사력을 다해 하산했지만 그의 손은 더 이상 추위를 느끼지 못하고 아무런 감각이 남아있지 않았다. 설상가상으로 흐릿하게 보였던 라슈날의 뒷모습마저 눈보라 속으로 사라져 이제는 라슈날의 흔적조차도 찾을 수 없게 되었던 것이다. 그에게는 다른 선택이 없었다. 최대한 빨리 캠프로 돌아가야 했다. 그곳에서는 지원조가 기다릴 것이라는, 희망을 멈추면 죽음이라는 주문 아닌 주문을 외워야 했을 것이다. 죽음의 달콤한 유혹(?)도 물리치며 에르조그는 마침내 최종캠프에 도착할 수 있었다. 캠프에는 대원 둘이 기다리고 있었고 정상의 기쁨을 나누었지만 이미 얼음으로 변해버린 그의 두 손을 본 것이다. 그럼 먼저 내려간 라슈날은 어디 간 거지?

최종캠프 그 어디에도 라슈날의 모습은 보이지 않았다. 라슈날이 에르조그보다 먼저 이곳에 도착했어야 정상인데 에르조그가 더 먼저 도착했다는 것은 그에게 무언가 불행한 일이 생겼음을 의미했다. 애타게 라슈날을 부르며 그의 흔적을 찾았지만 휘몰아치는 눈보라에 한치 앞도 볼 수가 없었다. 그렇게 시간이 흐르고 눈보라가 물러가자, 캠프 100미터 아래 눈밭에 미동도 없이 쓰러져 있는 라슈날의 모습이 희미하게 나타났다. 라슈날은 하산 도중에 추락했으나 다행히 뼈가 부러진 곳이 한 군데도 없었고 의식도 또렷했다. 하지만 그 추락하는 과정에서 신발 한 짝을 잃어버려서 그의 발은 이미 딱딱한 얼음덩어리가 되어버렸다. 상황은 절망적이었다. 라슈날과 에르조그는 정상적인 이동이 불가능했고 더 거센 눈보라가 몰아치기 시작했다.

　지원조와 둘은 최종캠프에서 뜬눈으로 밤을 보내고 날이 밝자 서둘러 4캠프로 향하지만 눈보라가 심해 시야를 분간할 수가 없었다. 한참을 밑으로 내려왔지만 4캠프도 등반했던 루트도 전혀 보이지 않았다. 그들은 길을 잃었다. 하산은 고사하고 폭풍우가 몰아치는 영하의 30도의 설산에서 거의 맨몸으로 밤을 맞아야 할 상황, 그것은 네 사람의 죽음을 뜻했다. 그들은 어떻게 해서라도 이 죽음의 밤을 피해갈 하룻밤의 안식처를 찾아야 했다. 갑자기 라슈날의 고함 소리가 들리더니 순식간에 그의 모습이 빙하 밑으로 사라졌다. 크레바스에 빠진 것이다. 일행들은 크레바스로 한걸음에 달려가 라슈날이 빠진 어두운 심연의 구렁텅이를 실의에 빠진 채 그저 바라보았고. 잠시 후 그 심연에서 함성이 들렸다.

라슈날이 빠졌던 크레바스는 눈보라를 피하기 딱 좋은 작은 동굴이었다. 그들은 무사히 동굴에서 밤을 보낼 수 있었다. 지원조 중 한 명이었던 레뷰파는 가장 일찍 일어나 밖의 날씨를 살피기 위해 동굴을 기어올랐다. 다행히 날씨는 맑아졌지만, 그 순간 그는 자신이 설맹에 걸렸다는 것을 느끼는 데는 많은 시간이 걸리지 않았다. 전날 이곳까지 내려오면서 지원조는 눈보라 속에서 시야를 확보하기 위해 고글을 잠시 벗었는데, 그게 화근이 된 것이다. 그들은 더욱 더 절망했다. 모두 다 입 밖으로 말을 뱉지는 않았지만 과연 살아서 돌아갈 수 있을까, 반신반의할 수밖에 없는 상황이었다.

어쨌든 그들은 가야만 했다. 보이지 않는 눈과 불편한 몸을 이끌고서라도. 테레이와 일행은 에르조그가 동굴 밖으로 올라올 수 있도록 죽을힘을 다해 그를 끌어당겼다. 에르조그의 두 손은 감각이 완전히 마비되었고 손가락이 막대기처럼 단단하게 얼어붙어 살짝도 움직일 수 없었다. 바로 그때 가까운 곳에서 사람들의 고함 소리가 들리기 시작했다. 아래 캠프에서 대기하고 있던 원정대원 샤츠가 세르파 두 명을 이끌고 그들을 찾아 올라와 바로 발견한 것이다.

아뿔싸, 어젯밤 에르조그 일행은 캠프를 불과 200미터 앞에 둔 지점에서 눈보라로 멈춰 섰던 것이었다. 그날 오후. 드디어 에르조그 일행은 의사 우도와 대원들이 있는 2캠프에 도착할 수 있었다. 안도의 한숨을 내쉬기도 잠시, 에르조그와 라슈날의 상태는 처참했다. 이미 동상 부위의 세포가 모두 죽어 그대로 두면 위험한 상황이었다. 결국 마취도 없이 모든 손가락과 발가락, 발목을 잘라내야 했다. 에르조그와 라슈날은 육체적인 고통보다 앞으로 다시는 등반을 할 수 없다는 정신적 고통에 괴로워했을 것이다. 또한 앞으로 손가락 발가락 없이 살아가야 할 세상이 막막하고 괴로웠을 것이다.

모리스 에르조그는 고국으로 돌아온 후에 안나푸르나에서 겪었던 삶과 죽음의 기록을 한 권의 책으로 엮어 다음과 같은 말로 끝을 맺었다.

안나푸르나, 우리는 그곳에 빈손으로 갔다가 남은 평생 동안 의지해서 살아 갈 보물을 얻어서 돌아왔다. 그곳에서 얻은 깨달음으로 우리는 인생에 새 장을 마련하여 새로운 삶은 시작했다. 우리의 인생에는 내가 오른 것과는 또 다른 안나푸르나가 존재한다.

이후 많은 산악인들이 안나푸르나 정상에 이르기 위해 도전했지만 쉽게 그 뜻을 세울 수 없었던 곳으로 악명이 높다. 세계최초 16좌 등정에 성공한 산악인 엄홍길도 5번의 도전 끝에 안나푸르나 등정에 성공했다. 그러나 그도 1999년 안나푸르나에서 여성 동료인 지현옥(한국 여성 최초 에베레스트 등정자)을 포함해 총 3명의 동료를 잃은 아픔을 가지고 있다.

안나푸르나는 히말라야 14좌 가운데 등정자가 가장 적다. 반면 최고봉인 에베레스트(8,848m)는 등반 성공률이 높다. 히말라야데이터베이스에 따르면 2018년 에베레스트 등정 성공률은 네팔 쪽에서 76%, 티벳 쪽에서 66%를 기록했다. 그해 802명이나 정상에 올랐다. 이전 최고 기록인 2013년의 670명을 거뜬히 넘었다. 1921년부터 2018년까지 에베레스트 등정 횟수는 8,306회. 중복 인원을 제외하면 4,833명이 정상에 올랐다. 288명이 사망했다. 에베레스트는 등정자 대비 사망자가 6%다. 안나푸르나에는 261명이 올라갔고 71명이 사망했다. 27%로 '최악'이다.

2019년 8월, 네팔 현지 주민이 한국인으로 보이는 시신 2구를 발견했다고 보도되었다. 2009년 9월 안나푸르나 히운출리 북벽에 '직지루트'를 개척하기 위해 정상으로 향하던 중 해발 5,400미터 지점에서 베이스캠프와 마지막 교신을 한 뒤 실종되었던 두 대원이었을 거라고 판단하였는데 이는 사실로 드러났다. 이들은 실종 1년여 전인 2008년 6월 히말라야 6,235미터급 무명봉을 정복했고, 파키스탄 정부가 이 봉우리의 이름을 '직지봉'이라고 승인하면서 히말라야에서는 유일하게 한글 이름을 가진 봉우리를 탄생시킨 바 있다. 직지원정대는 현존하는 세계 최고(最古) 금속활자본인 직지를 전 세계에 알리고자 2006년 충북산악인을 중심으로 결성된 등반대다.

세계 최초로 '산악 그랜드슬램'을 달성한 박영석을 대장으로 한 등반대는 히말라야 14좌 중 하나인 안나푸르나를 이미 1996년 등정했었지만 안나푸르나에서도 가장 험하다고 알려진 남벽 쪽에 '코리안루트'를 개척하기 위해 등반에 나섰다가 실종됐고 안나푸르나의 별이 되었다.

새벽의 의미

새벽은 새로운 벽이다. 새벽은 어제와 오늘, 현실과 비현실의 경계점이었고 대척점이다. 새벽은 밀치는 자의 손길에 의해 새로운 시작이 되기도 하고 여전히 단단한 벽으로 머무르기도 한다. 여행의 백미는 새벽을 여는 것이다. 새벽은 날마다 새로운 우주의 신비이고, 우리가 맞는 새벽은 하루의 시작이 새로이 선물처럼 앞에 놓이는 시간이다.

일상에서의 새벽은 하루의 시작일 뿐이지만 일상에서 탈출한 여행에서의 새벽은 여행의 줄임말처럼 '여유로운 행동'이다. 대지에 딛고 선 시간과 공간에서 온전한 자신과 스스로 그러한 자연과의 교감을 나눌 수 있는 시공간인 것이다. 그러나 대개는 전날의 과음으로 현실의 청정한 새벽을 받아들이기는 어렵다. 그러니 여행 중에는 되도록 술을 마시지 말거나 적게 마셔야 하는데 그게 쉽지는 않다.

이번 여행에 일행도 없이 혼자 나선 것은 단체로 움직여야 하는 어쩔 수 없는 상황이더라도 나름의 자유를 얻기 위해서였다. 술을 마시지 않겠다는 이유도 그 중의 하나였다. 일찍 잠자리에 들어야 했고 서울의 시간에 머무는 듯 세 시가 넘으면 잠에서 깨어나곤 했다.

설산에 가까이 다가간다면서 네팔의 하늘에 특별히 설산을 넘는 달을 보고 싶다는 소망을 가지기도 했는데 그곳에 도착한 후 달력을 보니 그믐이 가까워지고 있었다. 침낭 속에서 한참을 웅크리다가 네 시가 지나 침대를 빠져나왔다.

군에서 나와 새로운 직장생활을 시작한 지 십여 년, 아침마다 들길을 지나고 야트막한 산을 넘어 사무실까지 출근하는 일상을 이어왔다. 방배동 전원마을을 지나 산길에 들면 시선의 방향은 계절마다 조금씩 다르다. 봄에는 생강나무 꽃과 연둣빛으로 피어나는 나뭇잎들을 보고 여름을 건너면서는 하늘을 더 많이 올려다본다. 보름이 지나면 푸른 바다를 떠다니는 조각배처럼 하현달이 서쪽으로 흐르고, 새벽별은 푸른 바다 건너 등대처럼 멀리로 빛난다. 늘 비슷한 시간에 산언덕을 넘다 보니 겨울철은 깜깜한 길을 지난다. 보름을 지나 그믐이 가까워지면 청계산 위로 게으르게 오르는 하현달, 그럴 즈음 금성이 샛별로 환하게 하현달과 가까운 곳에 머문다. 깜깜한 대지에서 마주 보고 나눌 것이 드문 철이어서 오래 동쪽하늘을 바라다본다. 이곳의 고산지대에서 설산을 넘는 달의 모습을 상상했는데 과연 그 모습을 보여주었다. 동쪽하늘에 뜨는 금성, 샛별을 만나려는 듯 오르고 있었다.

롱다는 티벳 불교도들이 삿된 것을 물리치기 위해 세우는 깃발인데, 이곳 사람들은 모든 살아있는 존재는 땅과 물, 불과 바람, 그리고 허공으로 나눠지거나 합해진다고 믿는다. 롱은 '바람(風)'을 뜻하고 다는 '말(馬)'을 뜻하는데 롱다의 모습이 바람을 향해 앞발을 들고 선 말의 형상에서 비롯된 말이란다. 롱다는 깃대에 타르쵸는 줄에 매단 것으로, 어디에 거느냐에 따라 이름이 다르다. 청-백-홍-녹-노란색의 천을 이어서 만들었으며 우주의 다섯 원소(공간, 물, 불, 바람, 땅)와 다섯 방향(중앙, 동, 서, 남, 북)을 나타낸단다. 롱다는 나눠거나 합해진 다섯 요소를 균형 있게 합성하여 빛내게 하는 것, 결국 마음인 것이다.

타르초는 불교 이전의 자연숭배의 관념으로 전해진 풍습이다. 불교가 전해지고는 오색의 사각 천에 불경을 새겼다. 부처의 가르침, 경전의 지혜가 바람과 함께 온 세상에 널리 퍼지라는 염원이다. 오색 깃발에 불경을 새기고 깃대에 매단 룽다도 비슷한 바람이다. 룽다가 우리의 솟대라면 타르초는 아이를 낳은 집 대문에 두르던 금줄과 비슷한 것일까?

새벽마다 하늘 가득찬 무수한 별을 보는 것은 마음의 정화였고 평화였다. 이곳에서 하룻밤을 지나면서 밤하늘을 가득 채운 무수한 별을 보면서 '별'이라고 이름을 지은 이는 무슨 의미를 담아두었을까를 생각했다. 아마도 '헤일 수 없이 많은'이거나 '아득히 먼'이라는 의미를 담아두었을 듯싶었다.

서울 하늘에 살던 별들이 대기오염과 소음으로 죄다 이곳으로 피해 몰려온 듯했다. 그랬다. 서울의 하늘엔 별들이 보이지 않는다. 서울을 벗어나 외딴섬이거나 외진 산에만 가도 숱하게 보이는 별들이 보이지 않는다는 건 서울 하늘 어딘가에 숨어있다는 것이다. 그렇다고 정말 이 먼 곳까지 몰려오지는 않았을 거다.

별이 보이지 않는다는 이유도 있지만 사람들이 밤하늘을 올려다보지 않는다는 것은 심심하지 않은 이유일 것만 같다. 요즘 아이들도 어른들도 심심하다는 걸 모른다. 아니 잠시의 심심함도 참지 못한다. 지하철을 타고 가든 버스를 타고 가든 심지어는 계단을 오르내리면서도 스마트 폰을 손에서 놓지 않는다. 회사의 젊은 직원들은 화장실에서 소변을 보는 짧은 시간에도 액정에 시선을 두고 있을 정도이니 말이다. 심심함을 모른다는 것은 공간의 문제가 아닌 번잡스러운 시간 때문이다. 나도 마찬가지겠지만 이제 액정이든 모니터든 그 공간과 시간에서 벗어나 좀 심심해졌으면 좋겠다는 생각을 하곤 했다. 철따라 피어나는 꽃들에 이야기도 걸어보고 삭정이처럼 낡은 몸으로 폐지를 모아 끌고 가는 노인을 만나면 그다지 표시나지 않도록 밀어도 드리는 여유도 가졌으면 좋겠다는 생각을 한다.

밤은 어둠을 드리워 별들을 불러내는데

잠들지 않는 불빛에 별들이 보이지 않는 밤

외딴 섬이건 조금 외진 산에만 가도

숱하게 보이는 별들이

보이지 않는다는 건

하늘 너머 어딘가로 숨어들었다는 것이다

잠들지 못하는 불빛들이 거리를 배회하고

심심함을 참지 못한 숱한 군상들은

부나방처럼 불빛에 달려드는데

별들은 숨어들고 심심함도 달아난 이들

더이상 밤하늘을 올려다보지 않는다

그러니 밤은 좀 어둡고 심심해야 하는 거지

불빛이 잠들면 별들은 다시 밤하늘에 돋아나올 것이고

별들이 돋아나오면 그리움의 동무들도

정다운 이야기도 나누며

별과 함께 밤을 건너갈 것이다

오가는 이도 없는 적막한 길, 한 시간쯤 마을과 오르내리는
산길을 다니다 보면 여명이 설산을 넘으면서 별들은 숨어든다.
마치 갯벌의 무수한 게들이 멀리서 들려오는 밀물의 파도소리에

숨어들 듯 그 모습을 볼 수 없었다. 별들이 그렇게 숨어들면 설산은 또 새롭게 솟아오르고 있었다. 날마다 새로운 세상이 만들어져 다가오듯이.

아침에 해가 떠오르듯이 새벽은 대개의 사람들이 공감하거나 공유하는 공간이 아닌 제각각 누리고 가지는 공간이다. 그저 새로움이 없는 공간으로 남아있게도 되고 다가오거나 지나간다는 것이다. 그뿐만이 아니었다. 가족이라는 범주에서 서로이 생체리듬이 다름으로 생활리듬이 깨지는 것은 물론 서로 간 반목과 갈등의 사유가 되기도 했다. 오래전에 썼던 글인데 새벽을 이야기하면서 다시 옮겨본다.

유행처럼 아침형 인간이란 말이 회자되던 시절이 있었다. 일본의 한 의사가 썼다는 '인생을 두 배로 사는 아침형 인간'이란 책이 많은 사람들 손에 들리면서 만들어진 말이었다. '아침 일찍 일어나는 새가 벌레를 잡는다'라는 서양속담과 이어져 아침에 일찍 일어나고 그 시간을 잘 활용하는 인간이 성공도 할 수 있다는 내용이었다. 자연의 리듬을 생체리듬으로 맞추면 인생을 두 배로 살 수 있다는 것이나 그렇지 못한 인간보다 성공할 수도 있다는 내용이 일견 설득력 있게 느껴졌고 공감을 얻기도 했던 것 같다.

태생에서부터 농경문화가 몸에 배기도 했다지만 여태껏 남들처럼 변신도 못한 듯 고착된 내 생체리듬은 아침형 인간이라는 범주에 들 것이다. 그러나 인생을 유용하게 사는 것이나 성공과는 무관하기도 하면서 무늬만 아침형 인간인 내 삶의 행태에 여러 가지 치사하기도 한 비애가 다가들었던 것이다.

광주보병학교 초등군사반 교육을 마치고 소대장으로 배치된 곳이 특공부대였다. 태양이 뜨거워지기 시작하는 유월 중순, 드디어 피교육생이라는 껍질을 깨고 어린 시절부터 꿈꾸었던 군인이 된 시기였다. '오만촉광'으로 빛도 난다던 소위 계급장을 달고 미지의 세계에 대한 설렘 같은 그리고 얼마간 두려움도 앞에다 두고서였다.

김포공항 근처에 있던 연대본부에서 신고를 마치고 의류대와 함께 군용트럭에 실려 대대본부로 갔다. 연병장을 지날 때 얼룩무늬 반바지만을 입은 검게 그을은 병사들이 특공무술을 하고 있었다. 뜨거워지기 시작하던 태양만큼이나 내 심장도 뜨거워지는 시기였으니 그 연병장의 지열과 그네들이 내는 그 젊음의 열기로 내 마음도 뜨거워지고 있었다.

부대특성상 야외훈련을 나가면 중대나 소대단위로 숙영 및 자체취사가 행해지곤 했다. 해가 바뀌고 다음 해 2월 천리행군이 시작되었다. 출발하면서 돌아오기까지 천리를 행군하며 다양한 훈련이 이뤄지는 기간이었다. 주둔지를 출발하여 양평일대의 산속에서 언 땅을 파내고 비트화한 숙영지를 편성하고 훈련이 실시되었다. 산속이어서 아직 떠나지 못한 겨울이 머물던 계절이었다. 차갑게 바람이 비집고 들었고 차오른 방광 때문이거나 아침기상으로 침낭 속을 빠져나오는 일은 많은 세월이 흐른 지금에도 싫은 일이었다.

언제나 먼저 일어나는 것은 소대장인 나였으니 소대원들을 깨워 아침준비를 했다. 병사들과 많은 나이 차이가 있는 것은 아니었지만 나와 같은 시골출신부류의 병사들은 드문 편이었다. 다년간의 자취생활과 어려서부터 부엌에 드나들기도 했던 이력 때문인지 반합에 밥을 하는 것이나 찌개를 만드는 것에 익숙했다. 그것은 소대장으로서 체통도 없이 숨기거나 감추지 못한 것이 비애의 시작이었다. 더하여 자연에서 활용 가능한 먹을거리 등을 그네들보다 더 많이 알고 있기도 했으니. 하루이틀이 지나고 병사들은 불만을 드러내기 시작했다.

철야로 행군 후 새벽에 숙영지에 도착하면 병사들은 다 지쳐 있었다. 컵라면 하나쯤으로 배를 채우고 싶어 했다. 하지만 얼음을 깨고 반합에 쌀을 씻어오던 소대장이었으니 나름 자부심도 있었겠지만 그것은 단순한 치기였다. 병사들 사이에서도 계급에 따라 역할이 암묵적으로 정해져 있듯이 소대장으로 무게나 잡고 있었으면 좋을 일이었다. 제일 먼저 일어나 설쳐대지를 않나, 사사건건 밥이며 부식에 관여하지를 않나, 고참 병장들은 아예 노골적으로 불만을 드러냈다. 아침에 밥을 해다 넣어주면 맛있게 먹어주기만 해도 좋을 텐데, 그런 상황에서 소대장의 권위는 흐려질 수밖에 없었다. 그렇다고 그 습성이 쉽게 바뀌지 않았고 그때 처음으로 촌놈으로 자라온 내 삶의 행태를, 아침형 인간의 비애를 처절하게 느껴야 했다.

다음은 결혼을 하면서 다시 그 비애가 깊게 찾아들기도 했다. 그것은 단지 비애만이 아닌 결혼생활을 휘청거리게도 할 만큼 치사한 것이었다. 아내는 아침잠이 많은 편이었다. 위에서도 언급했지만 농경시대에서 필수덕목처럼 기본적인 생활리듬은 아침형 인간이었다. 그러나 그것이 꼭 인생을 풍요롭게 하기 위한 삶의 행태라 할 수는 없었다. 꼭두새벽부터 발발거리지 않으면 집안살림이거나 짐승을 거두는 것이나 농사일이거나를 제대로 해나갈 수가 없던 시절의 어쩔 수 없는 삶의 모습이었다.

그 시대의 어머니들 대부분은 자명종도 없이 수탉의 홰치는 소리나 창호지문에 물들어지는 빛의 중량을 가늠하여 기상시간을 정했다. 식사준비를 할 때 연료의 대부분은 대부분 보릿대 같은 곡식을 거둔 후의 부산물이거나 산에서 채취한 나무를 이용한 화력을 이용해야 했다. 공동우물에서 물을 길어 와야 하는 등 일일이 손이 가야 하는 일이었다. 새마을운동이 시작되면서 축산분뇨를 이용한 메탄가스를 활용한 취사연료가 시범적으로 활용되기도 했지만 경제성과 효용성이 흐려져 이내 사라져갔고 석유곤로를 부엌에 들여온 것도 70년대 후반쯤이었다.

아이들이 자라면서 중학교나 고등학교에 진학했고 통학거리가 십 리 이십 리는 보통이던 시절이었다. 새벽같이 일어나 아침밥을 지어 먹고 도시락을 준비하는 것 또한 그 아침에 분주한 일이었다. 지금은 생소한 대가족제도가 유지되었던 시절이었다. 그 시절 어머니는 요즘처럼 아이들 교육이나 뒷바라지에 '치맛바람'을 만들 여력이 없었다. 새벽같이 일어나 식구들 밥을 지어야 했고 가축을 거둬야 했으며 논으로 밭으로 사처럼 쌓인 농사일을 해내야 했다. 그저 등이 휠 것 같은 희생과 인고의 삶 자체였다.

그 어머니의 모습이 너무도 강하게 각인되었기에 그 모습을 아내에게 투영하였던 것이 비애의 시작이었다. 잠자는 누군가를 깨운다는 것은 참으로 곤혹스러운 일이다. 특히 그것이 아침마다 해야 하는 일이라면. 지금 생각해보면 아침마다 깨우는 것을 좋게 생각할 수도 있는데 그때에는 그러지 못했다. 아내는 아침마다 불만을 표시했고 불편해 했다. 옳고 그름의 문제가 아니었다. 이해라거나 배려 같은 단어는 사치였다.

지금 생각하면 한심하기도 하지만 아내를 깨워서 차려주는 밥을 먹지 않고 스스로 알아서 챙겨먹는다는 것은 용납할 수 없는 비굴한 일이라고 스스로에게 다그치곤 했다. 그것은 나 자신을 얽어매는 스스로의 굴레였다. 당연히 갈등과 다툼의 시발이 되었다. 비겁하게 아는 사람들이 모인 자리에서 허물처럼 아내의 흉을 뱉어내기도 했다. 지금 생각해보면 한심하도록 치사하기도 한 사내의 모습이었지만 그때는 어쩔 수 없었다.

현관을 마주하며 후배 하나가 살고 있었다. 가끔 아침출근길에 마주치기도 했는데 이상한 장면을 목격해야 했다. 분명히 후배의 부인이 집 안에 있는 걸로 알고 있는데 현관 출입문을 열쇠로 잠그는 모습이었다. 그 이상해 보이던 행동을 직접 물어보지는 못했고 후에 알아낸 것이지만 자고 있는 아내를 깨우지 않고 출근하면서 문을 잠근 것이었다. 처음에는 '세상에 이처럼 사내 망신시키는 놈이 있는가.' 싶었지만 지금 생각해보면 나무랄 수

만도 없는 모습이었다.

그것은 아이들이 자라면서도 질기게도 이어져갔다. 가끔 집에 있어야 하는 날에도 그랬다. 늦게 일어나 아침도 제대로 챙겨 먹고 가지 못하는 아이들을 보면서 다시 아내와 아이들과도 갈등의 요인으로 이어져갔다. 주말 아침이면 가끔씩 큰소리가 나기도 했다. 시간이 지나면서는 포기하게도 되면서 아침운동을 나가 아내가 일어날 시간에 맞춰 집에 들어서기도 했다.

아침형 인간 같은 내 모습은 숙명처럼 비애를 짊어지고 가야할 운명이라고 한탄해야 했다. 그 비애는 다른 모습으로 찾아들기도 했다. 일행과 여행을 가거나 아는 이의 집을 방문해서 잠이라도 자는 날이면 그 아침시간은 곤혹스런 일이 생겨나곤 했다. 일정 때문이라며 일행들 곤한 아침잠을 깨워야 했고 그렇지 않을 경우 소리를 죽여 집밖으로 나가야 하니 곤혹스러웠다. 이래저래 아침형 인간이 지녀야 하는 비애였다.

이제 무덤덤해지고 무늬만이라도 아침형 인간인 내가 좋다. 하루 중 이른 아침이 주는 그 청량과 긴장감을 좋아하기 때문이다. 이십여 년 입었던 푸른 제복을 벗고 다시 직장생활을 시작하면서 회사까지 이르는 길을 걷는 길로 이어놓았다.

낯선 곳에라도 가면 가까운 산에 오르거나 골목길을 돌아 나오거나 들길을 가거나 하는 것이 좋다. 폭음을 해서 그 아침시간을 찾아내지 못한 여행길은 너무도 스스로가 쓸쓸해지고 안타깝기도 한 것이다.

🏔 꿈의 길 신작로

첫날 포카라에서 버스로 이동한 나야폴에서 티케퉁가까지 가는 길은 신작로(新作路)였다. 말 그대로 새로 길을 만들어 가고 있었다. 신작로는 근대화와 또 다른 파괴의 모습, 두 얼굴을 지니고 있는 상징이었다. 이 땅에 자동차가 들어오면서 사람과 마차나 다니던 좁은 길을 넓혀 신작로를 만들었다. 신작로는 차가 다닐 수 있는 새로운 길이었다. 한반도에도 외세의 필요에 의해 철길이 놓이면서 오랫동안 농사를 지으며 붙박이로 살았던 사람들이 고향을 떠나기 시작했듯이 신작로는 어딘가로 떠나기를 꿈꾸며 오가는 길이었다. 그곳도 마찬가지인 듯했다.

어린 시절 대부분의 길은 포장되지 않은 신작로였다. 미루나무나 플라타너스 가로수가 좌우로 이어졌고 인도와 차도의 구분이 없었다. 길가에는 파인 부분을 메우기 위한 예비용의 자갈무더기들이 들어서 있었다. 마을마다 정해진 구간이 있었고 '부역'이라는 노력봉사로 도로정비를 하던 시절이었다. 주기적으로 마을사람들이 파인 부분을 메우는 작업을 하였지만 이내 파여나가고 비가 오면 물웅덩이로 변해 차가 지나가면서 물벼락을

쳐대기도 했다. 차가 지나갈 때마다 뿌옇게 먼지가 일었고 봄이
면 코스모스를 그 길에 심기도 했다. 연구수업을 앞두고 장학사
가 학교를 방문한다고 대청소를 했던 종례시간에 선생님은 "신
작로에서 장학사가 탄 까만 관차를 만나면 꼭 손을 흔들어라."
하고 말씀하셨다.

　본디 인간에게 걷는 것은 생존 그 자체였다. 인간은 정착생활
을 하기 이전에는 하루 종일 사냥을 하기 위하여 들짐승을 쫓아
다니거나 열매를 얻기 위하여 걸어 다녀야 했다. 그러니 걷는다
는 것은 건강을 챙기기 위한 것이 아닌 생존의 문제였다. 정착
생활을 하면서도 마찬가지로, 걸어야 생존할 수 있었다. 모든

노동력은 도보이동을 바탕으로 하였기 때문이다. 밭을 갈고 씨 뿌리고 김매고, 수확하고 하는 모든 일들.

이와 같이 걷는 것 자체가 생존이었던 생활 방식은 산업혁명 이후 점차 바뀌기 시작했으며 우리의 경우는 80년대 이후 자가용이 필수품이 되면서 걷는 것은 경쟁에서 뒤떨어지고 비효율적인 것으로 치부되었다. 농경에도 기계화가 이뤄졌고 사무실, 공장에서도 마찬가지였다. 예전에는 무엇을 구입하거나 필요한 서류를 얻으려면 찾아가서 구해야 했지만, 이제는 인터넷으로 관공서업무, 금융업무가 해결된다. 각종 제품의 구매도 심지어는 이민 상품까지도 홈 쇼핑이나 인터넷 쇼핑을 통해서 손끝 하나로 해결되는 세상이 되었다. 이토록 좋은 세상에서 사람들은 힘들게 걸어 다니면서 생존해야 했던 과거와 무엇이 달라졌는가를 생각해보면 문제는 달라진다.

농경시대, 제대로 된 여가문화를 이루지 못했던 것은 단지 생존을 위해 건전한 여가생활도 금기시했기 때문이다. 그래서 생산적인 노동으로서의 일이 아니고, 취미활동이나 여가생활을 즐기는 것을 "일을 삼는다."라고 표현했던 것이다. 어린 시절 한나절 보리밭을 달리며 연을 날리다가 집에 들어오면 어머니는 "넌 연 날리는 걸 일을 삼냐."고 꾸중을 하셨던 것처럼 말이다. 예전에는 걷는 것은 우리가 숨을 쉬듯이 너무나 자연스런 행동이었는데, 이제는 '일'을 삼아야 하는 것이 되었다는 뜻이다. 예전에

는 단지 먹고사는 문제를 해결하기 위해서 했던 주로 계몽운동
이었다. 퇴비증산운동, 절미운동, 쌀증산운동, 쥐잡기운동부터
이제는 살기 위해서 조깅 등 다양한 운동을 한다. 들판에서 일
하다 보면 하루 종일 걸어야 했는데 이제는 살기 위해서 일부러
걸어야 하는 세상이 된 것이다. 밥이 거름이 되고 그 거름이 다
시 밥이 되던 시절엔 버려지는 것이 아닌 서로에게 필요한 것이
었다. 새벽참 새마을노래에 걸음을 맞추며 풀 짐을 지고오던 날
들, 사는 게 다들 힘들었지만 그래도 꿈이 있던 시절이었다.

  단순히 걷는 것만 아니라 사람들은 또 다른 의미를 부여하기
시작했다. 둘레길이니 올레길이니 만들어 소풍처럼 왁자하더니
이제 시들해져간다. 멀리 해외까지, 몇날며칠이고 걷는 일에 순
례라는 이름을 붙이고 무슨 종교의식처럼 아니면 이벤트성의 행
사로 치르기도 한다. 히말라야 설산의 차가운 품에 안겨보기 위
해 떠나는 것도 마찬가지, 등산이란 표현보다는 트래킹이란 말
을 쓴다. 산의 정상에 오르겠다는 목적보다는 자연을 즐기며 산
길을 걷는 산행의 한 방법이다. '트래킹'이라는 말은 남아프리카
의 네덜란드계 주민인 보어인의 말로 '우마차를 타고 여행하다'
라는 말에서 유래했는데 '여행하다, 이주하다, 출발하다' 등의
의미로 사용되었다. 산길을 따라 걷는다는 의미의 두부여행을
트래킹이라고 하지만, 도보여행을 뜻하는 용어와 그 내용은 나
라마다 약간씩 다르다. 일반적으로 며칠에 걸쳐 산악지대를 걷

는 여행을 '트래킹(trekking)'이라고 하는데, 아메리카 대륙, 아프리카, 인도, 네팔 등에서도 이 명칭을 사용한다. 네팔에서는 산지 등을 여행할 경우 정부가 트래킹 허가증(Trekking Permit)을 발행하기도 한다. 미국에서는 대륙이나 주를 횡단하는 도보여행을 따로 '트레일(Trail)'이라고 하고, 몇십 일에 걸친 장거리여행은 롱 트레일(Long Trail)이라고 한다. 뉴질랜드에서는 산악지대 도보여행을 '트램핑(tramping)'이라고 하며, 독일에서는 방랑한다는 의미로 '반데른(Wandern)'이라고도 한다.

최근 지면에 보도된 사진과 보도내용은 충격적이었다. 세계 최고봉인 에베레스트 정상 등산로에 사람이 몰려 발생한 통행체증으로 일주일 새에만 10명이 사망했다는 내용이었다. 외신은 사망자 급증의 원인으로 에베레스트의 '인간 체증'을 지적했다. 한정된 코스에 사람이 몰리면서 갇혀있다 탈진으로 쓰러지거나, 체력을 빼앗긴 상태에서 등반하는 등반객들이 늘어났기 때문이라는 것이다.

한 셰르파는 뉴욕타임스에 "에베레스트를 여러 차례 올랐지만 이번 체증은 최악"이라며 "강풍이나 혹한이 아니라 체증 때문에 위험하다"고 말했다는 것도. 네팔 정부의 과도한 등반 허용이 문제라는 주장도 있었다. 네팔 정부는 이번 봄에 381명의 등반을 허용했는데, 이로 인해 체증이 더 심해졌다는 지적이다. 물론 날씨가 좋은 날에 집중적으로 몰리다 보니 그랬을 것이다. 참고로 에베레스트 등반 허가를 받기 위해서는 1인당 약 1,300여 만 원을 네팔 정부에 내야 한다.

신작로가 생기면서 새로운 세상으로 나아가기도 하고 삶의 형편이 좋아졌다. 그러나 신작로 같이 넓은 길이 생기면 무언가는 허물어진다. 손에 든 전화기도 마찬가지다. 정상에 오르는 것이 많은 사람들의 꿈이더라도 인간 체증이 생길 정도라면, 그 이유로 목숨을 담보로 걸어야 한다면 다시 생각해봐야 할 일이다.

여행과 동반자

낭패(狼狽)라는 말이 있다. 원하거나 예상했던 것이 빗나갔을 때 흔히 쓰는 말이다. 중국 고사에서 유래된 고사성어로 전설에 나오는 이리의 모습을 말한다. 낭(狼)은 앞다리가 짧은 이리이고, 패(狽)는 뒷다리가 짧은 이리여서 둘은 항상 서로 붙어 다녀야 안정되게 다닐 수 있다는 것, 둘이 떨어지게 되면 아무것도 할 수 없게 된다는 의미의 합성어다.

혼인이 선택이 아닌 필수였던 시대가 있었다. 머지 않은 과거의 일이었다. 여성의 사회활동이나 경제적인 독립이 주된 요인이기도 하지만 청춘남녀에게서 혼인이 '표준'이던 시대는 아련하다. 그러나 좀 더 솔직한 표현은 표준에서 완전히 벗어나지는 못하고, 할 수도 안 할 수도 없는 낭패가 되어가는 시절인 듯 싶다. 혼인이라는 것이 개인의 욕구에 앞서 사회적인 관습의 한 형태이기도 해서 아직은 그 관습의 틀에서 완전히 자유롭기는 어렵다는 의미를 함축한다.

그렇듯 혼인하기도 힘들지만 혼인생활을 유지해가는 것도 힘든 세상이다. 눈을 맞추는 것보다는 서로의 조건을 맞추어 보지만 순탄한 혼인생활은 점점 어려워진다. 그러니 혼인하려는 예비부부들이 있다면 사전에 예약 같은 건 배제하고 최소한의 비용으로 낯선 곳으로 여행을 떠나라고 권하고 싶다. 여행은 자신을 드러내고 상대방과 조화를 이루며 살 수 있을 것인지 확인하는 계기가 될 수 있다는 나름의 확신 때문이다.

같은 풍경을 보고 감동할 수 있을 공감의 영역은 얼마나 되는지, 밤길을 걸어가며 얼마쯤이나 이야기를 이어갈 수도 있는지, 어려운 상황에 부딪쳤을 때 우선 상대방을 배려하는 마음은 가지고 있는지, 전혀 예상치 못한 난관에 봉착했을 때 그것을 극복해가는 능력과 수단은 어떤 것인지 등이다. 같이 부대끼며 살아가는 이들에게 필수적이고 중요한 것들을 여행을 통해서 알 수 있고 알려주는 계기가 될 수 있다. 물론 개인별로 가치관의 차이가 있겠지만 혼전의 성 문제 등 걸림돌이 있다는 것도 생각하지 못하고 제안하는 것은 아니다. 그러나 오히려 긍정적이고 적극적으로 받아들일 수 있는 측면도 있고 상대방을 통해 신뢰의 폭을 가늠할 수 있는 계기가 될 수도 있을 것이다.

여행에서의 동반자의 의미를 음미하기 위해, 낭패와 혼인을 인용했다. 혼인보다 여행은 갈등의 밀도가 더 촘촘하다는 것을 말하고 싶었기 때문이다. 바닥이 드러나기도 하니 일생의 한 번뿐일 수도 있을 신혼여행에서 돌아오는 길에 서로 등을 돌리기도 하는데 이것은 같이 여행을 떠났던 친구 간에도 마찬가지다.

갑작스럽게 여행의 출발을 결정하면서 낭패가 생겼다. 아내에게 허락을, 아니 혼자 가겠다는 치사함을 드러내야 했기 때문이다. 그 과정을 짧은 이야기로 만들었다.

　섣달 열이레 하현달이 우면산을 넘었으니 야심한 시간이었다. 아파트 문 앞에서 인기척을 내지 않고 차가운 금속성에 이어 들리는 손가락 끝의 압력이 떠도는 섬처럼 흘러들었다. 나름 반갑게 마주 섰지만 퇴근하는 아내의 표정에서 불쾌함에 불쾌함이 엉겨있었다. 모임이 있다 했으니 술기운으로 불쾌함이야 드러낼 수도 있는 거지만 쭈뼛거리는 미안함도 없이 불쾌한 표정은 은근히 주눅들게 했다. 그건 '도둑이 제 발 저린다'는 것과 비슷했다.

　"늦으셨네." 상황을 인식하듯 어색함으로 마주 섰지만 아내는 시선을 마주치지도 않고 방으로 들어갔다.

　"친구들이 당신 딴 여자가 있는 게 분명하다네. 아유, 정말 기분 나빠." 웃옷을 벗으면서 아내가 눈도 맞추지 않고 내던지는 말의 끝이 파편처럼 흩어났다. 나는 할 말이 없었다. 전혀 그런 사유는 아니었지만 그렇게 생각할 개연성은 충분했기 때문이었다.

　새해가 시작되고 언제나 그렇듯 새로움 없는 날들이 지나가고 있었다. 아내는 학창시절의 친구들 몇과 그 시절의 선생님을 만날 거라고 했다. 단발머리 학창시절의 인연, 당시 선생님은 일흔이 넘었으니 많은 시간이 그들을 지나쳤을 것이다. 인연은 시간이 지나면서 발효의 과정으로 새로운 모습으로 숙성되기도 한다. 때론 흉터로 흔적을 남긴 상처가 되거나 여전히 고약한 악취로 머물기도 한다. 스승과 제자, 사제 간의 만남이라는 게 편하고 좋을 수만은 없는 성질의 것이라 한다면 그것은 내 경험의 단순한 산물일 것이다. 다만 학창시절 스승에 대해 존경했던 마음이 많은 시간이 지나서도 만남을 이어주는 기제로 작용했을 것이라고 생각했다.

얼마 전부터 새롭게 만나는 사이로 알고 있는데, 한 번 나도 같이 만나고 싶다고 했고 그 자리에 나갔던 것이다. 딱히 정한 시간은 없었지만 내가 늦었으니 그들은 식사 중이었다. 구면인 아내의 친구도 있었지만 아내의 옛 선생님은 초면이었고 어색하게 인사를 나눈 후 자리에 앉았다.

"한 번 속은 내보였고 겉도 별로네요." 인사를 나누고 어색함을 가리듯 이야기를 시작했다. 한 번 속을 내보였다는 것은 그런 연유였다. 지난 번 모임이었을 듯 아내는 나와 통화 중에 선생님을 바꿔주었고 인사말처럼 "아내를 사랑해주라."는, 뭐 대단한 것도 아닌 어찌 보면 의례적인 주문이었는데 나는 바로 답을 하지 않고 우물거렸던 적이 있었기 때문이었다. 당연히 뭐 이런 자가 있는가 하셨을 듯싶었으니 자복하듯 그런 말씀을 드린 것이었다. 관심처럼 그분의 고향을 여쭈었는데 부모님이 해방 후에 월남하셨고 한국전쟁 전에 태어나 난리를 피하여 부산에서 어린 시절을 보냈다는 이야기를 했다. 첫 만남이었지만 부드럽게 자리가 이어졌는데, 그 자리에서 그 이야기는 꺼내지 말았어야 했다.

갑작스럽게 결정된 것이었다. 네팔 등 나라 밖의 오지를 전문으로 하는 여행사에서 안내문자가 왔고 오래 기다렸다는 듯 관심을 표명했는데 다시 전화가 오고 갑작스럽게 예약을 했던 것이다. 아내와 같이 가는 게 순리였다. 마라톤 대회를 취재 겸 참가한다며 고비사막에 갔을 때도 소설 속의 주인공이 떠난 차마고도의 한 모퉁이를 건너간다며 윈난에 갔을 때도 혼자였으니 말이다. 한참을 고민했지만 그래도 혼자 가고 싶었다. 그렇다고 배낭여행처럼 혼자서 가볍게 가는 것도 아니니 이유가 옹색스러웠지만 아는 사람 누구와도 같이 가고 싶지 않았다. 자료수집 등의 이유로 혼자 여행을 했던 이유도 있었을 테지만 그와는 다른 것이었다. 무리에서 이탈하는 경우가 많을 테니 나 때문에 비난의 대상이 되는 등의 동반자에게 불편함을 주고 싶지 않은 우려도 마찬가지였다.

아내와 단둘이 있을 때 정중하게 읍소하듯 해야 했는데, 그렇게 이야기하자니 너무 두렵고 부담스러웠다. 엄숙한 분위기도 아니고 술도 마신 김에 그 자리에서 그곳에 가고 싶다고 했다. 그 말을 마치자,

"그럼 친구랑 같이 가야지. 전부터 가고 싶다고 했던 곳인

데." 서로 다른 입들이 한 목소리를 냈다. 주변머리가 있거나 머리가 좀 돌아가는 자라면 그 말에 고개를 끄덕이며 그 자리를 부드럽게 비켜갔을 텐데, 어리석은 자는 그러지를 못했다.

 "혼자 갔으면 하는데요."라고 그 말을 숨기지도 참지도 못했다. 모두들 이상한 동물 쳐다보듯 힐난하는 눈으로 나를 보았다. 이미 정해진 것이었으니 다시 번복할 것도 아니었다. 모임을 마치고 돌아오는 내내 마음은 서릿발 오른 아침 산길을 걷듯 버석거렸고 아내는 아무 말도 하지 않았다. 다음 날 아내의 친구들은 전화로 자신들의 보고 목격한 사내의 비열한 속내의 확신을 전하고 싶었을 것이다. 그것은 그녀들이 가진 판단의 틀이

었을 것처럼. 아무튼 그건 내가 자초한 것이니 아무 변명거리가 없었다. '여자가 있다'는 것은 단순한 이성이 아니듯 대놓고 아내가 아닌 다른 여성과 같이 떠난다는 것은 상상도 할 수 없는 일이었다.

그렇게 혼자 떠났다. 요즘엔 반려견을 데리고 가는 경우도 많다고 했다. 물론 배낭여행이 아니니 온전히 혼자는 아니었지만. 배낭 속에는 책 한 권이 동반자였다. 노트북도 있었지만 아직 친숙하지 않으니 동반자라고 하기에는 무리가 있었다.

🏔 지구별 여행자

단지 낯선 곳에 닿기 위하여 밤차를 탄 적이 있었다. 동행도 정한 목적지도 없이 밤차를 타러 나가는 길에 마음과는 달리 몸은 거부감을 드러냈다. 심신일여(心身一如)라는 말은 때때로 그렇게 어긋났다. 한번은 새벽녘에 구례구역에 도착했는데 막연히 지리산에 들기 위해서였다.

이십여 년, 군에서 나와 처음 산에 오르기 시작하면서는 정상에 오르겠다는 마음이 앞서곤 했는데 후에는 들어간다는 겸허함으로 바뀌어가는 변화도 있었다. 역 앞에는 택시들이 기다리고 있었지만 누가 기다리는 것도, 택시를 타고 갈 만큼 급박한 일은 아니었기에 그곳에서부터 걷기 시작했다.

새벽의 여명을 기다리며 걷는 길은 그다지 지루하거나 급한 걸음이 아니었다. 가끔 지나는 차들이 보폭을 흩트리기도 했지만 입춘이 지난 새벽녘의 공기는 차가웠지만 달고 상큼했다.

화엄사 매표소가 잠겨있으니 일곱 시가 지나지 않은 시간이었다. 수련대는 개울물소리에 얼마간 지친 숨을 골라내고 푸르게 윤기내는 동백 잎에 침침한 눈을 씻어냈다. '번뇌는 버리고 가십시오!'라고 적힌 정랑을 돌아 나왔을 때 그리운 소리들이 바람처럼 지나고 있었다. 스님들 여나믄 명이 절 마당을 비질하는 소리였다. 그 아침에 절 마당에서 들었던 그 비질소리는 세상의 어느 소리보다도 아름다운, 맑고 차가우면서 그리움이 달려드는 소리였다. 더하여 광활한 우주 안에서 아니 화엄의 세계에서 사람이 살아가는, 존재한다는 소리였다.

물소리를 들으며 노고단까지 오르고 이어지는 능선 길, 노고단에 올라 잠시 단 주위를 세 번 돌고 잠시 무릎도 꿇었다. 노고단 고개에서 장터목까지 큰 짐승의 등뼈처럼 길게 이어진 능선을 걷고 달렸다. 장터목에 도착했을 때 오후 네 시, 해가 반야봉을 넘어가는 시간이었다. 40여 킬로미터가 넘는 거리였지만 마라톤에 빠져있었을 때니 달리듯 고갯길과 능선을 숨차게 지나왔다. 아침은 노고단까지 오르는 길에서 배낭에 담아온 떡으로 해결했고 점심은 연하천 대피소에서 컵라면과 빵으로 해결했다.

장터목에 도착하니 천왕봉에 오르는 길을 통제할 시간이었다. 대피소에서 컵라면이라도 하나 먹고 나섰어야 했는데 마음이 급하니 그대로 출발했다. 노고단 고개에서 장터목까지는 오르락내리락 크게 경사가 급하지 않은 길이었지만 정상에 이르는 길은 다시 가파르고 길도 미끄러우니 체력소모가 더했다.

정상에 도착했을 때 반야봉 너머 노을이 흔들리고 있었고 먼빛으로 섬진강이 윤슬로 반짝거리며 바다가 되어가고 있었다.

늦은 시간이니 정상석 주위에 서너 명이 기념사진을 찍고 하산준비를 하고 있었다. 장쾌한 능선을 내려다보던 중 땀이 식으며 추위와 허기에 갑자기 현기증이 일었다. 그 자리에 주저앉아 배낭에 머리를 기댔다. 잠시 후 정상에 있던 이들이 내 곁으로 다가왔다. 뜨거운 물과 초콜릿을 꺼내주었다. 염치가 없었지만 받을 수밖에 없었다. 그들은 여분의 것까지 나에게 건네주고 같이 내려가자고 손을 잡아주었다. 나의 우매함은 그렇다 치고 곁에 있던 낯선 이들의 도움으로 전혀 예상치 못했던 위기에서 벗어날 수 있었다. 후에 무전(無錢)으로 국토종단에 나섰을 때도 마찬가지였다.

낯선 곳에서 길을 묻는 것부터 타인은 존재한다. 우연히 만나거나 일부러라도 타인의 도움을 청하거나 그냥 주어지는 것을 받기도 한다. 우리는 저마다 지구별에서 떠도는 여행자들이다.

일상에서 우리는 곁에 있는 누군가에게 도움을 받았다는 고마움을 가지기보다는 내가 더 많이 주었다는, 서운하고 원망하는 마음이 더 많은 게 사실이다. 심지어 가족들조차도 말이다. 하지만 여행을 나서면 그렇지 않다는 것을 절감하게 된다. 알게 모르게 정을 나누거나 도움을 더 많이 받고 있다는 것이다. 여행은 그 여백과 공간을 확인하는 또 다른 계기가 된다.

일상에서건 여행에서건 타인에게서 받는 도움을 선물로 규정하고 남태평양 한 섬의 풍습을 생각해본다. 트로브리얀드 제도의 원주민들은 A에게서 선물을 받으면 A에게 답례하는 게 아니라 다른 이웃인 C에게 선물을 하는 방식으로 답례한다. 그걸 받은 C는 다시 D에게 주어야 한다. 선물이 선물을 낳는 선물의 증식이 발생한다. 선물의 흐름은 돌고 돌아 다시 A에게 돌아갈 것이다. 선물의 커다란 원환이 그려진 셈이다. 모두가 선물을 했고, 또 모두가 선물을 받은 것이다. 여행뿐만이 아니라 우리가 살아가는 것도 마찬가지라는 생각을 한다. 다만 일상에서는 그럴 여백과 공간이 설산의 공기처럼 희박하다는 것이다. 그렇듯 여행이란 숨겨진 공간을 찾으러 떠나는 일상에서의 탈출인 셈이다.

대지(大地)는

어머니와 동의어였다

생명을 잉태하고 키워내듯 흙에서 왔으니 흙으로 돌아가라는 듯

무덤에 누인 자의 가슴에도 흙이 뿌려졌다

문화 또는 정서

산은 산이다

문화와 정서의 차이는 무엇일까? 서양에서 문화(culture)라는 말은 경작이나 재배 등을 뜻하는 라틴어(colore)에서 유래했다. 즉, 문화란 자연상태의 사물에 인위를 가하여 그것을 변화시키거나 새롭게 창조해낸 것을 의미한다. 문화는 인간이 진화하면서 같은 민족이나 언어 또는 문자 등을 공유하는 공동체에서 발현되었다. 생활의 습성을 공유하는 일정한 권역에서 인위에 의해 드러나는 모습, 선사시대로부터 기본적인 의식주를 포함한 삶의 모습은 바뀌어왔고 자연 현상이나 사물에는 문화라는 말이 어울리거나 통용될 수는 없는 것이다. 그러니 인위적인 사물이나 현상이라면 어떤 것이든 문화라는 말을 붙여도 말이 되는 것은 그 때문이다. 예를 들어, 곡식문화라는 말은 성립하지 않지만 음식문화라는 말은 성립하듯이 말이다. 포괄적으로 문화는 자연에 대립되는 말이라 할 수 있고, 인류가 유인원의 단계를 벗어나 인간으로 진화하면서부터 이루어낸 모든 역사를 담고 있는 의미라고도 할 수 있다. 여기에는 정치나 경제, 법과 제도, 문학과 예술, 도덕, 종교, 풍속 등 모든 인간의 산물이 포함되며, 이는 인간이 속한 집단에 의해 공유된다. 문화를 인간 집단의 생활양식이라고 정의하는 인류학의 관점이 이런 문화의 본래 의미를 가장 폭넓게 담은 것이라 할 수 있다.

그럼 정서는 무엇인가? 정서는 일정한 범위의 공동체에서 개별적이거나 유사한 마음에 일어나는 여러 가지 감정, 또는 감정을 일으키는 기분이나 분위기라 할 수 있다. 문화와 정서는 서로 맞물려 돌아간다. 자연 그대로의 사물에 필요에 따라 인위를 가한 것이 문화이고 문화를 접하고 그 범주 안에서 활동하면서 반응하고 몸에 내재된 것이 정서라 할 수 있다. 문화는 공유되는 것이지만 정서는 문화처럼 일반적으로 공유되지는 못한다. 개인마다 내재된 기제와 상황이 다 다르기 때문이다. 그러나 일반적인 정서는 이야기할 수 있다.

뜨거운 태양도 사계절 눈을 녹이지 못하는 산맥을 올려다보러 네팔에 가는 길, 많은 경비와 시간을 감수하며 가고자 하는, 단지 지상에서 가장 높은 산맥으로 이어진 곳을 가는 이유가 무엇인가를 생각했다. 많은 사람들이 험준한 설산에 오고 때로 생명을 불사하겠다며 이곳에 온다. 그럼 그러한 모습을 등산문화라고 할 수 있을지 자문해본다.

최고는 8천 미터부터 5천 미터 이상의 산군으로 이어진 지구의 지붕이라는 고봉들의 눈은 사계절 녹지 않아서 만년설이라고 한다. 지구온난화로 인해 안데스의 산록이나 킬리만자로 등의 고산군들의 눈은 대부분 녹아내렸고 이제 히말라야 산군들에만 만년설이 남아있다. 고산군은 당연히 시각적으로 태양이 가깝더라도 기온이 낮기 때문에 쉽게 눈이 녹지 않는다. 인간사에서도 그럴 것인가? 그렇다. 히말라야의 고봉군처럼 태양과 가까워도 차가우므로 눈이 녹지 않는 것처럼 부부간이든 부자간이든 가까운 사이일수록 앙금과 갈등은 쉽게 녹지 않는다.

그렇듯 대개의 사람들은 가까운 사이일수록 사소한 것으로도 삐칠 확률이 더 높다. 더 많이 오해하고 실망하게 되고 더 많이 상처를 주고받는다. 그러한 경향을 정서라고 할 수 있다. 삐칠 확률이 더 높다는 것은 상대방에 대한 정서적 욕구 또한 더 많다는 것을 의미한다.

'주변의 타인들에게는 잘하면서 집안 식구들한테는 잘하지 못하는 이유가 뭐야?'라며 가끔 아내에게 핀잔을 받는다. 우선 그 말이 사실인가부터 두리번거리지만 답변이 궁색하다. 가족이 아닌 주변의 타인들에게 배려심이 향상되는 기이한 현상은 타인들에게는 상대적으로 특별한 바람이나 정서적 욕망이 덜 해서라는 것이다. 나를 기준으로 아내로부터 받아내야겠다거나, 받고 싶다는 욕구와 욕망이 더 많이 있음으로다. 그 기대와 바람만큼 받지 못했을 때 좌절과 때로는 분노까지 생긴다. 그러니 태양과 설산처럼 서로 가까운 이들에게 여유롭거나 잘해주기는 어렵다. 일반적이랄 수 없는 정서의 범주다.

산이란 도대체 어떤 존재인가를 생각해본다. 특별한 설명도 아닌 "산은 산이요 물은 물이다."라는 말처럼. 인간 한계를 극복하듯 죽음이 가까이 웅크리고 있을 정상에 오르기 위해 있는 곳, 태양의 빛이 눈을 녹이지 못하는 곳, 숱한 이들이 그 정상으로 오르던 길에도, 더러는 정상에 올랐다가도 내려오는 길에 떠나온 곳으로 돌아가지 못했다. 여행은 돌아오기 위해 떠나는 것인데 말이다.

🏔 나마스테

안나푸르나, 최소한 학창시절 산악반으로 활동했더라면 그 산록은 현실 속의 공간이었을지도 모를 일이다. 늦은 나이에 마라톤을 시작하여 고비사막마라톤대회에 참여했었고 발군의 성적도 거뒀었으니 말이다. 막연히 오랫동안 연모했던 대상이었다. 오랜 바람이 머물렀기에 단번에 그 길로 여행을 떠나게 된 것이다.

목적지를 정하면서 여행은 시작된다. 문자, 영상, 이야기로도 전해 들었던 현장의 모습이 실제로 그곳에서 그대로 체감되어 정착되지는 않는다. 내면화된 인식과 현장의 접촉 속에서 타협하고 절충하며 다시 안착의 단계를 거친다.

돌아오기 위해 떠난다는, 그 한계성에 여행이 목적과 목적지가 공존한다. 안락한 잠자리와 이색적인 풍경을 본다는 것은 단순히 여행의 줄임말처럼 '여유로운 행동'일 뿐이다. '여행의 가치는 두려움을 불러들이는 것'이라는 알베르 카뮈의 말은 이때 묘한 명분과 희열을 가져다준다. 아니 그보다는 유혹이었다.

태초에 유혹이 있었다. 태초에 이브에게 당도했던 유혹은 단순히 실낙원의 근인이었을까? 아니다. 부끄러움이 없어 치부조차 가리지 않고 살 수 있다는 것은 유혹의 철저한 배제였고 오욕칠정으로 발현되는 고뇌도 마찬가지였다.

유혹의 언저리에는 권태가 있다. '권태'라는 말의 사전적 의미는 '관심이 없어지고 시들해져서 생기는 싫증이나 게으름'이라고 규정한다. 그러면 권태라는 말은 언제부터 생겨난 말일까? 태초에 하늘과 땅이 만들어졌던 낙원에서부터 그 의미는 시작되었고 후에 문자로 표시되었을 것이다.

'아담과 이브', 두 남녀가 없었다면 아우구스티누스의 '고백록'이나 밀턴의 '실낙원'도 없었을 것이다. 주말 일간지에 게재되는 서평, '아담과 이브의 모든 것'은 그렇게 소개되고 있었다. '창세기에 나오는 아담과 이브의 이야기는 성경에서 단 몇 쪽을 차지할 뿐이지만 예수의 죽음과 부활 못지않게 강렬하고, 문명사에 남긴 흔적은 예술, 문학, 철학, 과학 전 분야를 망라한다.'라고 의미를 부여하고 있었다. 아담과 이브를 빼고 서양의 역사와 문화를 설명하는 것이 불가능하다는 것도 마찬가지다.

기원전 597년 바빌로니아제국의 네부카드네자르 2세는 예루살렘의 작은 왕국 유다를 무너뜨리고 히브리인들을 바빌론으로 보내 노예로 삼았다. 그로부터 10년 뒤 또 한 차례 공격이 있었는데, 상황이 훨씬 심각했다. 히브리인들이 믿는 유일신 여호와의 신전이 무너지고 왕궁이 불탔으며 포위된 도시에서 수많은 사람들이 기아와 질병으로 죽었다. 살아남은 이들은 바빌론으로 끌려가 먼저 노예가 된 이들과 함께 바빌로니아의 신 마르두크에게 바치는 까마득히 높은 신전을 지어야 했다.

페르시아가 바빌로니아를 정복하면서 히브리인들은 비로소 고향으로 돌아갔고, 그간의 고통과 분노를 가슴에 품은 채 구전되던 여호와이야기를 집대성한 책을 펴냈다. 이 책들을 통해 히브리인과 예루살렘의 신이던 여호와는 온 세상을 창조한 유일무이한 존재로 거듭났고 아담과 이브는 인류의 조상이 됐다. 기원전 5세기경 편찬된 '모세5경' 중 '토라'에 저 유명한 에덴동산이야기가 처음 등장하게 된 배경이라는데 나에게는 생소했다.

'아담과 이브의 모든 것'을 펴낸 스티븐 그린블랫 하버드대 인문학 교수는 "자유를 주는 동시에 파괴적이며, 인간 책임성에 대한 찬가이자 인간의 사악함에 대한 어두운 우화이고, 과감한 행동에 대한 찬사이자 폭력적 여성혐오 선동"의 이야기로 요약했다. 이 이야기가 왜 수천 년에 걸쳐 그토록 큰 영향력을 발휘했는지 탐구했다. 아마도 이 이야기가 "우리는 누구인가, 어디서 왔는가, 왜 우리는 사랑하는가, 왜 우리는 괴로워하는가 하는 문제들을 다루기" 때문일 것이라고 설명하면서 "애초 설계될

때부터 그렇게 광범한 영향력을 가지도록 계획된 듯하다"고 감탄한다.

그보다 나는 이브의 권태를 말하고 싶었다. 사시사철 나무며 풀더미에서 익어가는 갖가지 진귀한 과일과 열매들로 식욕을 해결할 수 있었으니 때마다 밥을 짓고 밥상을 차릴 일도 없었다. 몸에 걸친 것이 없었으니 옷감을 짜고 물을 들이는 일도, 언 개울물을 깨고 빨래를 해야 하는 일도 없었다. 아이들 또한 없었으니 공부하라고 닦달하거나 학원을 고르고 보낼 일도 없었다. '82년생 김지영'과는 다르게 시댁도 없었고 친정도 없었으니 명절 때를 걱정하거나 누구의 눈치를 보거나 신경 쓸 일도 없었다. 여자라고는 오로지 자신뿐이었으니 아담이 딴전피울 것을 걱정해야 할 일도 없었고 옆집 남자의 지위와 재산을 비교하며 샘을 낼 일도 없었다. 그러니 다이어트를 하거나 화장에 신경 쓸 일도 없었다. 남편 눈치를 보며 다른 사내와 눈을 맞추거나 하는 허튼 것에 신경 쓸 필요 또한 없었다. 돈이 필요하지도 않았으니 남편에게 바가지 긁을 일도 없었고 맞벌이할 필요도 없었다. 그런 그녀에게 당연히 권태가 생겨났을 것이다. 유혹의 저편에 도사리고 있을 무시무시한 징벌은 크게 현실적이지 않았을 것이지만 끊임없는 갈등으로 고통과 비애도 끌어안아야 한다는 것을 어설프게 알았기에 아담에게 권유도 하였을 것이다.

오늘날 우리가 향유하든 아니든 의식주를 벗어나 체감하는 문화와 예술은 그것이 목적이든 수단이든 유혹의 산물이라고 보아도 무방하다. 미술이든 음악이든 문학작품이든 유혹의 바람이 없었다면 결코 존재할 수 없었을 것이다.

나의 어린 시절을 관통했던 궁핍함과 집안을 떠다니던 불온했던 공기는 역마살이거나 현실도피처럼 가끔은 떠나고 싶을 때 떠날 수 있는 자유에의 갈망과 용기도 주었다. 그것을 부정적으로 보면 계산되거나 치밀하지 못한 소치일 수도 있겠지만 한 가닥 축복이기도 했다. 설산 곁에 닿고 싶던 열망은 간절했지만 그러더라도 오랫동안 잠재돼있던 유혹 또는 갈망이 없었다면 결코 쉽지 않았을 것이다.

유혹은 달콤했기에 막연한 불안감마저 떨쳐버릴 수 있었지만 한 주 동안 사무실을 비운다는 압박감은 돌처럼 무거웠다. 뭔가 이유를 만든다는 것, '삶에 후회를 남기지 말고 사랑하는 데 이유를 달지 마라'고 누군가 이야기했다지만, 그게 어디 쉬운 일이던가. 이상과 현실의 커다란 간극 속에서 좌절하고 절망하며 살아온, 궁핍한 어린 시절을 보내면서 이유를 만드는 것에 익숙한 편이었다. 남의 눈을 의식한다는, 삶의 부정적인 편린이었다.

'일을 삼는다.'라는 표현, 예전의 농경시대로, 모자란 일손을 보태야 했던 아이들이며 누구든 생산적인 노동을 회피하고 단순히 노는 것을 꾸짖으며 한 말이다. 설산에 들 것이라는 바람을, 얼떨결에 신청하는 것으로 현실로 가져왔지만 하루에도 시시때때로 틈이 날 때마다 많은 번민과 고민이 수시로 나를 흔들고 지나갔다. 일도 아닌 것을 일로 만든, 바쁜 업무가 시작되는 중에 사무실을 일주일이나 비운다는 것에다 또 다른 여러 가지 나를 옥죄는 생각들, 그래서 이유를 만들기 시작했을 것이다. 현실과의 격리는 그 첫 번째였고 그 다음은 이야기였다. 어찌 보면 이 두 가지 것들은 너와 나, 우리들의 여행에서 알파와 오메가였다.

그렇듯 유혹은 꿈을 부른다. 장자(莊子)도 어느 날 꿈을 꾸었다고 했다. 나비가 되어 꽃들 사이를 즐겁게 날아다녔다. 그러다가 문득 깨어 보니, 자기 자신이 그 자리에 있었다. 이는 대체 자기가 꿈속에서 나비가 된 것인지, 아니면 나비가 꿈에 자신이 된 것인지를 구분할 수 없었다는 호접지몽(胡蝶之夢)의 이야기이다. 보이는 것은 결국 만물의 변화에 불과한 것일 뿐이라고 말하고 싶었던 것이었을까? 나도 마찬가지였다. 그렇다고 새삼스럽게 나를 찾거나 하는 의미를 부여하는 것도 시답잖은 것이었다.

카트만두에서 국내선 프로펠러 비행기로 포카라로 이동하고 다시 트래킹 출발지점인 나야풀로 이동했다. 버스로 이동하는 길은 도로인지 강의 둔치인지 불명확했다. 우기에는 강물이 흘러내릴 것 같은. 마을길도 넓히던 새마을운동을 했던 시절처럼 많은 사람들이 먼지 속에 배수로 공사를 하고 있었다. 가파른

산언덕을 오르는 길 아래로 다랭이 논밭들과 마을이 내려가고 있었다. 길옆으로 네팔의 상징적인 꽃인 랄리구라스 붉은 꽃들이 피어있었다.

랄리구라스는 네팔의 국화(國花)다. '랄리는 붉다'라는 뜻이다. 간간이 노랑이나 보라색꽃도 있었지만 붉은색이 대표적이다. 네팔은 위도상 최남단 마라도보다 아래 지역이고 봄은 2월부터 시작된다. 랄리구라스는 키가 큰 교목이지만 우리 땅 진달래의 정서와 비슷하다. 다만 진달래는 낮은 마을의 앞산 뒷산으로 피어나고 랄리구라스는 해발 1,500~3,500미터의 고도에서 주로 서식한다. 안나푸르나로 가는 고래파니나 따라파니로 가는 길

에 숲을 이룬다. 동백꽃과 비슷한 듯 보이는 랄리구라스의 꽃은 부케처럼 푸짐하다. 진달래처럼 배고픈 아이들이 따먹을 수도 있고 힌두의식에서 사용하기도 한다.

집 앞 골목길에서 간이 욕조도 없이 엄마와 목욕하던 어린아이는 춥지도 않은 듯 지나는 여행자들에게 '나마스테'를 연신 나눠주었다. 정말 신성이 깃들어 있는 듯 어린아이의 밝은 표정에 발랄함과 의젓함이 한데 응축되어 있었다.

나마스테의 뜻은 "내 안에 깃든 성스러운 신성이 당신 안에 깃든 성스러운 신성께 경배합니다." 또는 "제 안의 빛과 평화가 당신 안의 빛과 평화를 찬양합니다."이다. 가슴 앞에 두 손을 모으고 눈을 감고 고개를 숙여 만나거나 헤어질 때 그들이 행하는 인사이다. 그들에게 그만큼 종교는 일상이고 현실이랄 수 있다. 신전이나 사원에서만 경배하고 의식을 행함이 아닌 오고가며 마주치는 이에서부터 구도는 시작된다.

나와 다른 종교를 가진 것에 반목하거나 은연중에 나의 종교를 강요하지 않는 것, 세상의 모든 종교들이 이처럼 서로를 인정하고 서로 배우고 가르쳐 주려 한다면 더 평화를 구가하는 세상이 될 것이다. 오랫동안 그래왔던 것처럼 내가 믿는 종교를 타인에게 강요한다면 반목과 폭력이 생겨날 뿐이다. '나마스테'라는 인사말 속에 나와 다른 종교도 인정한다는 의미도 있을지는 의문이지만 무엇이든 '나와 다름도 인정한다.'는 의미로 받아들여야겠다고 생각했다. 어린 아이에게도 신앙은 그렇게 대물림되었을 것이다. 작은 입에서 나오는 그 인사말은 울림이 있었다.

소년

헤밍웨이의 '노인과 바다'는 짧고 단순한 이야기이다. 작은 마을의 늙은 어부 산티아고와 그를 따르는 소년 마놀라로부터 이야기는 시작한다. 노인은 한 철이 다 지나도록 고기를 잡지 못

해 주변 사람들의 놀림과 조롱을 당한다. 심지어 소년의 부모도 소년에게 가까이 지내는 노인을 경계하라는 듯한 태도를 보인다. 그런 노인의 곁을 지켜주는 것은 소년뿐이다. 영화 중 스틸컷 (위 사진)을 보면 산티아고의 절망스런 모습과 그를 위로하는 듯한 소년의 시선을 느낄 수 있듯이 말이다.

그러던 중 노인은 홀로 고기를 낚으러 바다로 나갔던 길에 큰 청새치를 만나고 삼일 내리 그 청새치를 잡기 위한 혈투를 벌인다. 말이 삼일 동안이지 그야말로 필사적으로 분투한 끝에 결국 노인은 청새치를 잡는 데에 성공한다. 그러나 잡은 청새치를 매달고 마을로 돌아오는 길에 청새치의 피가 유인한 듯 상어 무리를 만나게 된다. 노인은 상어와 맞서 싸우며 내쫓지만 얼마 못가 상어 무리가 다시 찾아와 청새치의 살을 다 먹어치운다. 결국 노인은 허망하게 뼈만 남은 청새치를 배에 매달고 마을로 온다. 절망한 노인을 소년이 위로해주고 함께 다시 낚시에 나가기로 한다는 이야기이다.

짧고 단순한 이야기이지만 한 번 읽어본 사람은 세월이 지나 다시 읽을지도 모른다. 안나푸르나를 간다면서 그곳에서 나의 어린 시절의 모습을 돌아보거나 찾아보겠다는 퇴행적인 정서에 함몰하면서 헤밍웨이가 이야기 속에서 왜 소년을 친구처럼 동지처럼 노인의 곁에 두었을까를 생각했다. 단순한 나의 짐작인지는 몰라도 그건 어른이 된 헤밍웨이 자신과 자신의 어린 시절, 소년의 모습을 투영하고 싶었을 것이라고 추정해야 했다.

2005년 스텐포드대학 졸업식에서 애플의 창업자 스티브 잡스가 한 축사는 오랫동안 회자되고 있다. 대학 중퇴 후 우연히 서체학 강좌를 들었던 그는 10년 후 첫 번째 매킨토시 컴퓨터 설계에서 그 당시 배운 서체를 응용했고 그 경험을 바탕으로 마치 소년이었을 때처럼 과거의 점이 미래로 연결되는 통로를 이야기했을 것이다.

"여러분은 앞을 보며 점을 연결할 수는 없습니다. 나중에 뒤를 보면서 연결할 수 있습니다. 따라서 점들이 어떻게든 당신의 미래에 연결될 것을 믿어야 합니다. 이것이 용기, 운명, 삶, 카르마 무엇이든 간에 믿어야 합니다. 이는 결코 나를 실망시키지 않았고 그것은 내 인생에서 모든 변화를 가져왔습니다." 그가 말한 뒤는 과거의 행적이다. 소년시절의 꿈이나 용기, 도전 같은 것 말이다.

나는 다시 태어났던 해로 돌아온다는 회갑(回甲)으로 초로의 나이를 맞는다. 평균수명이 길어지면서 나이를 먹었다는 것을 드러내거나 무엇으로든 표현하는 것이 어색한 시절이다. 지난 삶을 돌아다보면 인생의 절정, 진수(眞髓)는 중학교에 들어가기 전 소년의 시기였다고 고개를 주억거리곤 했다. 특정한 나이로 구분 짓는 것도, 일반적이지도 않은 것이기에 막연히 표현했다. 그 시기는 사회적인 성취나 지위, 현대인들이 몰입하는 물질적인 풍요와 안정을 구가하는 때를 말하는 것이 아니다. 시대적인 여건으로 궁핍한 형편과 정서적인 충만을 누리지도 못했지만 현실의 문제에 집착하지도 않으면서 순박했을 정서가 순환으로 순정했던 대자연 속에서 영과 육을 온전히 만끽했던 시절이었다.

나이가 들어가면서 자라나는 두 아이들에게서 또는 주변에서 어린 시절의 내 모습을 찾고 싶다는 것은 지나친 욕심이었을까? 세상과 살아가는 형편과 모습이 변했다 하더라도 내가 소년이었을 적 모습을 이 땅, 그 어느 곳에서도 찾아보기는 어려웠다. 아마 헤밍웨이도 그 그리움으로 '노인과 바다'에서 소년을 노인의 곁에 두었을 것이다.

우리는 누구나 떠나온 고향을 그리워하는 나그네로 살아간다. 수구초심(首丘初心)이라는 말도 이와 궤를 같이 하는 것이리라. 그리움은 그 실체가 무엇이었든 만남이 있었으므로 생겨난 고통이며 기쁨이다. 만해(萬海)가 '님의 침묵' 중 군말에서 "님만 님이 아니라 기룬(그리운) 것은 다 님"이라고 했던 것도 의미는 다르겠지만 조금은 닿아있지 않을까?

고향에 돌아갈 수는 있어도 옛 풍경들을 돌아볼 수는 없다. 추억을 공유했거나 나눌 사람이 없다면 풍경은 소리를 내지 못한다. 회상은 회상일 뿐이고 풍경은 풍경일 뿐인 한계를 갖는다. 이것은 아마도 어머니라는, 모체를 향한 회귀본능일지도 모른다. 어머니의 자궁 속보다 아늑하게 자신을 품어주던 세계가 달리 어디에 있겠는가?

과거의 시간은 그런 매력을 지닌다. 흘러간 과거는 가끔 되돌아가고 싶은 세계다. 과거의 시간 속에는 쓰라린 실패의 경험도 있다. 그러나 시간이 지났을 때 그 실패와 곤경 속에서도 미처 알지 못했던 새로운 세상과 이치를 알아가는 깨달음이 있었다. 그 과거 속에는 늘 사람들이 있다.

네팔의 히말라야 산록에서 척박한 삶을 살아가는 사람들, 그들은 과연 나에게 그 따뜻한 미소와 순박함을 드러내 줄 것인가? 오랫동안 만날 수 있기를 소망했던 내 어린 시절의 모습으로 소년들을 만날 수 있을 것인가?

역시 내면화된 인식과 부딪치는 현실 사이에 늘 간구은 존재하는 것이리라.

어린 시절 '공부해라'라는 소리를 들어본 기억이 거의 없다.

'이렇게 해라', '저렇게 해라'라는 말도 마찬가지였다. 늘 계산되고 계획되고 설계된 삶이 아니었다. 충동적이고 감상적이기도 했다. 그런 행태는 지금까지도 행동의 전반을 지배하고 있는 것 같다. 그리고 그 이면엔 야만처럼 간섭이 없었던, 내 삶이 주는 여유로움이 있었다. 그건 내가 자란 환경과 부모님께 감사해야 할 일이다. 풍족하고 평온한 삶을 다져오지는 못했지만 그래서 멋지게 인생을 설계하고 꾸미는 사치는 누려보지는 못했지만. 그러나 현실도피나 역마살과 같이 떠나고 싶을 때 떠날 수 있었던 야만은 지금 돌이켜보면 내 남루한 삶에 한 가닥 축복이기도 했다.

결코 사회적인 위치나 물질적인 풍요를 누렸던 시기를 아름다웠다고 말할 수는 없을 것이다. 죽을 때라도 다시 돌아가고 싶다는, 그곳을 향하고 싶다는 것은 삶에 대한 미련이나 아쉬움보다는 현실과 미래에 저당 잡히거나 함몰당한 시기가 아니었기 때문이다. 물질적인 안정과 풍요와는 먼 인간 본연으로 대자연 속의 일원으로 모든 생성되는 것들을 나누고 만끽할 수 있던 시기였기 때문에 아름다운 것이다.

어머니와 한 몸이었다가 세상으로 나와 처음 기억으로 남아있는 것을 찾아들어가 보는 적이 가끔씩 있다. 색 바랜 흑백사진으로라도 남아있으면 그 과정이 수월할 듯도 싶은데 그 시절엔 사진으로 남기는 일조차도 호사스런 일이었으니 매개체를 찾기도 쉽지 않다.

히말라야 설산을 올려다보겠다며 네팔로 향했던, 그 길은 오랫동안 연모했던, 설산으로 이어지며 가까워지는 길이었다. 그보다는 그곳에 사는 아이들, 굴뚝새 같은 아이들을 보고 싶었을 것이다. 어스름 어둠이 내리면 낮은 초가의 굴뚝주변을 날던 작고 까만 새, 낮은 초가의 추녀에 깃들어 잠들었다가 굴뚝의 온기에 기대어 잠들던 굴뚝새, 설산 아래 고원에 사는 소년들도 굴뚝새와 닮아있을 것이라고 생각했을 것이다. 야크와 염소 떼를 몰다가 저녁이 되면 엄마가 밥 짓는 연기 피어오르는 굴뚝이 있는 집으로 내려오던 소년, 꼬작한 까만 얼굴에 까만 눈동자의 소년, 그 길에서 소년을 만나고 싶었다. 이제는 건널 수 없는 강처럼 어린 시절 내 모습처럼 그 소년들을 만나면 꼭 한 번 안아주고도 싶었다. 자기애와 퇴행의 정서일지라도 어쩔 수 없었다.

새벽길을 나섰다가 마당을 쓰는 한 소녀를 만났다. 지붕 너머로 안나푸르나 남봉이 아침햇살을 맞기 시작했다. 소녀 또한 새 아침을 맞고 있었다. 소녀는 또 하루의 시작을 경건하게 비질로 맞고 있는 듯했다. 소녀에게 아침인사를 건넸더니 환하게 웃어주었다. 소녀는 나의 언어실력이 짧다고 생각했던지 짧고 간결하게

"굿 뷰?"라고 물어주었다. 나 역시 짧고 간결하게,

"예스."

• 안나푸르나 7일 •

물고기 잡는 소년

들판은 봄빛이 완연했다. 농부들은 물소를 앞세워 논을 갈고 있었다. 힌두교인들은 소를 신성시 여기지만 물소는 예외로 가축으로 쳐준다. 물소가 아닌 여느 소를 사고나 고의로 도축한 것이 확인되면 사람을 죽인 것보다 더 큰 범죄행위로 간주된다고 했다. 인도의 경우 차량사고로 사람을 죽이면 두 달 징역형에 벌금이 2천 루피라면 소를 치어 죽이면 1년 징역형에 벌금이 1만 루피라고 했다.

이곳 사람들은 물소를 '버팔로'라고 했다. 버팔로는 아메리카

들소로 알고 있었는데 물소류에 속한다. 대부분의 농가에서는 물소를 키우고 있었다. 다큐멘터리로 자주 보았던 아프리카 탄자니아에 위치한 세렝게티 초원의 물소들보다 체구는 작고 가축화되었으니 대부분 온순하다.

도축이 허용되어 재산으로서 가치가 있고 다랭이 논밭으로 이뤄진 이곳 산골 마을의 큰 일꾼이다. 물소가 없으면 농사를 짓기 힘들 정도다. 물소는 척박한 논밭에서 쟁기질을 할 수 있는 유일한 농기구이자 물소의 배설물로 거름을 얻을 수 있기 때문이다. 농사일을 하지 못하는 경우 도축장에 판다고 했다.

설산의 눈이 녹아내린 듯 개울물은 뿌연 빛이었다. 초등학생

으로 보이는 아이들이 개울물에서 무언가를 하고 있었다. 신작로에서 벗어나 그 곁으로 다가섰다. 물살이 빠르게 아이들 사이를 빠져나가고 있었다. 아이들은 책가방을 어깨에 멘 채 차갑게 흐르는 물속에서 바위틈을 더듬어 고기를 잡고 있었다. 그건 놀이가 아닐 성 싶었다. 그런데 아이들 표정에서는 그런 모습이 아니었다. 어머니를 기쁘게 해드리겠다는, 그런 무겁지만은 않은 진지한 표정이 묻어났다.

나의 어린 시절처럼 이곳도 마찬가지, 척박한 환경에서 사는 아이들은 의식주가 쉽게 구해지고 안락한 환경에서 사는 도시의 아이들보다 더 빠르게 성숙한다.

전후(戰後)에 이어 60년대, 대부분의 아이들이 그랬듯이 심각한 가난으로 궁핍함을 피할 수 없는 현실이었으나 되레 그 시절을 소중하게 기억시키는 장치가 되었다. 초등학교 3학년쯤이었던가, 희망자에 한해 선생님이 까만 새끼염소 한 마리씩을 나눠주었다. 학교에서 나눠준 것인데 어미염소로 키워 새끼를 낳으면 그만큼으로 키워 다시 돌려주는 조건이었다. 학교에 가기 전 새끼염소를 풀밭에 내다 매고 저녁이면 집으로 데려와야 했다. 말뚝이 뽑혀 남의 밭에 들어가 곡식을 해치면 밭주인에게 얼굴을 들지 못할 경우도 있었지만 염소와 함께했던 시간은 소중한 기억으로 남았다. 염소를 동생처럼 누구보다도 다정한 친구처럼 삼아 지냈던 것이다. 말뚝으로 이어진 줄을 잡고 풀밭을 다니면서는 한가로이 떠가는 뭉게구름처럼 미래의 꿈을 띄우기도 했다. 그때부터 들꽃들의 이름도 따라 부르며 저마다의 향기를 기억해두었다. 염소가 자라 새끼를 낳을 것 같은 전날 밤은 잠을 설치며 아침을 맞았다. 새끼염소가 자라는 걸 보면서 자연의 조화로움 속에 생명의 존재함과 공존의 생태를 알아가는 기쁨이 있었다. 저녁나절이면 두레박이 걸려있던 우물에서 잘름잘름 고무신을 적시며 물지게를 지고 물을 길어오곤 했다. 어머니가 들일을 마치고 돌아오시기 전에 가랑잎처럼 작은 손으로 보리쌀을 비벼 밥 지을 준비를 해놓곤 했다. 자연 속에서 생존과 나름의 충만을 구가했던 시절이었다.

그렇듯 자연과 교감하며 손발을 많이 움직였던 아이들은 고샅길에서건 들에서도 혼자 놀 줄 알고 대소변도 스스로 빨리 해결한다. 가축을 돌보는 일도 부엌일도 돕는다. 산과 들을 쏘다니면서 먹어도 될 것과 손대면 되지 않을 것도 자연스럽게 배운다. 놀이도 마찬가지다. 자연을 도구 삼아 새로운 놀이도 만들어간다. 놀이 기구가 귀하거나 단순할수록 놀이에 몰입하게 한다. 작은 공 하나만 있어도 한나절 야구도 하고 축구도 할 수 있다. 동생들을 돌보는 것도 마찬가지였다. 어찌 보면 노동에 빨리 노출된다는 부정적인 면도 없지 않겠지만 자연의 소중함과 관계를 위한 소통의 수단을 익혀가는 계기가 되는 것이다. 손에 전화기가 들리면서 아이들은 온몸으로 감각하는 것이 아닌 손끝

으로만 감각한다. 도시의 편리한 문명을 바탕으로 흘러간 교육
방식이 인간의 자연스러운 자립과 성장을 억압하고 있다.

우리가 자라던 시절에는 농사일을 돕는 것은 너무나 당연했
다. 도시에 사는 아이들은 신문배달, 우유배달을 해야 했다. 심
지어 농사일을 도우라고 보리 벨 때와 벼 수확시기에 '가정실습'
이라는 짧은 방학과도 같은 기간도 있었다. 요즘 기준으로 하면
아이들을 혹사시킨다고 분노의 소리를 높일 수도 있겠지만 그
당시에는 작은 일손이라도 보태야 했으니 그런 잣대는 사치스런
것이었다.

사람은 스스로 제 앞가림을 할 수 있어야 하고 곁에 있는 사람
과 도움을 주고 받으면서 살 수 있는 힘을 길러야 하는데 도시에
서의 삶은 그런 환경이 되지 못한다. 아이들의 체육활동도 자연
스런 운동이 아니라 학습과 경쟁의 과정인 것처럼 말이다. 그러
니 서로 돕는 마음가짐보다는 경쟁을 부추겨서 시기심과 패배의
식을 조장한다. 몸을 놀리고 손발을 놀려야 먹을 것, 입을 것,
잠자리에 필요한 것을 마련할 수 있는데, 머리만 굴리도록 만드
는 교육환경인 것이다. 사람은 스스로 제 앞가림도 해야 하지만
여럿이 도우면서 살 수 있는 힘을 길러야 하는데 도시에서만 살
면 그걸 익히기가 어렵다.

그 해답의 일정부분은 농사에 있다. 모든 씨앗들은 생명을 품
고 있고 씨앗 하나는 또 다른 씨앗을 남기면서도 인간은 물론 짐

승들까지도 배를 채우게 한다는 것도, 사람에게 늘 이롭지만은 않게 작용하는 자연현상 속에서 겸손과 이를 극복하는 지혜를 가져야 한다는 것도 농사에서 배울 수 있다.

그것은 단지 일손을 돕는 것만으로 끝나지 않았고 또 다른 노동의 체험이었다. 그런 여유나 폭을 가지고 일을 한 것은 아니었지만 경험요소로 축적될 수 있었다는 것이다. 서로 손을 맞추고 일의 매듭을 잡아간다는 것, 개구리를 잡았던 그 아련한 봄날처럼.

'그 많던 싱아는 누가 다 먹었을까?'라는 제목의 소설이 있다. 고인이 되신 박완서 작가의 자전적 에세이에 가까운 글이었는데 '싱아'는 마디풀과의 여러해살이풀이다. 싱아의 대는 부드러워 쉽게 꺾어지고 껍질을 벗겨 그 속의 줄기를 먹는데 맛은 시큼하거나 상큼했다. 작가는 이야기 속에서 '새콤달콤' 하다는 표현을 했지만 그것은 줄기가 처음 올라올 때 흙 속에 묻혀있던 연한 부분을 씹을 때 나는 맛이었다.

봄이 오면 아이들은 허기를 달래기 위해 쩍쩍 갈라터진 손으로 그 싱아를 찾아 나섰다. 겨우내 입에 달고 살았던 고구마도 바닥을 드러내고, 마치 초식동물처럼 싱아나 찔레순, 칡순, 삘기 등을 찾아 그 봄날의 허기를 채웠고, 개울가의 돌을 뒤집어 가재를 건져 올리기도 했다.

아! 그러나 '그 많던 것은' 싱아가 아니라 다름 아닌 개구리였다. 정말, 그 많던 개구리들은 다 어디로 갔을까? 아니면 누가 다 먹었을까? 초등학교 때 배운 개구리를 노래한 동요, '개굴개굴 개구리 노래를 한다. 아들, 형제 며느리 다 모여서 밤새도록 하여도 듣는 이 없네. 개굴개굴 개구리 목청도 좋다.'는.

24절기 중에 경칩(驚蟄)이 있는 것처럼 봄과 개구리는 떼려야 뗄 수 없는 친숙한 사이였다. 개구리는 변온동물로 기온이 내려가면 체온이 떨어져 활동을 할 수 없게 되고 일정한 온도가 유지되는 땅속에서 겨울잠을 자야 했다. 화사한 봄볕은 하루가 다르게 들과 산을 연초록으로 물들여갔고 지난 가을 벼를 베어낸 논에는 독사풀이 자라 삘기 같은 꽃을 피워내면 겨울잠을 잔 개구리들이 돌아왔다. 아마 그때 당시 우리 동네에 살았던 개구리만도 최소한 2개 군단 규모는 되었을 것이다. 물을 댄 논에는 그야말로 개구리 천지였으니, 오죽했으면 '아들, 손자, 며느리 다 모여서'라고 했을까.

그렇듯 개구리를 가장 많이 볼 수 있는 시기는 봄철 번식기였다. 번식기가 되면 모두 일정한 장소에 모여 번식 기간 내내 사정없이 울어대는 것이다. 개구리에게는 울음주머니가 있다. 울음주머니의 위치와 울음소리는 개구리에 따라서 제각각이다. 울음소리를 내는 개구리는 모두 수컷으로 암컷은 수컷의 울음소리를 듣고 자기와 같은 종류의 수컷을 찾아가는 것이다. 암컷이 수컷의 울음소리에 이끌려 다가오면 수컷은 얼른 암컷의 등에 올라타고 앞다리를 암컷의 겨드랑이 밑에 넣어 꼭 껴안고 암컷이 산란할 때 배를 눌러준다. 그리고 암컷이 산란을 마치면 그 위에 정액을 뿌려서 수정시키는 것이다. 우리가 초등학교 자연 시간에 배운 대로 이것이 체외수정이다.

차갑고 빠르게 흐르는 물속에서 고기를 잡던 아이들처럼 겨울잠을 자고 돌아온 개구리를 기다렸던 아이들, 번식기라는 개구리의 처지를 모르고 학교에서 돌아오면 철사 한 토막을 구해 논으로 향했다. 논둑에 다가서면 모든 개구리들이 울음을 그치고 논바닥 속으로 파고들었다. 그러나 개구리가 숨은 곳은 완전한 위장이 되지 않아 논바닥이 야간 부풀어 오른 표시가 났다. 그곳에 손을 집어넣어 개구리를 잡았다. 작은 손에 가득 채우던 그 부드러운 감촉, 한 마리 한 마리 철사에 꿰었다. 지금 생각하면 너무 잔인한 것 같은데, 그때는 한 번도 그런 생각을 해보진 않았던 것 같다. 가끔은 두 마리가 포개진(?) 걸 잡을 때도 있었는데 그때는 엔도르핀이 생기는 것 같았으니까. 철사에 개구리가 어느 정도 차오르면 잡기를 그만했다. 그것을 닭을 많이 키우는 집에 십 원짜리 동전 한두 개를 받고 팔거나 아니면 개울가에서 깡통에 넣고 삶아, 키우던 돼지먹이로 주기도 하였다. 깡통에 물이 끓기 시작하면 뽀얀 물이 우러나고 기름이 떴다. 오동통한 뒷다리는 그 마른 봄에 초동들의 귀한 단백질원이었다. 마치 닭고기를 씹는 것 같이 약간 비릿하면서도 씹히는 맛이 있었다. 그 개울가는 아프리카의 난민촌처럼 온 동네 아이들이 모여들어 임시 화덕이 설치되고, 얼굴에 숯검정이 묻고 입가에는 번지르한 개구리 기름들이 흘렀었다. 그렇다고 나이가 들어 그 맛을 못 잊어 겨울잠을 자던 개구리를 깨운 적은 없었다.

만년설이 녹아 흘러내리는 차가운 개울물에서 물고기를 잡는 소년들의 밝은 모습이 개구리를 잡던 어린 시절의 내 모습과 겹쳐 있었다.

아! 목동아

　염소를 돌보던 소년의 집은 가파른 언덕 위에 있었다. 마을에 산재한 집들의 구조가 대부분 단순했지만 소년의 집은 유독 단순해 보였다. 단순하다는 것은 상대적으로 가난함의 다른 표현이었다. 그래서인지 새끼염소를 안고 있는 소년의 모습이 무거워 보이기도 한다. 사실 단순하다는 것은 이방인의 섣부른 잣대인지도 모른다. 새끼염소는 얼마 전에 낳았는지 뒤뚱거리며 어미 곁을 서성거렸고 소년은 나뭇가지를 잘라와 먹이로 주고 있었다. 아침에 일어나면 먼저 새끼들을 안아준다고 했다. 내가 어린 시절 염소를 키웠던 것처럼 이곳에서도 사료를 먹인다는 것은 생각도 할 수 없는 것이었다. 자연에서 자라는 풀이나 곡식을 수확 후 부산물을 사료 대용으로 하는 것이다. 염소의 젖은 아이들도 나누어 먹으니 영양실조는 거의 없다고 했다.

앞서 말했던 것처럼 굴뚝새 같은 아이들을 보고 싶었을 것이다. 어스름이 내리면 낮은 초가의 굴뚝주변을 날던 작고 까만 새, 낮은 초가의 추녀에 깃들어 잠들었다가 굴뚝의 온기에 기대어 잠들던 굴뚝새, 설산 아래 고원에 사는 소년들도 굴뚝새와 닮아있을 것이라고 생각했다. 야크와 염소 떼를 몰다가 저녁이 되면 엄마가 밥 짓는 연기 피어오르는 굴뚝이 있는 집으로 내려오던 소년, 꼬작한 까만 얼굴에 까만 눈동자의 소년, 그 길에서 소년을 만나고 싶었다. 이제는 건널 수 없는 강처럼 어린 시절 내 모습처럼 그 소년들을 만나면 꼭 한 번 안아주고도 싶었다. 자기애와 퇴행의 정서일지라도 어쩔 수 없었듯이 나는 그 소년을 꼭 안아주었고 학용품으로 준비했던 작은 선물도 전해주었다. 그 소년을 안아주면서 초등학교 3학년 때 처음 새끼 염소를 집으로 데려왔던 날을 떠올렸다.

가끔 화면으로 이곳의 풍경들을 보면서 그 노래를 읊조리곤 했다.

'아 목동들의 피리소리들은 산골짝마다 흘러나오고'로 정겨운 장면으로 시작하는 '아 목동아'를 처음 불렀던 때가 언제였는지 잘 기억이 나지 않는다. 고이 기른 아들을 전장으로 보내며 그 아들을 기다리겠다는 아비의 비정을 노래한 곡이라는데, 만들어지고 전해진 과정은 잘 모른 채 그 멜로디와 가사가 좋았던 듯 싶다.

  사람은 서울로 보내고 말은 제주로 보내라는 오래된 말에서 짐작할 수 있듯 우리 땅에는 일종의 목축업이 있었다. 그런데 산지가 많은 우리 땅에는 목축업이 발달하지 못했다. 그러니 목동이란 말도 생소한 말이었다. 대관령 등에 일부 대규모 초지가 있지만 목포까지 연결되는 고속도로가 뚫리면서 대규모 초지가 있는 목장의 존재가 많은 세상 사람들에게 알려졌다. 고속도로가 목장의 중앙을 관통하고 중간쯤에 가축들의 이동 통로가 설치되어 있기 때문이다.

  목포까지 달리는 고속도로가 서산을 지나면 좌우측으로 넓은 구릉의 초원지대가 나타난다. 300만 평이 넘는 엄청난 면적이다. 목장으로서의 입지 조건은 별다를 게 없는데 황량했던 불모지 민둥산이 상전벽해(桑田碧海)의 고사처럼 그림 같은 초원으로 바뀌고 소들이 푸른 초원에서 풀을 뜯을 즈음, 역설처럼 다시 무소불위 신생 권력에 부정축재의 죄목과 함께 그가 일군 목장을 몰수, 헌납(?)해야 했다. 조국 근대화의 한 시대를 풍미했지만 끝내 2인자의 자리에 만족해야 했던, 그의 인생 행로와 궤를 같이하는 것이었다.

  지난 68년, 당시 대통령은 호주와 뉴질랜드를 다녀와서 그곳에서 보았던 그림 같은 초원의 풍경에 매료되어 목장 타령을 했었다던가. 그러나 기업가는 물론 누구도 섣불리 덤벼드는 기업가가 없었고 5.16의 입안자였으며 3공화국의 2인자였던, 당시 국무총리였던 김종필, 그가 제주도 척박한 자갈밭에 감귤 농장과 더불어 이곳에 목장을 만들 계획을 세우고 실행에 옮겼다. 후에 대관령 목장의 시작도 그에게서 비롯되었다. 그는 그렇게 2인자의 그림자를 오래 드리웠다. 동기가 어떠하였든 그것은 당시 꿈을 가진, 그러나 권력을 가졌던 이의 야망과 권력의 힘도 큰 영향을 미쳤을 것이다. 아마 어린 시절 그의 꿈이었을지도 모른다. 푸른 초원에서 젖소가 풀을 뜯는 그림 같은 풍경은 그 시절 많은 사내아이들이 가지는 꿈이었으니까. 정말 내가 그랬다. 유신의 어둔 그림자는 보지 못하고 새마을운동의 깃발이 보이던 시절이었으니 그랬다. 모 한 포기 심은 땅도 갖지 못한 형편이었으니 더 그랬을 것이다.

밥은 똥이 되고

유채꽃이 노란 봄빛을 퍼트리고 이삭을 뽑아 올린 청보리는 바람에 누웠다 일어선다. 철따라 들길은 제각각 아름답지만 봄의 들길은 생명의 기운이 넘실거리듯 생동감이 넘친다. 들길을 지나는 여행자는 자연을 예찬하듯 봄바람처럼 포근해진 마음으로 지나지만 가파르게 선 작은 논에 쟁기로 소를 모는 농부는 긴

장해야 하니 짜증이 날 듯도 싶었다. 남편이 쟁기로 밭을 갈아
가면 아내는 옥수수 씨를 던진다. 존재의 숙명과 동시에 부부가
나누는 성실한 노동의 삶을 부러운 듯 한참이나 바라보았다. 서
로 감정의 영역을 다투며 삶이 가팔라지는 우리네 부부들의 삶
도 돌아다본다.

　해발고도가 높아지면서 평지에 논밭은 없고 전부 계단식이
다. 산골에 가파른 산줄기에 작은 수평을 공간을 만들기 위해
들인 피땀 어린 공력을 생각했다. 누군가는 가파른 무늬를 느린
계단식논들을 '그 어느 신전보다 위대하고 아름다운 건축물'이라
고도 찬미했다. 허기진 배를 움켜쥐고 돌을 쌓아올려 수평의 공
간을 다졌을 사람들, 다음 대까지는 아니어도 딸린 식구들을 먹

여 살리기 위한 눈물겨운 노력이었을 것이니 구불구불한 거친 삶의 무늬였다. 그런 부모의 삶을 곁에서 본 아이들은 거부감 없이 자연스럽게 농부가 되었을 것이다. 비록 가파른 논밭 길을 오르내렸지만 궁핍함과 부유함의 상대적인 가파른 비탈에서 흔들리지 않아도 되었고 남의 등을 밟고 올라야 하는 괴로움도 없었을 것이다. 대지의 의미를 생각하며 한 편의 시를 지었다.

대지(大地)는 어머니와 동의어였다
생명을 잉태하고 키워내듯
흙에서 왔으니 흙으로 돌아가라는 듯
무덤에 누인 자의 가슴에도 흙이 뿌려졌다

바람으로도 빛으로도 봄은 오던 것
대지를 가는 농부를 보며 모성을 주섬거렸다
다시 흙에 묻히는 씨앗은 제풀에 싹을 띄우고
어미젖을 빨듯 새 뿌리를 내리고 새 생명을 잉태할 것이다
꽃이 피고 숱한 열매를 맺어 후대를 이루고 뭇 생명도 먹여
살린다

산비탈에 등고선처럼 이어진, 세계 8대 불가사의라 불리며 이곳보다 다랭이논이 더 유명한 곳은 필리핀 루손 섬에 있다. 이

푸가오죠(州)에 있는 바나우는 1995년 유네스코 세계문화유산으로 등록되었다. 그곳들과 비교하는 것은 좀 그렇지만 이곳의 산골마을은 가파른 산중턱에 마을이 있는데 계곡이 깊기 때문에 일조량이 적어 산중턱으로 올라왔을 것이다. 해발 3,000미터까지는 고산지대로 분류되지 않고 언덕이라고 부른다. 주요 작물은 벼, 조, 옥수수, 감자, 콩, 메밀 등을 심는다.

산이 깊어질수록 다랭이논도 층층을 이루고 있었다. 몇 발짝 건너면 돌아서야 하는 한두 평 크기의 작은 배미도 보인다. 남해 가천마을 삿갓배미의 유래처럼.

가파른 섬의 지형 상 농토가 없던 가천마을 사람들은 45도 경사진 산을 깎아 돌 석축을 쌓아 수평의 공간을 일구기 시작했다. 한 뼘의 땅이라도 더 얻기 위해 90도로 곧추 세워 돌을 쌓아 논을 만들었던 것이다. 어느 비 오는 날 논을 갈던 농부가 집으로 돌아가기 위해 자신이 간 논을 세어 보았다.

"하나, 둘, 셋, … 아홉…." 몇 번을 세어 보아도 아홉 배미뿐이었다. 분명 열 배미의 논 중 하나가 보이지 않는 것이었다. 아까 아침에 올 때 분명 열 개였던 논이 하나가 없어지고 아홉 개밖에 보이지 않으니 농부는 어이가 없었다. 어둠이 깔리기 시작하자 농부는 포기하고 발아래 있던 삿갓을 쓰기 위해 집어 들었다.

"아니! 삿갓 아래 한 배미가 있었구나. 아이고 이제 드디어 찾았네." 손바닥만 했기 때문에 호미로 맬 수밖에 없던 논을 보며 농부는 흐뭇한 마음으로 집에 돌아왔다던 이야기. 가천마을의 다랭이논은 그나마 낫다 싶을 정도로 가파르고 높게 올라왔다.

일행보다 일찍 숙소에 도착 마을을 한 바퀴 돌았다. 물소들이 사는 우리는 집에서 떨어진 밭가에도 있었다. 좁은 길에서 마주칠 때면 살짝 겁이 생기기도 했지만 서로는 양보하며 가던 길을 가곤 했다.

언덕을 올라가니 한 소녀가 작은 논에서 무언가를 뿌려대고 있었다. 그 소녀에게로 가까이 갔다. 소녀가 가까워졌을 때 나는 내 눈을 의심할 수밖에 없었다. 소녀는 맨손으로 두엄을 집어 골고루 뿌리는 일을 하고 있었다. 돌아와서 사진으로 보니 맨발이었다. 사내아이도 아닌 여자아이가 말이다. 나도 어려서

는 묵힌 인분을 물지게로 날라 보리밭에 뿌린 적은 있지만 거름을 맨손으로 뿌린 적은 없었다. 짚이 섞여 발효된 두엄도 아니고 그저 물소 똥을 맨손으로 잡아 골고루 펴는 소녀는 듣지도 보지도 못했다. 소녀는 내가 가까이 다가가도 하던 일을 계속했다. 부끄러워하는 표정도 아니었다. 소녀에게 미안했지만 나이와 이름을 물었다. 열다섯 살이고 이름은 순무라고 했다. 짐작컨대 소녀의 아버지도 외국에 노동자로 나갔을 것이라고 생각했다. 소녀의 아버지가 있었으면 그런 일을 하지 않아도 되었을 것이다.

너무나 자연스럽게 혼자 거름을 펴는 소녀를 보며 자연의 순환을 생각했다. 예전의 우리 농사법도 이와 다르지 않았다. 밥은 당연히 똥이 되고 똥이 밥이 되었던 그야말로 자연스런 순환이었다. 이웃집에 마실을 다녀오시던 어머니가 용변이 급했어도 집에 와 뒷간에서 해결했다는 것은 특별한 이야기가 아니었다. 화학비료나 농약이 전무하던 시절이었다. 그러니 인분까지도 거름으로 알뜰하게 쓰였는데 단지 거름으로 쓰이는 데서 끝나지 않았다. 화학비료는 양약과도 같이 금방 그 효과를 보여주었으나 땅을 더 거칠게 했다. 그러니 퇴비 등의 거름은 한약과도 같은 것이었다. 그것은 또 다른 의미로 오염물질을 최소화하는 순환의 장치였다. 논밭에다 뿌리고 비가 오면 일부 흘러가기도 했겠지만, 오늘날처럼 전부 흘려보내고 별도의 폐수정화를 해야 하는 일은 없었다는 것이다.

살아 움직이는 것들은 예외 없이 똥을 싼다. 이슬을 먹고 산다는 매미도 똥을 싼다. 신분이 귀하든 천하든 먹어야 하는 존재는 반드시 싸야 하는 존재다. 영화 '기생충'에서 부자와 가난한 자는 냄새로 구분된다. 감독은 가난의 냄새를 지하실 혹은 반지하의 냄새로 상징화했다. 즉 이 영화에서 냄새는 그가 몸담은 계층을 상징한다. 하지만 부자들도 먹고 난 찌꺼기를 몸 안에 지니고 있거나 반드시 싸야 하는 생명의 순리를 거스를 수 없다. 사실 인간이 싸는 똥이 가장 냄새가 심하다. 채식이 아닌 육식이든 가공식품 등을 먹고 배출하였을 경우 더 구린 냄새가 난다. 술 먹고 난 다음날의 것은 더 말할 것도 없다.

2018년, 환경부에서 소똥구리 50마리에 5천만 원이라는 이색 입찰공고를 내서 화제가 된 적이 있었다. 환경부는 '소똥구리 50마리를 5천만 원에 구매하겠다'는 내용이었다. 환경부에서는 왜 이런 광고를 낸 것일까? 환경부에서는 한반도의 멸종위기 동식물을 복원하기 위해 경북 영양에 '국립멸종위기복원센터'를 만들었고 이곳에서 5년간 복원을 진행할 동식물로는 소똥구리, 대륙사슴, 금개구리, 나도풍란을 선정했다.

이 땅에서는 소똥구리를 구하지 못했던지 2019년 7월과 8월 두 차례에 나눠 소똥구리 200마리를 몽골에서 들여왔다. 직접 몽골로 가 소똥구리를 채집해왔는데 소똥구리 몸값, 인건비, 이동 경비 등으로 총 5천만 원이 쓰였다고 했다. 특별 관리되고 있는 소똥구리의 밥은 소똥이 아닌 제주에서 자연 방목하는 말의 똥을 항공기로 공수한다고 했다.

처음 소똥구리 수입 결정을 하자 일각에선 '소똥구리까지 세금으로 데려와야 하느냐'는 비판도 있었던지 센터의 담당자는 호주에서 있었던 사례를 인용했다. 질(質) 좋은 소고기로 유명한 호주에서 처음 소를 키울 때 생각지도 못한 문제가 생겼다는 것, 소똥으로 파리와 기생충이 크게 늘었다는 것이다. 비위생적인 환경은 주민들의 건강을 위협했다. 소가 없었던 호주에선 캥거루 똥을 먹는 곤충은 있었지만, 소똥을 먹는 곤충은 없었던 것이다. 아프리카에서 소똥구리를 수입한 후에야 문제가 해결됐다는.

주로 소똥을 먹고 살아가는 소똥구리는 현재 환경부가 정한 멸종위기 보호종이다. 과거 우리나라에 69여 종의 소똥구리가 있었지만, 현재는 10여 종만이 서식하고 있는 것으로 알려졌다. 그런데 이마저 확인하지 못했기 때문에 공고를 냈고 많은 비용을 투자하여 몽골에서 채집해왔을 것이다. 소똥구리가 사라져가는 이유는 소를 방목하지 않게 되면서 소똥 자체가 길에 방치된 경우가 줄어서지만, 또 다른 원인은 각종 항생제와 농약 성분이 담긴 소똥에서는 소똥구리가 살 수 없기 때문이다. 더욱이 볏짚이나 자연에서 나는 풀 등을 사료로 활용했는데 요즘 사료 대부분은 사료공장에서 생산되는 것들이다. 항생제 성분이나 농약 성분이 있는 소똥에서는 산란을 하지 못할 뿐만 아니라, 먹이로도 쓸모가 없다는 것이다.

논밭을 오가거나 들에 나가면서 지나던 소는 길에다 똥을 쌌다. 그러면 소똥구리는 소들의 배설물에 포함된 섬유소 성분을 선호하기 때문에 그 어떤 종보다 일찍 따끈따끈한 소똥의 향기(?)를 맡고 부지런히 달려오게 된다. 행여 조금이라도 늦게 도착하면 경쟁자들에게 좋은 부분을 뺏기게 되기 때문이다. 식어버리면 딱딱하게 굳기 때문에 말랑말랑한 상태에서 경단처럼 말아야 자신의 집까지 운반하기 편리하기 때문인 이유도 있었다. 자연에서는 분해의 수단이기도 했다. 소똥구리 그림을 보고 한 편의 시를 지은 적이 있었다.

재 넘어 밭 갈러 가던 소
철퍼덕 똥 싸던 시절에는
맑은 개울물이 흘렀었는데
소똥구리 소똥으로 밥을 만들어
새끼들을 키우던 시절에는
보리밥도 보약처럼 달게 먹었는데

들길로 밭 갈러 가던 소 사라지고
찰진 소똥 굴려 밥을 만들던
소똥구리 사라진 세상은
개울물 칙칙해지고 쌀밥도 시시한 시절

삼시세끼 꼬박꼬박 밥을 먹어야 사는 것이 구차스럽고
너보다 잘 먹고 잘살겠다며 삶은 버둥거리는데
소똥으로 밥을 먹던 소똥구리 그리운 세상

뒤로 굴려가지만 소똥구리 어둔 밤에 별빛으로도
새끼들이 기다리는 집을 향해 방향을 잡아간다는데
나는 무엇을 보고 방향을 잡는 건가
나에게 밤하늘의 별은 너무 멀다

성인 기준으로 하루에 200~300그램의 똥을, 1.2~1.5리터의
오줌을 배출해야 함은 숨기거나 부인할 수도 귀찮거나 더럽다고
회피할 수도 없는 생리적 현상이다.

60년대 이후 급속한 산업화로 도시화가 급격히 진행하면서
농경을 영위하던 사람들이 대도시로 몰려들었다. 그 후 주거문
제와 함께 날마다 배출되는 인분을 처리하는 게 큰일이 되었다.
당시 서울시청 환경분야의 한 개과는 분뇨담당이었다. 산비탈
이며 하천변까지 판잣집들이 들어서면서 반드시 있어야 했던
것, 지금처럼 수세식 화장실이 아닌 전부 푸세식 화장실이었다.
그렇다고 집집마다 있던 것도 아니었다. 공중화장실이라도 있
다면 아침마다 길게 줄이 이어졌다.

일정시간이 지나면 몸에서 배출하듯 반드시 비워야 하는 것이
었으니 집집마다는 물론 행정의 중요한 일로 치부되던 시절이었
다. 물장사가 있었듯이 분뇨를 퍼내주고 삯을 받는 직업도 있었
다. 차를 이용하는 경우 분뇨종합처리장으로 갔고 개인이 지게
나 구름마로 퍼내는 경우 외곽의 채소밭으로 팔려갔을 것이다.
그러니 기생충도 대부분 사람들의 몸 안에 살았던 시절이었다.
장마철이 되면 밖으로 노출되어있던 분뇨 통은 차고 넘쳐 마을
을 흘러내려갔다.

이제는 대단한 문명을 누리듯 대개 물에 섞어 버린다. 날마다
그렇게 버리면서 나는 불편함을 피할 수 없다. 더구나 농경을

경험한 세대여서 예전처럼 자연스럽게 순환시키지 못하는 것이 불편했고 지구를 더럽힌다는 생각을 피할 수 없다.

양해를 구하고 소녀의 모습을 간직했지만 소녀의 모습은 일견 수행자와도 같았다. 그 아버지로부터 할아버지에게 땅을 물려받고 자연에 순응하며 자연이 자신들에게 주는 풍요로움은 물론 척박함과 재앙으로 주어지는 것까지 숙명처럼 받아들이고 살았을 것이다. 풍년에는 인심처럼 나누기도 했을 것이고 해거리처럼 부족한 때는 서로에게 기대기도 했을 것이다.

소녀가 남아있는 거름 무더기를 골고루 펼 때까지 기다렸다. 내가 기다리는 것을 보고 소녀는 논둑으로 나와 집으로 향했다. 소녀에게 무언가를 주어야 했기에 나도 소녀를 따라갔다. 내가 더 궁금한 것은 과연 씨앗을 어떻게 관리하고 이어가는가였다. 짧은 언어로 내가 궁금해 하는 문제를 해결할 수는 없었다. 종자를 담아두는 용기가 있는가 물었다. 소녀는 부엌에서 천으로 묶여 매달린 옥수수씨앗을 내보였다. 아직까지 옥수수는 종자를 구입하지 않고 보관한 종자를 사용하는 듯했다.

우리 속담에 '굶어죽어도 씨오쟁이는 베고 죽으랬다.', '남이 장에 간다니까 씨오쟁이 떼어지고 간다.'라는 속담이 있다. 속담으로까지 전해진 말이지만 씨오쟁이의 의미를 아는 사람은 드물 것이다. 이제 잊힌 말이 되어가기 때문이다. 고향집 대청마

루 위에 매달려 있던 씨오쟁
이는 씨앗을 보관하던 용기
로 병 모양, 가방 모양 등 형
태가 다양했고 삼태기나 멍석
처럼 주로 볏짚을 재료로 만
들었다. 쥐나 새로부터 피해
를 막기 위하여 줄로 연결하
여 매어놓았다. 다국적 종묘
회사에서 종자를 대량생산하
여 공산품처럼 파는 요즘과는 달리 예전에는 집집마다 씨앗을
잘 갈무리하여 보관하는 것은 한 해 농사의 마무리이고 시작이
었다. 거둔 것 중에서 가장 튼실한 것을 골라 종자로 매달아 보
관한다. 그것은 '콩 심은 데 콩 나고 팥 심은 데 팥 난다'는 속담
과 일맥상통하며 노력의 결과를 기다릴 뿐 헛된 꿈을 가지지 않
는다는 것을 의미한다.

씨앗이 없으면 당연히 이듬해 농사를 지을 수 없었다. 굶어죽
어도 씨오쟁이는 베고 죽으라는 말에는 설령 굶어죽더라도 씨앗
은 꼭 남겨놓아야 한다는, 농부의 엄숙한 숙명을, 먹을거리에
대한 소중함이 담겼다. 이 말을 통해 농경시대 씨오쟁이의 싱징
적인 의미를 가늠해볼 수 있을 것이다.

'남이 장에 간다니까 씨오쟁이 떼어지고 간다.'는 의미는 무엇

일까? 조상들은 굶어죽는 한이 있더라도 털어내 먹지 말라며 속담으로까지 엄중하게 경고했다. 이듬해 농사지을 씨앗인데도, 남이 장에 간다고 하니 특별히 볼 일도 없으면서 주저하지 않고 씨오쟁이를 떼어지고 가는 사람은 막무가내로 행동하는 사리분별이 흐린 사람을 가리킨다.

'자살 씨앗'이란 말은 생소하다. 종묘회사에서 만든 씨앗은 한 번 수확을 하면 자손을 남기지 않고 죽어버리도록 유전자를 변형시킨 종자가 대부분이다. 종자로 활용한다 해도 퇴화되기 때문에 상품성이 떨어진다.

정착생활을 시작하며 인류는 씨앗을 뿌려 수확하고 좋은 것들을 추려 다음 농사에 써왔다. 씨앗을 저장하고 다시 뿌리는 것은 지속가능한 삶의 근본이고 바탕이었다. 너무나 당연한 모든 생명체는 후속 세대를 남긴다는 자연의 섭리에 맞는 당연한 권리가 위협받고 있다. 다국적 종자 기업들이 유전자 변형 기술로 창조한 '자살 씨앗' 때문이다. 자살 씨앗이 도입되면 농부들의 자기 충족적인 작물 재배가 어려워지고 다국적 종자 및 화학기업에의 의존도가 높아질 수밖에 없다. 다국적 종자 화학기업 몬산토 등은 가뭄에 잘 견디도록 유전자를 변형시킨 옥수수 등을 씨앗으로 만들어내며 종자로 쓸 것을 선전한다. 이는 많은 소농들의 생계를 위협하는 일이다. 네팔의 농민들도 마찬가지이다.

소녀에게는 가져간 선물을 그 어머니에게는 돈을 조금 건넸다. 나에게 보여주려고 그런 것만은 아니었을 테지만 고마운 마음이 컸다.

⛰️ 풀떼기와 보리밭

간두룩마을의 아침, 다랭이밭에 보리들이 풋풋하다. 고향마을에 살던 어린 시절엔 밭작물은 단순했다. 비닐하우스라는 것도 드물었고 보리와 밀, 콩이나 고구마 등이 주를 이루었다. 이제 남쪽지방의 논에서나 보리를 재배하고 중부이북지방에서는 볼 수가 없다.

어린 시절 봄은 언제나 긴 보리밭이랑을 지나서 오곤 했다. 서낭당고개를 넘어 학교에서 돌아오는 길, 어머니는 긴 보리밭이랑에서 그 자리에 멈춘 듯 호미질을 하고 계셨다. 텅 빈 집으로 돌아와 부엌을 아무리 둘러보아도 허기를 면한 그 무엇도 보이지 않았다. 우물가 자배기에 누렇게 삭은 묵은지가 돛단배처럼 떠 있었지만 한 가닥 찢어내어 입안에 넣으면 아리도록 짠기가 혀에 묻어들었다. 어머니는 썩어가는 고구마 중에서 종자로 쓸 고구마를 골라 감춰놓으셨다가 사월 초순경이면 황토 흙을 채운 함지박에 그 종자고구마로 묻어두었다. '절대 손을 대면 안 된다.'는 엄명을 무시하고 그 종자고구마를 몰래 파낸 적도 있었다.

입춘이 지나면서 조금씩 길어진 낮의 길이는 어머니가 보리밭에서 돌아오는 시간을 늦추어갔고 그만큼 허기는 깊어져갔다. 마른버짐이 핀 아이들은 돌담불을 헤쳐 싱아의 새순을 찾아내고 개울에서 가재를 잡아내 구워 먹기도 했지만 깊어진 허기 근처만 맴돌았다.

어두워져서야 지친 몸으로 돌아오신 어머니는 등잔불 밑에서 부리나케 밥을 지으셨다. 정월 보름이 지나면서는 보리쌀이 그나마 듬성거리던 쌀을 밀쳐내고 까만 보리쌀이 밥그릇을 채워갔다. 보리이삭이 패고 여름이 가까워져 보릿고개를 넘어야 할 때쯤이면 그나마 보리밥도 배불리 먹을 수도 없던 궁핍한 시절이었다.

그 허기진 봄날에 어머니는 가끔 풀떼기를 만들어주셨다. 밥에다 고구마를 넣었던 것처럼 양식을 아끼기 위해 만든 음식이기도 하였지만 별미처럼 그 봄날에 그 미각은 특별했다. 풀떼기는 죽의 일종이나 죽보다는 걸쭉한 편이었다. 풀떼기라는 이름도 끓을 때 풀떡풀떡 끓어 넘친다고 붙였다는 설도 있지만, 풀처럼 쑨 죽이라고 하여 그렇게 불린다고 알고 있다. 어쨌든 풀떼기는 일종의 호박죽이자 범벅이었다. 요즘에야 웰빙이니 건강식이니 하며 풀떼기 같은 음식을 미화하지만 그때에는 단지 허기를 채우기 위한 음식이었다.

풀떼기를 만들려면 긴 겨울을 지나 썩지 않고 남아있는 늙은 호박의 껍데기를 벗겨내는 것이 첫 번째 일이었다. 오래 묵은 것일수록 껍질은 벗겨지지 않아 애를 먹였다. 호박을 반으로 가르면 오래 감춰져 있던 동굴처럼 거미줄 같은 것에 보석처럼 호박씨가 숨어있었다. 호박씨는 골라내어 씻고 채반에 말렸다. 채반에서 말라 단단해진 호박씨는 종자로 쓰기도 했고 간식으로 먹기도 했다. 껍질을 벗긴 호박은 솥에서 푹 익히고 호박이 물러지면 흐물흐물해질 때까지 짓이겼다. 찹쌀 등의 가루를 넣기도 하였지만 만만한 게 밀가루였으니 수제비처럼 밀가루를 반죽하여 떼어 넣었다. 형편에 따라서 팥을 넣기도 하였지만 어머니는 주로 물에 불린 강낭콩을 넣었다. 늙은 호박의 단맛과 강낭콩의 구수한 맛. 죽처럼 쑨 것이니 양도 충분해 깊어진 허기를 다 채울 수 있었다. 온 식구가 개다리소반에 둘러앉아 나누던 풀떼기의 달콤하고 구수했던 맛을 지금도 잊을 수 없다.

'추억의 반은 맛이다'라는 말도 있듯이 정서 속에 남아있는 추억들은 풀떼기에 대한 그리움처럼 대부분 음식에 관한 것들이다. 음식에 대한 추억의 가운데에 어머니가 있다. 누구에게나 어머니가 마음의 중심에 있는 것은 어머니가 만들어 주셨던 음식에 있다는 것, 특히 궁핍한 어린 시절을 보낸 우리 세대에게 혀에서 맛을 느끼고 배를 채워주던 먹을거리, 음식에 대한 각별한 의미, 정서로 배어들었을 것이다.

언젠가 시골집에 갔을 때 어머니께 그 풀떼기를 먹고 싶다고 어린 시절처럼 졸라댄 적이 있었다. 좀처럼 벗겨지지 않는 늙은 호박의 껍질을 벗기고 강낭콩까지 사다가 풀떼기를 만들었는데 어린 시절 먹던 맛이 안 났다. 입맛이 변한 것인지, 그 당시의 조리방법과 차이가 있었는지, 두리번거렸다. 아무래도 입맛이 변한 것이리라.

계절에 관계없이 다양한 음식을 먹을 수 있는 지금과 비교하여 변화하는 계절 속에서 기다림으로 숙성되어야 먹을 수 있었던 음식들은 이제 그리움이 되었다.

'제철에 난다'라는 의미는 무엇인가? 햇빛의 강도와 무게, 그 느려지는 빛의 길고 짧음, 바람과 이슬, 달빛에도 반응하면서 감응했다는 의미였다. 하늘과 땅, 말 그대로 천지가 조화를 이루는 것이라고 나름의 정의를 내리고 싶다.

기실 우리가 추억하는 그리움의 대부분은 인과처럼 계절 속에서 자연이 베풀어주던 것들과 어머니의 손끝으로 버무려진 음식 속에서 잉태되었다고 할 수 있다. 정성과 마음이 배어들지 않은 음식에서 오랫동안 남을 향기를 채우기는 어렵다. 작금의 삶이 건조해지고 차가워져가는 것 역시 그것에서 비롯되는 것일지도 모른다.

철이 바뀌며 기다리던 것들 대부분이 자연에서 얻을 수 있는 것으로 과일이 맨 처음이었다. 삼시세끼 먹는 밥과 반찬 속에도 포함되었지만 별식이랄 수도 있는 과일의 미각은 각별했다. 요즘처럼 가공의 것들이 범람하면서 미각은 후각처럼 그 기능이 퇴화되기도 하지만 초여름에 익는 앵두에서부터 살구로 가을까지 익어가는 열매들은 결코 흔하지 않던 것이었기에 알게 모르게 기다려야 했다.

날마다 식탁에 오르는 김치의 주재료인 배추는 오롯이 계절의 응축된 맛이 배어있는 대표적인 식자재이다. 열무김치와 배추김치의 맛을 추억으로 비교해보면 바로 공감이 갈 것이다. 열무김치는 뜨거운 여름과 궁합이 맞는 음식이었다. 그것은 본래의 것이었고 후에 몸에 스민 것이었다. 이제 배추김치 맛을 보면 어느 철에 난 배추인지 알 수 있을 정도가 되었다. 제철인 가을에 자란 배추와 비닐로 보온하여 봄에 자란 배추, 한여름 고랭지에서나 나는 여름배추의 맛과 향, 질감은 각기 다르다. 그것은 역시 땅의 기운과 바람과 햇빛, 천지(天地)의 조화 속이었다. 온도 차이도 크겠지만 적합한 생육조건을 만들어준다고 해도 어찌 제철인 가을에 나는 배추와 견줄 수 있을 것인가?

그렇다. 날마다 철마다 다른 햇빛과 바람 속에는 맛과 향을 배게 하는 특별한 것들이 들어있었다. 그래서 제철에 나는 모든 먹을거리에는 땅의 기운과 햇빛과 바람이 농축되어 고유의 향을 가지게 되었을 것이고 그 향은 감정과 정서로 응축되어 내 몸에 배게 된 것이다.

나의 영과 육신은 그 음식들로 기둥을 세우고 골격을 만들었다. 삶의 소중함과 현실을 긍정하는 심성이 손끝에서 생겨나는 것이고 나의 손끝에서 만든 음식을 나눌 때 영혼을 나눌 수도 있다. 어머니의 손끝에서 피어나던 정성과 궁핍한 살림 속에서 제철에 나는 것들로만 음식을 만들어주셨던 어머니, 이른 봄의 냉이와 쑥, 머위순의 각별한 미각들, 추억은 그 풋것들의 미각에 곁들여진 된장이나 고추장처럼 알싸하게 남아있다. 풀떼기는 그 허기진 봄날에 특별한 미각으로 속을 가득 채워주었기에 그 맛을 선명하게 기억하고 있다. 그러니 오래도록 숙성된 추억으로도 그리움으로도 어머니와 연결시켜 주는 질긴 끈이 되었으리라.

부엌의 온기

산록에 사는 이들의 주거환경은 단순하다. 고산지대는 만년설로 덮여있는 반면, 산 아래는 한겨울에도 평균 온도가 영상 7~8℃ 정도여서 엄동설한(嚴冬雪寒)이라는 말이 맞지는 않는다. 네팔의 위도는 우리나라 최남단의 섬 마라도보다 더 아래여서 적도에 더 가까우니 아열대 몬순 기후대다. 등반대의 활동을 다룬 다큐멘터리를 보며 북반구의 겨울처럼 추운 날씨를 연상하지만 그것은 5천 미터급 이상의 고산지대다.

동남아를 여행하다 보면 그곳의 숙박시설조차 난방시설이 없는 것처럼 네팔의 주거시설도 마찬가지다. 산간지역에 산재한 집들도 마찬가지고 창문조차 허술해서 바람막이 구실을 제대로 못하는데도 별다른 난방대책이 없이 겨울을 지난다. 그네들이 호텔이라고 이름 붙인 롯지의 경우도 홑창과 문틈으로 들어오는 찬바람이 은근히 뼛속까지 시리게 했다. 더구나 더운 물로 샤워를 하는 것도 쉽지 않다. 유목생활을 하는 몽골초원의 이동식 천막집, 게르만 못하다. 낮은 지붕, 벽체는 대부분 자연석을 쌓아 만들었다. 벽이 없는 큰 공간에 여러 개의 침대가 놓여 있다. 침구나 내부 환경은 단순하고 조악할 뿐이다. 부엌도 마찬가지다. 싱크대가 놓이거나 수도시설이 있는 경우도 드물었다. 식기 등을 보관하는 찬장과 화덕, 방과 완전히 독립된 공간이고 거실과도 같은 비교적 넓은 공간이었다. 조리를 위한 연료는 화목으로 해결했고 조리공간은 야영장의 화덕처럼 단순했다.

아열대성 기후라 하더라도 우리의 겨울철에 해당하는 이곳의 건기는 밤이면 설산이 가까운 곳은 영하의 기온으로 떨어지기도 할 텐데도 마찬가지였다. 그러니 여행자들에게 침낭은 필수다. 티베트 등 고산지대와는 달리 야크 등 가축의 배설물이 아닌 대부분 화목으로 취사를 했다. 우리 전통가옥의 구들장처럼 생긴 돌이 흔했는데 난방과 이어놓지는 않았다. 산악지역이지만 나무를 구하는 것도 쉽지 않았기 때문이었을 것이다.

네팔의 음식문화는 지리적 환경과 다양한 인종, 그리고 지역별로 토양과 기후에 따라 다양하나, 인도 등 여타 주변 국가들처럼 오른손을 도구로 한다.

네팔리들은 대개 하루 두 끼를 먹는다. 아침에 일어나면 따뜻한 짜아(홍차에 우유를 넣고 끓이는 것으로 인도의 짜이와 유사한 음료)를 마시고 10시가 지나 식사를 한다. 트래킹 중에도 아침식사를 하려고 모이면 가이드들이 주전자를 들고 와 짜아를 한 잔씩 나눠주는 것으로 식사시간이 시작되곤 했다. 점심에는 간식 정도로 저녁은 좀 푸짐하게 먹는 편이다. 네팔의 주식은 쌀이다. 달밧 떠카리는 밥이며 국, 반찬 등과 함께 나오는 요리로서 네팔인들의 일상식이다. 달은 콩으로 만든 수프, 밧은 쌀로 지은 밥, 떠카리는 카레류의 감자나 야채로 만든 우리네 된장찌개와 같은 대표적인 음식이다. 모모는 우리나라의 만두와 비슷하게 생긴 네팔 고유의 음식이고, 속티와라는 음식은 주로 산악지역에 거주하는 네팔인들이 즐겨먹는 것으로서 여러 가지 채소를 섞어 넣어 먹는다. 단체여행객들은 한식위주로 직접 해주는 밥을 먹을 수 있지만 개인 여행자들은 티베탄들의 음식, 모모(만두의 일종)나 덴툭(고기 스프를 이용한 수제비와 유사)의 좋아하는 편이라고 했다. 그들도 인도사람들처럼 밥에 스프 등을 부어 손으로 비벼 먹는다. 어린 시절 어른들이 '밥 먹는 손'이라 했듯이 철저하게 오른손이다. 왼손은 화장실에서 마무리하는 용도와 같이 불결한 일을 행할 때나 사용한다. 나는 왼손잡이인데 밥 먹는 손의 엄격한 규율을 거스르지는 못했다.

네팔은 구릉지역과 평원지역, 히말라야 지역으로 나뉜다. 구릉 지역에는 네와러 사람들이 많이 사는데 먹는 것이 아주 다양하다. 이곳에서는 특히 물소고기로 만든 음식을 많이 먹는다. 평원은 인도 쪽에 가까이 붙어 있어서 인도의 음식인 난과 로티, 사모사 등도 자주 먹는다. 그리고 히말라야족은 중국이랑 지역적으로 근접해 있어 중국 티베트족 음식이 아주 유명하다. 이곳은 기후가 너무 추워서 감자와 야크의 우유, 야크 고기 등을 많이 먹는다.

롯지에서 하룻밤을 지내고 출발하기 전 마치 고향에라도 온 것처럼 마을을 한 바퀴 돌았다. 마을을 돌아 나오다가 한 곳의 부엌에 들어가 보았다. 한 사내가 불을 피워 옥수수가루로 무언가 조리를 하고 있었다. 식구들이 그 주위에 앉아 이야기를 하다가 자리를 내주었다. 허기진 아이들은 김이 피어오르는 솥에 눈이 머물고 있었다. 멀리 객지에 나가 있어도 가족들과 나누었던 밥상의 추억은 항상 돌아가고픈 풍경이다. 그것은 세상의 그 무엇보다도 단단한 끈이었다.

차가운 방에서 자고 난 몸에 온기가 돌았다. 그 온기는 마치 오랜만에 고향집 부엌에 와있는 느낌을 주었다. 잠결에 어머니가 물을 길어다 가마솥에 붓는 소리, 나뭇가지를 분지르면서 불 때는 소리, 동치미를 자르는 도마소리에 자리에서 일어나곤 했다.

어머니가 피운 부엌의 온기에 따스함을 느끼곤 했던 아침이다.

우리 조상들은 부엌을 신성시했다. 부엌은 조왕신(조왕할매)이 관장한다고 보았다. 부엌 안에서도 가장 중요하고 신성한 곳은 부뚜막이다. 항상 청결하고 신성한 공간으로 부엌을 지키는 조왕신을 모시는 장소였고 문과 마찬가지로 걸터앉거나 발도 올리지 못하게 했다. 물론 우리 어머니 세대에 와서는 조왕신을 모시는 것이 대부분 사라졌고 극소수의 할머니들이 초하루나 보름, 또는 특별한 날에 한 번씩 정화수를 떠놓고 치성을 드리는 모습을 어렴풋이 기억하고 있을 뿐이다. 여기서 정화수는 조왕신의 신체로 여기는 셈이다. 정화수는 칠성님께 빌 때도 장독대에 오르고 집안에 액운이 있어 성주에게 빌 때도 성주 앞에 정화수를 떠 놓았다.

날이 저물기 시작하고 동구에 들어서면 집집마다 굴뚝에서 연기가 피어오르는 광경을 생각할지 모르지만 이제는 아니다. 산업화시대를 지나면서 무서운 허기와 빈곤의 시대를 벗어난 지도 오래됐지만 그러는 동안 많은 것을 잃었다. 그 중의 하나가 굴뚝이다. 부엌이야 예나 지금이나, 어떤 모습의 집이든 반드시 존재해야 하는 장소지만 굴뚝은 아니다. 이제 굴뚝은 고향집에 어머니가 존재하거나 존재하던 시절의 상징적인 것이 되었나. 날이 저물어갈 때 고향마을 어귀에 들어서면 굴뚝 연기가 제일 먼저 눈에 들어왔다. 굴뚝 연기 속에는 객지에 나간 지아비나 자식들을 기다리며 저녁밥을 짓고 있는 허리 굽은 어머니의 모습이 보였다. 굴뚝 연기에는 '부엌데기' 어머니의 끝없는 인내와 희생의 모습이 담겨 있었고 한이 서려있었다.

저녁나절 굴뚝 연기 없는 고향마을이 얼마나 쓸쓸하고 외로운지 모른다. 우리가 살아가는 한 세대 동안 많은 것을 얻었고, 너무 많은 것을 상실하였다.

영하의 날씨가 아니었지만 찬 기운을 느끼며 하룻밤을 보냈는데 어린 시절의 부엌 같은 공간에서 어머니를 생각하고 따스함을 품을 수 있었다. 언젠가 고향마을에 작은 집을 하나 짓는다면 꼭 구들을 깔고 굴뚝은 근사하게 쌓아올리고 싶다. 그래서 살붙이 하나 없는 누군가 고향에 깃들었을 때 그 굴뚝 연기를 보고 내 집에 깃들 수도 있었으면 싶다.

🏔 상록수

안나푸르나로 가는 길목의 마을들은 대개 산등성이에 있다. 가파른 산등성이에 논밭을 만들고 가축을 키우며 산다. 어디에 살든 의식주의 완전한 자급은 도모하기 어려우니 내가 가진 것으로 소금이나 필요한 것으로 바꿔야 한다. 그러니 우리 기준으로 고산지대에 사는 이곳 사람들은 가파른 산길을 오르고 내려

가는 불편을 감수해야 한다. 햇볕을 더 많이 받을 수 있으면서 설산의 풍경을 올려다볼 수 있는 마을, 긴드룩은 일대에서 가장 큰 마을이다. 게다가 버스까지 다니고 넓은 평지도 있는데다 조망할 수 있는 조건도 좋아 트래커를 위한 많은 롯지도 많고 주민들도 많이 살고 있었다.

　일행들은 한참 뒤에 도착할 것이다. 하루 묵을 롯지에 들렀다가 마을을 순례하였다. 돌담과 돌계단, 심지어 지붕도 돌이었다. 옛날 우리 전통가옥에 아궁이에서 연결된 구들장용 돌의 모습, 근처에서 구하기가 용이한 듯 지붕도 기와처럼 돌로 덮여 있다. 집과 집 사이, 돌담이 이어진 좁은 골목길은 정감으로 다가온다. 좁은 골목길은 또 다른 골목길로 이어지고 마을 안으로 죽 이어진다. 다시 언덕을 오르는 길에는 마늘밭이며 보리밭이 나오고 마을 아줌마들이 모여 이야기를 나누는 풍경이 한가롭다. 안마당 멍석에 앉아 아이에게 젖을 물린 엄마의 표정은 천사가 잠시 내려왔다면 그 표정일 것 같은 평온한 모습이었다.

마을 끝나는 곳에 올랐다가 돌아내려오는데 마을사람들 여럿이 모여 축대를 쌓아 작은 공간을 만드는 중이었다. 여인네들은 돌을 나르고 남자들은 축대를 쌓고 땅을 고르고 있었다. 참으로 오랜만에 보는 공동체의 작업현장이었다. 그 중 연장자에게 무슨 일을 하는지 물었다. 그가 하는 말을 다 알아들을 수는 없었지만 공간을 만들어 꽃과 나무를 심을 예정이라고 했다.

70년대 새마을운동이 한창이었을 때가 꼭 그랬다. 우마차나 겨우 다닐 수 있을 길을 넓히는 일도 마을 입구 공한지에 꽃동산을 만들 때도 마찬가지였다. 새마을운동의 전위조직처럼 공동체의 일에 앞장섰던 4H구락부의 젊은이들이 주축이 되어 행해졌던 일이었다. 당시는 여러 조직이 많았다. 부녀회며 청년회 등. 당시 시골마을에는 젊은 처녀총각들이 많았던 시절이었고 유신의 공포와 암울한 시대에 앞서 꿈이 있던 시절이었다.

혼자만 잘 먹고 잘살겠다는 생각보다는 공동체에 대한 정신이 남아있을 때였다. 서로에게 의지하고 기댈 수밖에 없는 존재라는 공유의식이 있던 시절이었다. 당시 정권의 홍보수단이었겠지만 '풍운아 홍길동' 등으로 그 시대를 풍미한 인상 좋은 화가,

신동우가 국민의 세금으로 장안의 지가를 올리며 곧 다가올 거라며 화려한 미래를 그려내던 시절이기도 했다.

1980년대가 되면 수출 백억 불, 국민소득 천 달러, 상상만 해도 벅찬 상상 속에 그가 그려내는 그림에는 그 천 달러가 가져다 줄 장밋빛 미래가 화려하게 펼쳐져 있었고 한편으로 어둔 시절을 지나면서도 그가 그려내는 그림 덕분에 사람들은 꿈을 꾸기 시작했다. 초가지붕을 걷어내고 돌담을 허물어냈다. '더 잘살아보겠다.'며 많은 사람들이 고향을 떠나기도 했다. 그 시절 나는 중학생으로 또 다른 세상을 찾아가려 하고 있었다.

중학 이학년이었을 때 예산의 한 고등학교에서 열렸던 백일장에 참가한 적이 있었다. 그날 점심은 인솔 선생님이 자장면을

사주셨던 기억이 새롭다. 태어나서 처음 먹어보았던 자장면이었다. 그 맛을 뭐라고 해야 하나. 하여튼 다시 광천으로 돌아오는 버스 안에서 내 천진한 속은 그 느끼함을 끝내 견디지 못하고 흉물스런 모습을 보여야 했으니 그 황홀했을 맛을 온전히 기억하기는 어려웠다.

그날 백일장의 주제는 '이사 가는 날'이었다. 전체 참가자 중 이사 경험이 있는 학생이 몇이었는지는 모르겠다. 그러나 어쨌든 이사를 한 번도 해보지 않았던 나는 상위권에 들지 못했다. 당시 부상으로 받은 상품이 마치 고서처럼 누런 지질로 된 심훈의 '상록수'였다. 그날 집으로 돌아와서는 밤새워 그 책을 다 읽었고 그 이야기들은 나에게서 떠나지 않고 오래 머물렀다. 아래 구절을 마지막으로 책을 덮으면서 나름의 이정표를 세우기도 했다.

고향의 산천이 새삼스러이 아름다워 보여서 높은 멧부리에서 골짜기까지, 산허리를 한바탕 떼굴떼굴 굴러보고 싶었다. 앞으로 가지가지 새로이 활동한 생각을 하며 걷자니, 그는 제 풀에 어깻바람이 났다. 회관 근처까지 다가온 동혁은 누가 등 뒤에서 엇 둘! 엇 둘! 하고 구령을 불러 주는 것처럼 다리를 쭉쭉 내뻗었다. 상록수 그늘을 향하여 뚜벅뚜벅 걸었다.
– 심훈의 '상록수'

내가 시골에서 중학교에 다녔던 1970년대, 이 땅에는 '10월 유신'의 어두운 그림자가 드리워진 시기이기도 하였지만 그보다는 '잘 살아보세'라는 기치 아래 새마을운동의 불길이 거세게 타오른 시기였다. 조국근대화의 기치를 내건 개발제일주의와 새마을운동은 이 민족의 잠재적인 욕구에 불을 붙였다. '새벽종이 울렸네'로 시작하는 새마을노래가 동네방네 미루나무 까치집 아래 매달린 스피커를 통해 나오는 것으로 아침이 시작되고 '잘 살아보세'로 날이 저물었던 시절이었다.

조강지처에 대한 단상

술 익는 마을마다
타는 저녁놀
구름에 달 가듯이
가는 나그네
– 박목월, '나그네'

'구름에 달 가듯이' 유유자적 모습이 그려지는 나그네도 '술 익는 마을'처럼 평화로운 시절도 이 땅에서는 드문 일이었다. 전란과 가난으로 가파른 생을 영위해야 했던 민초들의 굴곡진 삶이

흘러왔을 뿐. 그저 시인의 유려한 관념 속에서 그려진 모습과 마을일 것이다.

종교적으로 술이 금기시되는 인도와는 달리 네팔에는 고유의 음주문화가 있다. 소주와 같은 증류주인 '락시'가 있고 막걸리와 비슷하지만 삭힌 곡류에다가 뜨거운 물을 부어가며 우려내어 먹는 '퉁바'가 있고 '창'이라는 술도 있다.

난누룩마을에 갔을 때 부엌에서 '락시'를 증류해내는 모습을 볼 수 있었다. 먼저 도착했으니 롯지의 주인아주머니와 조금 친한 척, 부엌에서 그 모습을 볼 수 있었다. 나에게도 한 잔을 권

했으나 금주기간이라 살짝 입에만 대보았다.

우리나라 전통소주를 증류할 때는 고리에서 술이 밖으로 떨어지지만 락시는 술통 아래쪽의 용기에 떨어진다. 롯지 등에서 증류주를 만드는 모습을 자주 볼 수 있으나 규격화된 술을 만드는 게 아니기 때문에 제대로 된 술맛을 보기는 힘들다고 했다. 순도 높은 술을 만들려면 여러 번 증류를 거쳐야 하고 그렇게 되면 값이 비싸지니 그나마 소비하기가 어렵다는 것이다.

네팔의 산악지대에서는 어려서부터 술을 접하게 되는데 그 이유가 이해가 가면서 좀 서글펐다. 농사철이면 아이를 키우는 집이라도 아이만 집에 둘 수 없으니 데리고 나가는데 일하는 중 아이가 울면 신경 쓰이니 아기에게 우리네 막걸리와 비슷한 창을 먹인다는 것, 그러면 아이가 한두 시간 동안 쓰러져 잔다는 이유였다.

아무튼 술은 시대별 지역별로 특별한 문화를 이루는 기제였다. 한때 우리나라에서는 '밀주단속'이라는 용어가 공포스럽게 존재했던 시절이 있었다. 일제강점기는 물론 70년대 통일벼가 보급되기 전까지도 계속되었다. 식량으로도 부족한 쌀을, 안 먹어도 죽지 않을 술을 만드는 데 소비하지 말라는 이유와 세금문제가 있었을 것이다.

이젠 옛이야기처럼 되었지만 3년상을 치르거나 환갑잔치가 있거나 명절이거나 혼인이 있거나 농사철이 시작되면 쌀 또는 부실한 싸래기나 옥수수 등을 항아리에 넣고는 술밥과 누룩을 버무려 방 아랫목에 이불을 둘러 감아 술을 익히기도 했다.

그러나 한갓진 산골마을에까지 기세도 등등한 술도감으로 불리기도 하던 단속반원이 들이치곤 했는데, 그럴 때면 조용하던 마을이 한바탕 난리를 치르곤 했다. 그들은 누런 서류봉투 같은 것을 끼고 당시 흔치 않던 자전거를 타고 오기도 했었다.

예전에는 아이를 출산하면 삼칠일(21일) 동안 '부정을 막는다' 며 외부사람의 출입을 막는 금줄을 대문에 둘렀다. 이웃은 물론 가까운 일가친척까지도 금줄이 걸린 집 대문을 넘나들 수 없었다. 그 금줄은 부정을 막는다는 주술적인 의미도 있었지만 면역력이 약한 갓난아기를 보호하기 위한 조상들의 지혜의 산물이기도 했다. 그 금줄의 권위를 빌려 술도감의 출입을 막기 위한 최후의 수단으로 쓸 만큼 술은 절대 필요한 음식이었다. 나뭇간이거나 뒷간에 딸린 잿간이거나 울타리이거나 심지어는 퇴비장까지 별스런 장소를 물색하기도 했지만 술도감들은 날카로운 꼬챙이로 집 주변을 쑤석거렸고 냄새를 맡아 기가 막히게 찾아냈다. 그래서 가끔은 벌금이 물려지기도 했는데 쌀 한 말 분량의 술에 모질게도 열 배쯤의 벌금이 물려지기도 했다.

70년대가 시작되면서 국어사전에서 보릿고개라는 단어를 사라지게 하며 이 땅에 쌀의 자급이라는 혁명과도 같은 품종이 만들어졌으니 바로 통일벼였다. 쌀의 대명사처럼 일본에서 들여

온 것으로 주종이었던 '아키바레' 품종을 밀어내고 심지어는 종자로 쓰기 위하여 벼를 불리던 항아리를 들러 엎거나 못자리를 짓이기기까지 하면서 반강제적으로 통일벼 재배를 강제했다. 70년대 중반이 넘어서면서 우리 민족의 숙원과도 같았던 쌀의 자급을 이루었고 이후 밀주단속이 사라져가기도 했다. 그제서야 양조장에서는 밀가루 대신 쌀로 빚는 막걸리가 허용되는 계기가 되었다.

지난 50년간 이룩해온 국가 연구개발 성과 상위 열 가지 안에 메모리반도체 등과 함께 통일벼가 포함됐다. 그러나 80년대 이후 찰기가 부족하고 미질이 떨어졌던 통일벼는 완전히 사라졌다.

'조강지처(糟糠之妻)'라는 말은 이젠 옛이야기처럼 그 뜻을 헤아리는 이가 드문데, 막장 같은 드라마 제목으로 희화화하여 곁에 돌아왔다. 흘러간 노래처럼 기세가 등등했던, 그래서 축첩이 용인되기도 했던 시절, 첫 번째 부인, 즉 본처라는 의미로 쓰였던 말이다.

'조강(糟糠)'은 술을 거르고 남은 '지게미'와 곡식을 방아 찧을 때 부산물로 나오던 '겨'라는 말을 한데 묶은 말이다. 가축이나 먹이던 사료급이 거친 식자재를 아내와 또 한데 묶었다. 지독한 궁핍과 가난으로 그 거친 것으로 배를 채우며 고생을 함께 감수하며 살아준 부인을 가리키는, 아내를 귀히 여기고 허투루 대하지 말라는 경고성의 말이었다. '조강지처 버리고 잘된 사람 없다'라는 속담은 그의 연장선상에 있던 증강된 경고였다.

어린 시절 보릿고개를 넘을 때면 형편이 어려운 집에서는 쌀이나 밀을 빻을 때 나오는 겨나 기울로 개떡을 만들어 먹기도 하였는데, 지금이야 건강식품으로 회자되기도 하지만 섬유질의 거친 음식을 먹기는 쉬운 일이 아니었다.

이제 세상은 물레방아처럼 돌고 돌아가 어느 땐가 있었다는 모계사회처럼 아내들의 위상이 등등해졌다. 조강지처의 의미를 찾는 것은 현진건의 '빈처'라는 짧은 소설 속에서나 엿보아야 하는 이야기로만 남아있을지 모른다.

이제 할머니 소리를 듣는 어머니 세대의 대부분은 그렇게 모진 세월을 감내하며 본데없는 지아비와 궁핍을 피할 수 없는 운명처럼 순응하며 살아왔다. 가정이 지켜지고 오늘날의 풍요와 삶의 소중한 의미가 전수되었다.

이제 세상의 많은 것들이 '돈'이라는 잣대로 재어지는 세상. 청춘남녀이거나 살다가 틀어진 남녀이거나 상대방을 재는 기준의 첫 번째도 두 번째도 경제력이고 과년한 딸을 둔 어떤 어미의 표현처럼 결혼은 '인생의 가장 중요한 비즈니스'가 되어버렸다.

많은 사람들이 입을 열 때마다 돈의 중요성을 강조하고 표시도 내지만 역시 그 사람들 입에서 '세상살이가 점점 힘들어진다.'며 한탄하는 소리는 커져간다.

거칠고 텁텁하거나 입안이 깔깔하기도 할 지게미나 보리개떡, 밀기울개떡은 별식으로도 먹지 않는 것이니 그 한탄소리는 아직은 여유가 있어 보인다.

그들의 노고를 위로하며 기내에서 건성으로
스쳐 읽었던 시를 외워 암송했다.
세르파, 그들은 로마병사들처럼 몸 안의 소금기를 내주고
노동에 대한 보수를 받는 이들이었다.
울지 마라, 너의 눈물이 너의 몸을 녹일 것이니.

욕
망

타자(他者)의 욕망

"한국에서 인터넷으로 이것저것 보고서야 나서 자란 캄보디아가 너무 가난하다는 걸 알았어요. 제가 그 나라에 살 땐 다 비슷하니까 몰랐던 거예요." 의사가 되고 싶었던 소녀는 가정형편으로 상급학교에 진학하지 못하고 집안일을 도와야 했다. 어쩌다 고향을 떠나 먼 한국에서 시집살이를 하게 된 그녀, 우연히 접한 당구로 세계적인 선수가 되었다. 모국에서는 더 유명인사가 된 그녀의 인터뷰기사다. 세계적인 당구선수는 그녀가 모국에 계속 살았더라면 품지 못했을 욕망이었을 것이다.

풍힐전망대를 내려와 아침식사를 하고 랄리구라스숲을 지나 깊은 눈길을 걸어오른다. 다시 설산을 조망할 수 있는 데우랄리에서 잠시 설산을 올려다보다가 내려가는 길은 가파른 눈길이었다. 먼 거리도 아니었는데 중간에 산중에 주막집일 듯 싶은 곳에서 점심을 먹고 다시 내려갔다. 그 길에서 다시 식당 겸 가게를 만났고 주인 할머니에게 잠시 포즈를 부탁했다. 처음 사진은 퉁명스럽게 찍혀 다시 부탁했더니 웃음 띤 모습을 보여주셨다.

낯선 이방인 앞에서 잠시 의식과 무의식의 경계를 넘나드는 듯한 모습을 보인 것처럼 인간의 삶은 다면적이다. 개인이나 공동체를 위한 성취를 이루게 하는 것도, 파멸을 이르게 하는 것

도 그 바탕은 욕망이다. 욕망은 자유롭지만 그 표현은 자유롭지 못하다. 그래서 세상의 모든 문제가 생긴다. 욕망이 표현하는 비인간적이고 비합리적 행위로 말이다. 위에서 한국에 시집온 외국여성의 인터뷰내용을 인용했듯이 욕망은 행복과 밀집한 관계가 있다.

유엔지속가능발전네트워크(SDSN)에서는 2012년 이후 매년 '세

계행복보고서'를 발간했다. 중간에 한 번 빠진 적은 있지만 2018
년 우리나라 사람의 행복지수가 156개 국 중에 54위였다. 1인당
국내총생산(GDP)이 27위, 건강수명이 9위인 것에 비하면 크게
낮은 편이다. 그래도 주변국가인 중국이나 일본보다는 높다는
것은 중국과 일본이 우리에 비해 타인의 눈치를 살펴야 하는 집
단주의 문화권에 속한다는 것을 보여준다.

그러면 우리의 행복지수가 낮은 이유는 무엇인가? 여러 가지
로 분석할 수 있겠지만 세계행복보고서에 따르면 우리 사회는
'행복의 사회적 기초'가 취약한 것으로 드러났다. 많은 사람들
이 어려울 때 도움을 청할 가족이나 친구가 없는 각자도생의 삶
을 살아야 한다는 것, 그리고 나 하고 싶은 대로 할 수 있는 자
유가 최하위라는 것이다. 이는 주위 눈치를 보며 남이 정한 기
준에 따라 살아야 하는 답답함의 정도가 그만큼 높다는 것이다.
내 마음대로 살기 어렵고 남의 눈치를 봐야 하는 것은 우리 사회
의 일반화된 집단주의 문화에서 기인한다. 더하여 우리 사회 지
도층의 부패와 부도덕성도 영향을 미쳤을 것이다.

그러면 행복과 절대적인 상관관계가 있는 욕망은 어디에서 발
현되는 것인가? 대체로 욕망은 결핍에서 생겨나는 것으로 보
았다. 프랑스의 철학자이자 정신분석학자인 자크 라캉은 '타자
의 욕망을 욕망한다.'라고 욕망의 실체를 조망했다. 그는 욕망
을 두 가지로 구분했다. 순수한 것과 그렇지 않은 것으로. 말 그

대로 순수는 타자의 본질과 부재의 결점이 있는 그대로를 인정하고 수용하는 것을 의미한다. 또 다른 욕망은 탐욕이라고 해야 하나, 자신의 부재를 타인에게서 이상화하고 타자의 본질을 부인한 채 그 환상에만 목적을 둔 것, 도착이라고 말할 수도 있을 것도 같다. 그러니 자기 회귀적이고 타자를 경유해서 자신에게 돌아온다는 것, 처음부터 자신이 목적이었고 자신에게 돌아오는 과정에서 욕망이 타자를 도구화하고 파괴한다.

인기리에 방영되었던 TV드라마 '스카이캐슬'은 대학입시를 소재로 삼아 학생의 치열한 경쟁, 그리고 자녀를 좋은 대학에 보내려는 부모의 욕망을 적나라하게 드러냈다. 극중 주인공이 자신의 자녀를 그렇게도 보내고 싶어 했던 서울의대의 상징적인 의미는 무엇일까? 장관 임명을 계기로 소용돌이치는 정치도 마찬가지, 겉으로는 자식을 위한다는 선의로 포장되는 타자의 욕망, 가학증이랄 수도 있는 것이 아닐까?

그럼 인간의 욕망은 어디에서 생기는 걸까? 먼저 욕망과 욕구의 차이는 어떻게 다른가? 욕구는 단순하다. 생존하기 위한 수단이랄 수 있다. 여기에 욕망의 함정이 생겨난다. 인간은 태어난 순간 완전한 결핍의 상태다. 여타 다른 동물들은 태어남과 동시에 활동할 수 있다. 보호를 의탁해야 하는 기간이 상대적으로 짧다. 그러나 인간은 그렇지 못하다. 곁에 누군가 보호자가 없다면 절대 생존할 수 없다. 그 기간이 수년이 되기도 한다. 보

호자가 엄마든 누구든 생존하기 위해, 결핍을 해결하기 위해서
는 엄마의 눈길에서 자유로울 수 없다. 이 말은 엄마의 눈에
들어야 한다는 강박관념을 인간은 가지게 된다는 것이다.

　이유기가 되면서 아이는 선택할 일이 많아진다. 모유나 우유
대신 이유식을 먹게 되고 옷이나 장난감 등도 소유하게 된다.
여기에는 반드시 엄마 등 타인의 의지가 개입되기에 자신의 욕
망을 드러내고 타인의 욕망과 구분하기가 어렵다.

　젖을 떼면 아이는 모유나 우유 대신 다른 것을 먹게 된다. 꼭
그런 것은 아니지만 아이가 빵 대신 밥을 먹을 때 좋은 반응을
보이면 양육자는 아이에게 밥을 계속 먹이려 할 것이다. 그렇게
시간이 지나면 아이는 자신이 밥을 좋아한다고 인식하는 단계로
이어진다. 이때 밥에 대한 아이의 욕구는 보호자의 욕망과 궤를
같이한다. 앞에서 드라마를 인용했지만 엄마의 욕망이 아이에
게 그대로 투영된다.

　일반적으로 여성들은 명품가방에 남성들은 시계 등에 집착하
는 것으로 알려져있다. 명품가방이나 고급시계는 기능면에서
뛰어나기 때문인가? 아니면 실용적이어서인가? 아니다. 갓난아
기 때 엄마의 눈길을 의식해야 했듯이 강박관념이 타인의 눈길
을 의식하는 것으로 바뀐 것이다. 주변사람들 또는 불특정다수
로부터 관심을 얻고 싶다는 욕구. 돈도 마찬가지다. 현금의 가
치는 편리하고 뛰어난 교환성 때문임을 무시할 수는 없겠지만

더 많은 돈을 가지면 다른 사람들로부터 더 많은 관심을 가질 수 있으리라는 욕망의 발현 때문이기도 하다. 이렇듯 인간의 욕망은 단순한 욕구에서 시작하여 타자의 욕망을 의식하고 그 둘이 합쳐지면서 욕망은 필요 이상으로 증가하게 된다.

욕망과 행복지수는 궤를 같이한다. 많은 사람들이 네팔이나 인접국가인 부탄이 우리보다 행복지수가 당연히 높고 최상위라고까지 공공연히 말하고 알고 있다. 그러나 이는 사실이 아니다. 행복지수가 가장 높은 나라는 덴마크나 스위스 등의 나라들이다. 그리고 분명한 것은 실은 우리가 네팔보다는 높다는 것이다.

막연하지만 국민의 행복지수를 처음 도입한 나라는 부탄이다. '국민총행복위원회'라는 정부 기구에서 국민의 행복지수를 자체적으로 설문조사한 것이 시초다. 정치적인 행위처럼 당시 부탄정부는 전체국민의 91% 이상이 행복하다는 데 찬성표를 던졌다고 발표했었다. 그러나 종교적인 영향과 욕망을 조절할 수 있는 것처럼 안빈낙도의 삶을 산다고 해도 열에 아홉이 행복하다는 것은 좀 과장되었다. 하여튼 부탄은 자체적으로 조사한 결과를 퍼뜨림으로써 부탄은 행복한 국민이 많은 이상적인 나라로 존재하게 되었다.

네팔은 세계에서 최빈국에 속한다. 게다가 2015년 네팔을 강타했던 대지진의 여파가 아직도 남아있다. 그 당시 네팔을 강타했던 지진은 규모 7.8의 대지진으로 주택 1백만 채, 오래된 문화재가 훼손되거나 무너졌다. 가뜩이나 어려운 나라였는데 대지진으로 경제상황은 더욱 악화되었다.

이제 나흘째 무거운 짐을 지고 가파른 길을 오르내리는 젊은 청년들과 같이 생활하면서 그들의 표정이 참 밝다고 생각했듯 물질적 풍요가 전부가 아니라는 것은 체감할 수 있었다.

소금과 월급

출발하면서 도서관에서 책 한 권을 빌렸다. 이번 여행의 동반자로 챙겨가려 했던 책을 구하지 못해서 적당한 책을 도서관 직원에게 부탁했다. 회사 내 도서관은 많은 책을 가지고 있지는 않아 직원도 제목 정도만 확인하고 챙겨줬을 것이다. 작가가 한동안 인도에 체류하면서 쓴 글로 여행기에 가까운 책이었다. 너무 무겁지도 않고 가볍지도 않은 무게였고 부피였다. 책의 제목으로도 인용되기도 했지만 책 속에는 산행 중에도 따라다녔던 시 한 편이 들어있었다.

로마 병사들은 소금 월급을 받았다
소금을 얻기 위해 한 달을 싸웠고
소금으로 한 달을 살았다

나는 소금 병정

한 달 동안 몸 안의 소금기를 내주고

월급을 받는다

소금 방패를 들고 거친 소금밭에서

넘어지지 않으려 버틴다

소금기를 더 잘 씻어내기 위하여

한 달을 절어 있었다

울지 마라

눈물이 너의 몸을 녹일 것이니

– 윤성학, '소금 시'

　물론 무한한 하늘 길, 좁은 공간에서 읽었으니 집중도 공감도
어려웠다. 산행 나흘 차 새벽에 푼힐전망대에 올랐다가 타다파
니까지 이동하는 날이었다.

　푼힐전망대는 안나푸르나 베이스캠프까지는 이르지 않더라도
대부분의 트래커들이 다녀가는 곳이다. 해발고도 3,210미터인
푼힐은 '푼족의 언덕'이라는 뜻으로 네팔을 대표하는 종족 중 하
나인 푼족이 사는 지역에서 가장 유명한 곳이란다. 다올라기리
(8,167m)를 포함하여 안나푸르나 산군을 한눈에 담을 수 있어 트

래킹의 필수코스이다.

도착했던 오후에는 날이 흐렸었는데, 이른 새벽에 일어나니 하늘에 별이 가득했다. 푼힐을 오르던 새벽시간, 별들이 숨어드는 시간이었다. 갯벌을 기어 다니던 무수한 게들이 밀물에 다시 집을 찾아 돌아가듯이.

영국이 인도를 식민지로 두었을 때 이곳에도 권력을 가지게 되었는데 영국 귀족들이 식민지인들에게 목욕탕용 욕조를 메게 해서 올라왔다는 이야기도 전해진다.

동쪽 하늘엔 붉은 여명이 오르고 남아있던 한 개의 별, 겨울 아침 출근길 우면산에 올라서면 청계산 위로 흐르던 금성, 샛별이 이곳에도 똑같은 모양으로 떠 있다는 것이 새삼스러웠다. 조금 아래로 게으르게 오르는 스물이레 하현달과의 동행도 신비롭고 아름다웠다.

푼의 언덕에서 올려다보는 설산의 위용은 과연 신비롭고 웅장하게 다가왔다. 짙푸른 하늘을 배경으로 여명이 설봉에 닿으면서 붉게 물들어가는 자연의 위대함에 잠시 숙연해졌고 햇볕에 반사되는 만년설의 영롱함은 황홀한 느낌이었다.

단 한 번이라도 만년설을 이고 있는 안나푸르나 설봉에 올라보고 싶다는 생각도 여전했다. 그곳에도 초록의 랄리구라스 나무가 가득했다. 언덕을 내려와 숙소를 정리하고 아침식사를 했다.

트래킹팀은 길을 안내하는 가이드와 짐을 나르는 포터, 식사를 담당하는 팀으로 편성되어 정작 트래킹하는 인원보다 많았다. 각자의 역할은 철저하게 나뉘었고 나름의 규칙이 있는 듯했다. 도착한 지 나흘째, 트래킹이 시작된 지 사흘째가 되면서 그들과도 친해졌다. 가이드에게 양해를 구하고 먼저 출발하는 그들과 같이 길을 출발했다. 그들은 먼저 도착하여 쉬지도 못하고 점심식사 준비를 했다.

야크와의 조우

오르는 길의 눈은 깊었고 숲은 울창했다. 길이 가팔라지고 있었다. 야크를 만날 수 있으려나? 당연히 만날 수 있을 거라고 생각했는데 아니었다. 잠시 길을 벗어나지 않았더라면, 그 자리를 지나쳤으면 만나지 못했을 것이다. 야크는 3,500미터 이상의 고원지대에서 사는 특별한 동물이자 가축이다.

'만물의 영장'이라는, 인간에 대한 지칭은 누구에게서 생겨난 것일까? 아마도 신을 옹립, 모시기 위한 인간 누군가의 설정이었을 것이다. 인간이 보잘것없는 존재라면 신의 존재가 필요 없거나 신의 가치도 그만큼 보잘것없어질 것이란 염려에서 비롯되었을 것이다. 그것에는 마치 세상에 존재하는 모든 것들이 인간을 위해 존재하는 것이라는 강압적인 사고도 포함되어 있을지 모른다.

그러나 인간은 만물의 영장이 아닐 것이다. 세상에 존재하는 것들은 저마다 그러한 것일 뿐이니 말이다. 인간이 문명을 이루어 공존하는 것이 아니라 만물을 지배하거나 유린한다고 봐야 한다. 어쩌면 자연 속에 인간이나 신이라는 존재까지도 하나가 아닌가 싶다. 자연 속에서 인간이 생겨났고 인간은 신을 만들었을 것이라는.

지금의 미국 땅에 인디언은 없었다. 원주민들이 있었고 그들의 영토에 정복자들, 아니 도피자들이 들어왔다. 본디 그 땅에는 대지와 공존해 살면서 존재하는 모든 것에 정령이 있다던, 자신이 만물의 영장임을 모르던 원주민들이 있었다. 원주민들은 긴 항해에 지친 도피자들에게 옥수수씨앗을 나누어 주고 물고기 잡는 법을 가르쳐 주었건만 끝내 도피자들은 공존을 모르는 파렴치한으로 군림했다.

공중은 말할 것도 없고 육로나 해로도 불편했던 시절, 문명이 좀 더 발달했던 유럽의 나라들이 주변 국가들이 아닌 새로운 신대륙을 찾아 나서거나 침략행위를 했다. 선교의 선의로 포장한 종교적 욕망과 인간 본연의 욕망이 혼재된 행위였다. 인디언들의 땅이었던 북아메리카는 백인들이 대부분을 차지하는 미국과 캐나다로 바뀌었고, 아스텍 및 잉카문명 등이 꽃피었던 중남미는 현재 스페인어와 포르투갈어를 사용하고 있다. 호주도 원래는 원주민들이 살았다는 분명한 사실이 무색하게 느껴질 정도로 백인들이 주를 이룬 땅이 되었다. 그러면 왜 그곳에 살던 원주민들은 먼저 침략하지도 막아내지도 못하고 야만에 파괴되고 정복되어야 했을까?

'총, 균, 쇠'라는 책을 보면 그 이유가 나와있다. 저자는 제목으로 서양이 다른 문명보다 세 가지의 상대적으로 우월한 것을 말했다. 문명이라 하기에는 불편한 점이 있고, 총으로 대변되는 군사력과 무기로 원주민들을 제압했고, 천연두나 인플루엔

자와 같은 원주민들이 접해보지 못한 병원균들을 들여오면서 원주민 사회를 초토화시켰으며, 쇠로 대변되는 기술로 원주민들을 압도했다는. 이 세 가지는 정복과 침략행위에 절대적인 것이다. 다시 저자는 그 이유를, 문명 아닌 문명을 가진 배경이라고 이야기한다. 힘을 드러내는 격차의 근본적인 원인이 자연환경의 차이에 있다는 것으로.

각 대륙마다 기후를 포함한 자연환경은 큰 차이가 있다. 비옥한 초승달 지역을 중심으로 한 유라시아 대륙은 이런 문명발전에 매우 유리한 조건을 가지고 있었다는 것이다. 작물화할 수 있는 야생종들이 많이 있었을 뿐만 아니라 노동력 투입 대비 생산성이 높았고, 가축화할 수 있는 동물도 많이 있어서 단백질을 보충할 수도 있었다. 반면 다른 대륙의 경우 이렇게 작물화 및 가축화할 수 있는 야생종들이 극히 한정되어 있었을 뿐만 아니라 생산성도 매우 낮았다. 또 이들 대륙의 원주민들은 농경생활을 통해 얻을 수 있는 것들이 미미했기 때문에 상당수가 수렵생활로 남아있었고, 농경을 통한 정착생활도 늦어질 수밖에 없었다는 것이다.

추가적으로 대륙의 축도 중요한 영향을 미쳤다. 유라시아대륙의 경우 대륙의 축이 동서방향으로 되어있어 작물화된 식물이 비교적 비슷한 위도에서 적응해가면서 퍼져나갈 수 있었던 반면, 나머지 대륙들은 대륙의 축이 남북방향으로 되어있어 이

것이 쉽지 않았다. 게다가 작물이나 가축들이 퍼져나가는 데 또 다른 자연적 장애물들이 있었는데, 북유럽을 통해서 북미로 퍼져나가기에는 기후가 너무 추웠고, 북미대륙 내에서는 동서 가운데 농경에 적합하지 않은 땅들이 넓게 자리 잡고 있었으며, 북미와 남미는 매우 좁은 땅덩어리로 연결되어 있을 뿐만 아니라 안데스 산맥이 자리 잡고 있어서 문명이 퍼지기 어려웠다는 것이다. 아프리카의 경우에는 사하라사막을 사이에 두고 남북의 기후가 달라졌을 뿐만 아니라 남쪽으로 각종 풍토병이 있어서 가축이 퍼지기도 어려웠던 것이고. 바다로 둘러싸여 고립된 오세아니아는 두말할 나위도 없었던 것이다. 이 때문에 유라시아대륙에서 문명이 훨씬 빨리 발생했고 인구도 폭발적으로 늘어났다. 인구가 늘어나면서 식량 생산에 가담하지 않아도 살아갈 수 있는 사람들이 생겨나게 되었다.

중세 유럽에서 사회도 점차 복잡해지고 기술도 발전해 가고 군사력도 늘려갔다. 사람들이 가축들과 함께 살면서 새로운 전염병들이 발생하게 되는데 계속 거기서 살던 사람들은 처음에 죽어나가기는 했겠지만 결국에는 그 전염병들에 저항성을 가지게 된다. 반면에 수렵생활을 하거나 초기 문명사회를 이루고 있던 곳의 사람들은 그만큼 문명을 이루지 못하거나 속도가 느린 것이 당연했다.

공기가 희박한 히말라야 고원에 사는 사람들은 외롭고 척박한 삶을 살아가는 이들이다. 저마다 생존의 터전을 선택한 것은 아니었을 것이다. 할아버지, 아버지로부터 흘러내려온 대지에서 태어나고 자랐을 것이다. 본디 야생으로 살아가던 것을 길들였을지라도 야크는 고원에서 살아가는 사람들과 공존하는 존재이다. 히말라야의 정령이 있다면 그 정령이 내리는 축복처럼 야크는 공기가 희박한 지역에서만 살아갈 수 있다. 소처럼 쟁기로 밭을 갈고 무거운 짐을 나르는 데 없어서는 안 될 동반자기도 하다.

나무가 귀한 고산지대에 말린 야크 똥은 소중한 에너지원이 되고 야크 젖은 우유나 요구르트로 먹고 버터를 만들어 차에 넣어 음용한다. '차마고도(茶馬高道)'라는 길이 있듯이 그들이 즐기는 수유차는 언제 어디서나 일상적으로 마시는 음료다. 고원지대 특성상 쉽게 빠지는 수분을 수유차로 보충하는 것이다. 죽어서는 고기를 주고 가죽으로는 옷이나 이불, 그리고 유목민의 천막을 만들 수 있게 해준다. 이처럼 다양하게 활용되는 야크이다 보니, 고산지대에 사는 이들에게 없어서는 안 될 존재다.

버팔로는 자주 보았기에 그 길에서 야크를 만나고 싶었다. 특히 야크떼를 몰다가 엄마가 저녁밥 짓는 연기에 집으로 찾아드는 소년을 만나고 싶었다.

길목에 주막처럼 기념품과 식당이 있었다. 먼저 도착했기 때문에 뒷산으로 올라갔다. 눈이 깊어서 멀리 가지는 못하고 산등성이를 조금 올라갔을 때 건너편으로 눈밭에서 무언가를 찾는

야크들을 보았고 우리 밖에는 새끼 한 마리가 묶여있었다. 엄마
야크를 기다리는 어린 야크를 안아주었다. 어린 야크는 나를 낯
설어했고 나를 벗어나려고 했다.

상대적인 욕망

  반탄티에서 점심을 먹고 다시 출발했다. 내려가는 길은 가
파르고 미끄러웠다. 고도가 바뀔 때마다 식생이 변화히고 해빌
2,500~3,000미터까지 울창한 원시림을 이루는 듯했다. 나무들
은 줄기마다 갈색의 이끼들을 넝마처럼 매달고 있었다. 마치 영

화 '아바타'의 배경처럼 울창한 상록수림들이 이어지는 길은 이 채로웠다. 아이젠을 챙겨오기는 했지만 잘 사용하지도 않다가 경사 길이 그냥은 내려갈 수 없어서 신발에 끼웠다. 깊은 낭떠러지로 빠질 위험이 도사리고 있는 가파른 길이 이어졌다. 무거운 짐을 멘 짐꾼들은 등산화도 아닌 가벼운 운동화를 신고도 그 위험한 길을 내려간다. 우리에게는 고산지대를 트래킹하는 즉, 운동이나 일종의 놀이일 수도 있었지만 그들에게는 무거운 짐을 나르는 노동이었다.

단체로 움직이는 트래킹팀에는 직급이나 계급이랄 수는 없지만 세 종류의 직업군이 존재한다. 가이드와 짐을 나르는 짐꾼, 주방 일을 하는 자들로 구분된다. 등반대에 합류하는 우리가 흔히 셰르파라 하는 이들은 가이드라 불리기도 한다. 하지만 셰르파는 '동쪽에서 온 사람'이라는 의미로 주로 산악지역에 사는 소수민족을 말한다. 고산지대에서 살아왔기 때문에 고소적응에 뛰어나고 원정대의 길 안내와 짐꾼으로도 활약성이 뛰어나 '셰르파'는 가이드와 같은 의미의 보통명사가 된 것이다. 에드먼드 힐러리와 에베레스트 정상에 누가 먼저 정상에 발을 디뎠는지 논란이 되기도 했던 텐징 노르게이도 셰르파족 출신이었다.

스물여섯의 청년 투디는 남매를 둔 가장이었다. 그는 짐꾼이다. 우리 기준으로 단체 팀에 합류하는 세 가지 부류의 일은 모두 3D업종이지만 가장 궂은일은 역시 짐꾼이 한다. 차이는 하루 일당이 15달러 정도라고 했다. 물론 우리가 여행자로 온 덕분에 그들이 돈벌이를 할 수 있다고 생각할 수도 있겠지만 그렇게 보기에는 너무도 고된 일이었다. 그래도 트래커의 짐을 나르는 경우는 현지 주민들의 짐을 나르는 것보다 나은 경우라고 했다. 고정된 일거리가 있는 것이 아닐뿐더러 무게와 거리에 따라 받는 임금이 달라지니 최대한 무거운 짐을 질 수밖에 없다는 것이다. 짐 자체도 배낭 등에 넣어 쉽게 옮길 수 있는 것이 아닌 합판 등의 건축자재 등이 주류를 이룬다.

네팔은 변변한 제조업이 없는 나라이다. 때문에 이곳에 사는 사내들의 30% 정도는 인도네시아 등 주변 국가에서 노동력을 제공하고 임금을 받아 생활하고 있다. 그러니 국가 살림살이가 대부분 이주노동자들의 보내오는 돈과 관광산업으로 유지되는 것이다.

투디의 얼굴은 마냥 밝았는데 천성인 것 같았다. 만나는 대부분의 사람들이 그랬다. 현실에 대한 불만을 드러내거나 반항심이나 적개심을 가진 이들은 거의 없었다. 밖으로 드러나는 표정이라도 숨긴다고 숨겨지거나 가린다고 가려지는 것이 아닐 것이다.

투디는 한국어를 공부하고 있다고 했다. 한 달에 한 번인가 한국인 강사에게 배운다고 했다. 돌아오는 비행기 안에서 만났던 또 다른 네팔의 젊은이는 한국에서 7년째 일하고 있다고 했다. 가족과 떨어져 오랜 시간 동안 일하는 그가 대단해 보였다.

그렇다고 아무나 한국에 갈 수 없었다. 공식적인 방식이 아닌 방법으로 입국을 할 경우 브로커에게 약 천만 원 정도의 돈을 지불해야 한다고 했다. 한국에 간 이들 중에는 중상계층이거나 고학력자가 많다. E-9 비자를 받기 위해 한국어능력시험(EPS)을 통과해야 한다. 그러려면 최소 6개월에서 3년 동안 자격시험을 위해 공부해야 한다.

낯선 나라에서 열악한 근무환경에서 빈국에서 왔다는 차별까지 받으면서 네팔리들이 겪는 고통이 얼마나 클까. 그 모든 걸 감수하고 한국에 오고 싶어 하는 젊은이들, 그들도 상대적인 욕망에 시달리기 시작한 이들이다. 카트만두의 무질서 속에서 달리는 차량과 오가는 사람들도 마찬가지였다. 그 고달픈 생활을 자초하는 그들의 욕망의 태반은 자식의 장래가 차지했다. 우리의 과거도 마찬가지였다. 산업화시대로 오면서 대부분이 농부였던 농경민족의 후예들은 '나의 자식은 자신과 같은 농사꾼은 만들고 않겠다.'라며 농촌을 떠나기 시작했던 것이다.

우리나라에는 대략 160만 명의 이주노동자들이 있다. 결혼이민, 취업, 연구, 무역 등으로 온 이들이다. 우리가 '이주노동자' 또는 '외국인 노동자'라고 부르는 이들은 고용허가제로 들어와 E-9 비자를 받은 이들이다. 이들은 28만 명, 한국에 거주하는 네팔리는 3만 9천 명 정도이다. 고용허가제에 의하면 이들은 우리나라 사람들이 선호하지 않는 제조업이나 3D(건설업, 어업, 농축

산업 등) 직종에서 일하는 걸로 취업 제한을 두었다. 1년씩 사용자와 재계약을 통해 3년까지만 근무가 가능하다. 하지만 고용허가제는 사용자 위주의 법으로 많은 노동자들이 고통을 받고 있는 실정이다. 사업장 변경 기간(3개월)과 횟수(3년간 3회)가 제한되어 있고, 근로 조건 위반 행위와 폭력 등 부당한 처우를 받으면 사업장을 변경할 수 있지만 부당대우를 입증하는 조건과 기준이 까다로워 사실상 변경하기 어렵다. 또 이들이 부당한 처우를 못 이기고 사업장을 이탈 시, 사업주가 신고하면 바로 불법체류자가 된다.

언젠가는 본국으로 돌아가야 할 이주노동자들, 그들은 돌아가서 무슨 일을 할까? 힘들게 번 돈으로 여유가 있으면 부동산을 구매하거나 식당이나 롯지를 운영하는 듯 트래커들을 대상으로 사업을 하기도 하지만 다시 일자리를 만들지 못한 채 번 돈을 탕진하기도 한다. 그렇게 되면 다시 이주노동자가 되고 가정이 깨지고 내수경제가 침체되어 빈곤이 악순환된다.

투디 역시 한국어를 배워 한국에 가고 싶어 했다. 본국에 가족을 두고 일 년에 한 번이나 올까 말까 하지만 자신의 가족, 아이들을 위해서 그런 꿈을 꾸고 있는 것이다. 이들과는 달리 일자리가 없어서가 아니라 마음에 드는 일자리가 없어 고민하는 우리의 청년들도 있다. 그런데 이들과는 또 달리 우리 청년들은 꿈을 꾸지 않는다는 것이 더 두려운 현실이고 사실이었다.

투디는 나에게 꼭 한국에 가고 싶다고 했다. 그 이유를 물었을 때 그는 돈 이야기는 하지 않았다. 다만 '아이들이 좀 더 좋은 환경에서 공부할 수 있는 여건을 만들어주고 싶다.'고 했다. 우리 기준으로 아직은 어린 가장이지만 그가 대견했다. 꼭 그가 한국에 가지 않아도 그가 꿈꾸는 미래가 펼쳐졌으면 좋겠다는 생각을 했다.

'내가 너보다 상대적으로 경제적인 풍요로움을 누릴지 모르지만 행복지수는 그렇지 못하다'는 것을 그에게 설명해줄 수 있는 역량이 나에겐 없었다. 돈 때문에 부부가 갈라서고 돈 때문에 온갖 범죄들이 난무하는 결코 행복하지 못한 우리네의 삶, 직장에 들어가면서부터 '직장을 그만두거나 정년퇴직하면 뭐 먹

고 살지?'를 고민하는 것
까지, 오늘을 살면서 내
일은 물론 모레, 일 년 후
는 당연하고 노후도 생각
해야 하는 삶, 너희들은
'해가 뜨면 일하고 해가
지면 잠드는 속편케 사는
사람들이 아니더냐'고 되
물을 용기도 없었다.

   그런데 최근 지면에 보
도된 내용은 충격적이었
다. 최근 10년(2009~2018
년)간 한국에서 일하다가
스스로 목숨을 끊은 네팔 노동자는 모두 43명. 더 큰 비극은 죽
음 뒤에서 기다린다고 했다. 사람이 죽었는데 한국이나 네팔 정
부 어디에서도 관심을 두지 않았다. 통계표에 건조하게 적힌 사
망자수 외에 이들이 왜 죽음에 내몰렸는지는 누구도 따져 보려
하지 않는다.

   비전문취업비자(E9)로 한국에 들어오는 16개 국가 중 네팔은
지난해 가장 많은 이주노동자(8404명)를 보냈고 네팔 노동자의
죽음은 우리 곁의 모든 이주 노동자의 얘기일 수 있다. 지면에

는 한 네팔 젊은이의 슬픈 이야기도 있었다.

지난달 26일 비행기 화물칸에 한 구의 시신이 실려 네팔 카트만두에 도착했다. 유리 테이프가 성의없이 나붙은 사람 키만 한 관이 공항 밖으로 빠져나왔다. 볼품없는 관에는 겨우 스물여덟 된 앳된 남성, 네팔 청년 게다르 디말시나가 있었다. 그는 지난달 21일 오전 9시쯤 부산 사하구의 한 수산식품 공장 창고에서 목을 맨 채 발견됐다. 닷새가 흐른 지난달 26일 시신은 여객기 화물칸에 짐짝처럼 실려 네팔 카트만두 트리부반 국제공항에 도착했다. 공항 밖에서 기다리던 친척들은 한국 경찰이 보내준 단출한 서류를 넘겨보다가 수군거렸다. "아무리 봐도 자살할 이유가 없어."

게다르의 시신은 도착 당일 갠지스강 상류의 바그마티강으로 옮겨졌다. 관 뚜껑을 열어 남편을 확인한 번더나는 얼굴을 만지며 통곡했다. "아이를 두고 어떻게…." 가족들은 강물로 게다르의 입을 적신 뒤 불을 입속에 넣어 화장했다. 코리안드림을 꿈꾸며 떠났다가 죽은 채 고국에 돌아온 그는 4시간 만에 불과 함께 사라졌다.

하루 종일 머리끈의 무게를 감당하며 하루 2만 원도 벌지 못하지만 한국에 가면 더 많은 돈을 받을 수 있어도 고약한 사장을 만나면 비인간적인 대우도 감수해야 한다는 것을 그에게 굳이 말해줄 필요는 없을 것 같았다.

그들과 헤어져야 했던 송별의 밤, 그들의 노고를 위로하며 기내에서 건성으로 스쳐 읽었던 시를 외워 암송했다. 그들은 로마 병사들처럼 몸 안의 소금 기를 내주고 월급을 받는 이들이었다. 울지 마라, 너의 눈물이 너의 몸을 녹일 것이니.

 물레방아의 어제와 오늘

"덜컹덜컹 홈통에 들었다가 다시 쏟아져 흐르는 물이 육중한 물레방아를 쿵 하고 확 속으로 내던질 제 머슴들의 콧소리는 허연 겻가루가 켜켜 앉은 방앗간 속에서 청승스럽게 들려나온다."

나도향의 단편소설 '물레방아'의 시작이다.

간드룩은 차가 들어오는 곳으로 네팔 전통가옥도 밀집돼 있는 큰 마을이다. 가끔 영화 촬영도 하는 장소로 사찰과 작은 박물관도 있다. 간두룩에서 난두룩으로 가는 길은 계단으로 한참을 내려가야 했다. 물소리가 가까워졌을 때 외딴 집 한 채, 물레방앗간인가 싶었는데 물레방아는 보이지 않고 맷돌 돌아가는 소리가 들린다. 설산에서 흘러내린 물줄기로 맷돌을 돌리는 오래뇐 방앗간 빽차끼이다. 빽차끼라는 말은 생소한 말이었는데 파키스탄이나 다른 곳에서 쓰는 말인지도 모르겠다. 아무튼 물을 동

력으로 사용하는 물레방아가 아닌 맷돌에 더 가까웠다. 살짝 들
어가 안을 들여다보았다. 아주 빠르게 맷돌이 돌며 옥수수를 빻
는다. 맷돌이 돌아가는 흔들림에 옥수수 자루에서 한 알 두 알

옥수수가 떨어지고 곱게 가루로 빻아져 가루가 되고 있었다.

누가 지켜볼 필요도 없이 옥수수는 맷돌에 떨어지고 흐르는 물은 맷돌을 돌린다. 가을이면 이곳에도 메밀꽃이 피려나. 장돌뱅이로 살았던 '메밀꽃 필 무렵'의 허생원이 생각났다.

'객주집 토방이란 무더워서 잠이 들어야지. 밤중은 돼서 혼자 일어나 개울가에 목욕하러 갔지. 봉평은 지금이나 그제나 마찬가지지. 보이는 곳마다 메밀밭이어서 개울가가 어디 없이 하얀 꽃이야. 돌밭에 벗어도 좋을 것을, 달이 너무도 밝은 까닭에 옷을 벗으러 물방앗간으로 들어가지 않았나. 이상한 일도 많지, 거기서 난데없는 성서방네 처녀와 마주쳤단 말이네. 봉평서야 제일 가는 일색이었지…, 팔자에 있었나 부지.'

이렇듯 문학작품이나 옛이야기 속에서는 물레방아가 심심찮게 등장한다. 물레방앗간은 개울물을 따라 만들다보니 마을과 조금 떨어진 곳에 있기 마련이었다. 또 사람이 자주 드나들지 않으니 남의 눈을 피하기에도 요긴했다. 그러니 이야기에 나오는 물레방앗간은 곡물을 찧는 것 외에도 다양한 역할을 한다. 마치 방아가 남녀의 교합을 상징했듯이, 남녀가 '밀회'를 즐기는 장소로 자주 쓰였을 것이다.

이곳도 물레방아는 돌아가지만 지키는 사람이 없으니 사랑을 시작한 청춘남녀가 숨어들었을 공간이다. 요즘에는 도처에 러브할 수 있는 모텔이며 호텔이 즐비하지만 옛날에는 없었던 공간이었으니 말이다. 집 밖을 나서는 것이 수월치 않았던 옛 여인들에게 물레방앗간은 집 밖을 나갈 수 있는 이유와 은밀한 바람을 드러내거나 숨겨주기도 했을 공간이었을 것이다.

나도향의 '물레방아'는 도덕성을 상실한 아내와 그 아내를 되찾는 데 실패한 남편이 저지르는 처절한 복수를 다룬 소설이다. 돈을 가진 사내와 '돈'을 필요로 하는 여인의 엇갈린 원초적 욕망이 드러나 있다. 물레방앗간은 그런 욕망을 상징하는 장소였다.

젊은 나이에 요절한 나도향은 일제강점기 피폐한 농촌현실과 뒤틀린 욕망을 등장인물을 통해 예리하게 파헤친다. 당연한 듯 돈과 권세가 있는 사내의 욕망은 자기 집 막실에 사는 이방원의 아내에게 눈독을 들인다. 오십 줄에 들어선 신치규는 이제 갓 스물을 넘긴 남편이 있는 아낙을 물레방앗간 옆으로 불러내어 아들 하나만 낳아 주면 막실 신세를 면할 뿐 아니라 모든 것이 다 그녀의 것이 될 것이라고, 감언이설로 꾄다. 가난에 지친데다 가정이 있는 아녀자라는 경계심이 허물어진 그녀는 신치규와 더불어 물레방앗간 안으로 들어간다. 신치규는 아낙의 남편을 내쫓으려는 마음을 먹고 있던 차 두 사람이 물레방앗간에서 같이 나오는 것을 목격한 이방원은 사태를 짐작하고 대판 싸움질을 한다. 이때 자신의 아내를 감싸는 신치규를 폭행하게 되고 상해죄로 구속되어 석 달간 복역하게 되고 신치규는 되레 여자를 차지하게 된 것을 만족해 한다.

수감 중에 증오를 채웠을 이방원은 출감 후 두 남녀를 살해할 생각이었으나 마지막으로 한 번 더 아내의 본심을 물어본다는 내용, 그러나 이미 마음이 떠난 아내는 같이 도망치자는 이방원의 간청을 거절하게 되고 이방원은 아내를 죽이고 자살한다.

　아내를 빼앗긴 사내가 미련한 미련처럼 아내를 회유하려다 끝내 죽이고 자신도 죽는다는 이야기. 얼핏 대단히 극적이고 사실적으로 보일지도 모르지만 여인을 빼앗긴 이유 이면에는 당시 반상으로 구분되던 계급 간의 갈등과 지주와 소작농처럼 가진 자와 그렇지 못한 자의 야만과 갈등이 내재되어 있다. 여인에게 집착한 이유 역시 애정이 아닌 단순한 욕정이었다면 이야기는 달라진다.

　신치규가 방원의 아내를 빼앗은 것은 그의 정욕을 채우기 위해서였다. 방원의 아내를 회유하고 방원을 내쫓기 위해 이용한 것은 돈으로, 그에게는 넉넉한 재산이 있었다. 방원의 아내는 다른 사내에게 몸을 허락했다는 도덕성의 문제가 있겠지만 빈곤한 환경이라는 것도 묵과할 수 없다. 이렇듯 두 사내와 한 여인의 관계에는 돈과 치정의 욕망이 얽혀있다.

　여기 또 현실의 현장에 선 한 남자의 이야기를 옮겨본다. 그는 가난하게 자란 친구였다. 중학교도 간신히 마치고 고향을 떠났고 밑바닥부터 궂은일을 마다하지 않고 신뢰를 쌓아나갔다. 그 과정에 그는 돈의 위력을 뼈저리게 부딪치고 체감했을 것이다. 사십 대를 지나 그는 여러 개의 점포와 종업원들도 수십 명인 사장이 되었다. 돈의 위력으로 자신의 궁지를 빠져나갈 수 있게 해주었을 때 쾌감을 느꼈고 집에서건 밖에서건 돈으로 해결되지 않는 것이 없다고 생각했다.

자신이 세상의 중심인 것처럼 욕망의 단계를 넘어 욕구를 충족시켜 나가는 수준이었다. 국산 중형차에서 외제 고급 스포츠카로 바꿨고 날마다 보는 아내보다는 처음 보는 낯선 여자에게 눈길이 가기 시작했다. 아랫사람들에게도 친절했던 그는 점점 그들을 업신여기기 시작했다.

그는 불법체류자들 같은 불안정한 이들을 종업원으로 고용하여 임금을 절약하기 시작했고 그렇게 절약한 돈은 어찌어찌 만난 내연녀의 호감을 얻기 위한 관리비용으로 지출하기 시작했던 것이다.

자수성가의 전형처럼 세상이 그를 중심으로 돌아가는 듯했는데 그 중심이 돌아서는 건 순간이었다. 그는 가진 재산을 다 잃었고 가정은 깨졌고 가족은 산산이 흩어졌다.

이제 우리 땅에 방아를 찧는 물레방아는 없다. 산골마을에서도 물레방아를 볼 수 없게 된 것은 오래전부터였다. 동네마다 기계식 도정시설이 들어서면서 대부분 사라졌고 그마저 이제는 대규모 도정공장이 들어서면서 마을의 방앗간도 사라졌다. 그러나 그 모습을 아주 볼 수 없는 것은 아니다. 그 시절을 그리워하는 사람들의 향수를 자극하기 위해서인지 공원이나 관광지의 식당에서 물레방아가 돌아간다. 방아는 없으니 물레만 돌아가고 방아는 찧어지지 않는다. 우리의 욕망도 어떤 식으로든지 진화했거나 진화하고 있는 것인지도 모른다.

무명초

갑작스럽게 출발을 결정했지만 여러 가지 고민이 비집고 들어왔다. 일주일간 직장을 비워야 한다는 압박감에서부터 아내에게 미안한 마음도, 고산지역에 잘 적응할 수 있을까 하는 것 등 여러 가지였다. 그러한 것들의 도피처였을까? 생뚱맞게도 머리를 자르고 싶다는 생각을 했다.

우리는 흔히 이발소나 미장원에 가면서 '머리 깎으러 간다, 머리 자르러 간다, 머리하러 간다.'라고 인체의 핵심부분인 머리를 통째로 말한다. 엄밀한 의미에서 이는 맞지 않다. '머리카락'이나 '터럭'이라고 하는 게 맞을 것이다.

성형이라는 것이 유행이라 하더라도 일반화될 수는 없는 것이다. 얼굴의 모습이 누구를 닮았으면, 어떻게 바뀌었으면 하고 바라지만 누구나 성형외과에 갈 생각을 하지는 않는다는 말이다. 그러니 외모는 어쩔 수 없는 것으로 받아들여야 했다. 그러나 머리카락은 아니었다. 아침에 거울을 보면 얼굴을 보는 것이 아니라 머리카락의 모습을 보는 것처럼 말이다. 그만큼 머리카락은 누구에게나 신경이 쓰이고 써야 하는 신체의 일부이다.

어려서는 박박 머리를 깎았다. 요즘처럼 좋은 이발기계가 없어 머리를 깎으려면 눈물콧물을 숱하게 뽑아내야 했다. 머리카락을 자르는 도구를 이발기계라고도 바리깡이라고도 했는데, 바리깡은 일본말인 듯했으나 아니었다. 바리캉(Bariquant de Marre)이라는 프랑스 제조회사의 이름에서 유래한 것이고 우리말로 순화된 용어는 없었다.

옛사람들은 머리를 자르지 않았다. 작자가 공자인지 그의 제자인 증자인지 불명확하지만 '효경(孝經)'의 첫 장인 '개종명의(開宗明義)'에 신체발부수지부모(身體髮膚受之父母)가 나온다. 사람의 신체와 터럭과 살갗은 부모에게서 물려받은 것이니, 이것을 손상시키는 않는 것이 효의 시작이라는 의미이다. 유교를 좇았던 조선시대에는 머리카락을 댕기머리로 묶어 기르다가 혼인을 하면 상투를 틀어 평생 머리를 자르지 않았다. 어쩌면 우리가 그 시대 시시각각 변화하는 밖의 세계에 동참하지 못하고 우물 안 개구리처럼 폐쇄된 삶을 살게 된 것이 그 때문인가도 싶다. 머리칼이라는 것이 그만큼 사람의 새로운 욕망에 관여한다는 의미이다.

자의보다는 타의에 의해 오랜 쇄국의 빗장을 열고 약육강식의 어지럽고 낯선 세계 속으로 휘말려들어야 했던 것은 피할 수 없는 운명과도 같았다. 늦잠을 깬 눈을 비비고 있을 때, 섬나라의 운명을 벗어나려는 듯 끊임없이 한반도를 노략질하며 괴롭혔던 일본이 우리 땅을 넘보고 있었다. 그때에야 새로운 눈을 뜬 듯 단발령을 내린다. 을미사변 이후 새로이 조직된 김홍집 내각은 양력을 도입하고 소학교를 설립하며 군제를 변경하고 단발령을 내렸다. 그러고는 이를 강행하는 등 급진적인 내정개혁을 추진했다. 고종이 먼저 서양식으로 이발을 했으며 내부대신 유길준은 백성에게 강제적으로 상투를 자르게 했다. 그러나 을미사변 이후 극도의 배일적인 국민감정을 무시하고 행해진 이 개혁은 일반 백성들로부터 맹렬한 반대에 부딪혔다. 너무 늦게 이뤄진 탓이었을까? 이내 일본은 우리 영토의 주인이 되었다.

70년대에는 또 다른 단발령이랄 수 있는 '장발단속'이 있었다. 당시 젊은 남성들 사이의 장발 유행은 경제발전을 상징하는 서구문물에 대한 추종현상이었는데, 이것이 국가적 훈육의 대상이 되었던 것이다. 당시 위정자는 예측하지 못했던 반응에 당황했다. 새로운 문화를 접하기 시작했던 젊은 세대들은 그 개발의 주체에 대해 저항을 드러내기 시작했던 것이다.

그렇듯 머리카락은 인간의 욕망과 깊게 상관되어 있었다. '삼손과 데릴라'의 이야기에서도 마찬가지다. 신에게 몸을 바쳐야 하는 운명을 안고 태어난 삼손에게는 몇 가지 지켜야 할 금기 사항이 있었다. 독한 술을 마시면 안 되고 괴력이 솟아나게 하는 머리카락을 절대로 자르지 않아야 한다는 것이었다. 그러나 삼손은 이스라엘과 원수지간인 팔레스티나 여인 데릴라를 사랑한 나머지 그녀의 꼬임에 넘어가 머리카락의 비밀을 털어놓고 말았다. 팔레스티나 지도자들에게 은 천 냥에 매수된 데릴라가 삼손을 잠재우자 적들은 그들의 머리카락을 벤 후 힘을 잃은 그의 두 눈을 칼로 잔인하게 도려냈다. 정욕에 눈이 먼 벌로 애인에게 배신당하고 장님이 된 것이다.

이런 이야기를 살펴보면 예전부터 사람들은 머리카락을 인간과 힘, 즉 욕망을 연결 짓는 고리라고도 생각했고 인간의 몸에서 가장 떼어내기 쉬운 부위인 머리카락을 몸을 정화라고 생각했을 듯 싶다. 불가에서 머리를 깎는 것도 누군가를 상처 입힐 수 있는 그 본질적 힘을 끊어버리기 위함이라고 하는 것처럼.

어린 시절 박박 머리를 깎아야 하는 경우가 많았는데 늘 상고 머리가 깎고 싶었다. 상고머리는 옆머리와 뒷머리를 치올려 깎고 앞머리는 몽실하게 그대로 둔 채 정수리를 평평하게 깎은 머리스타일로 중고등학교 남학생들이나 군인들의 전형적인 머리스타일이었다. 상고머리를 깎고 싶은데, 정수리까지 밀어 올라가는 삭발을 할 경우 눈물을 흘린 적도 있었다. 고칠 수 없는 외모에 대한 집착 대신 머리스타일에 대한 집착은 상대적으로 강했다고 할 수 있다.

자의로 박박 머리를 깎는다는 것은 무언가에 저항하거나 포기함을 표현한 것이기도 했다. 뭔가 결연한 의지를 드러내거나 내면의 변화를 드러내기 위한 수단이었다.

타의에 의한 삭발도 있었다. 입대를 앞둔 이 땅의 청년들은 입대 전 머리를 깎아야 했다. '입영열차 안에서'라는 그 애절한 노래의 시작처럼 말이다.

> 어색해진 짧은 머리를 보여주긴 싫었어
> 손 흔드는 사람들 속에 그댈 남겨두기 싫어
> 삼 년이라는 시간 동안 그대 나를 잊을까

청년시절 친구들을 군에 보내기 전 입영전야의 송별식을 하면서도 마찬가지였다. 입대를 앞두고 머리를 자른다는 것은 가족과 친구, 사회에서의 일정기간 격리를 인식하는 결연한 과정이었다. 입대를 앞둔 젊은 청춘들은 개인에 따라 조금 다르기는 하겠지만 목까지 차오르는 흐르는 물속을 걷는 것과도 같았을 것이다. 두 아들을 군에 보내면서도 마찬가지였다. 머리를 자르고 입대하던 날, 아비로서 나는 울퉁불퉁한 그 윤곽만 볼 수 있었을 것이라고 생각했다.

또 다른 의미로 '머리를 깎았다.'는 말은 세속을 떠나 출가를 했다는 의미이다. 그러니 머리카락을 무명초라 하기도 한다. 무명(無明)의 단순한 본뜻은 빛이 없음을 말하지만, 불교에서는 사물을 있는 그대로 보지 못하는 어리석음을 말한다. 그 어리석음 때문에 깨닫지 못하고 고통의 바다를 떠다녀야 하니 무명초를 깎는 것이 삭발로 출가의 시작이라고도 한다. 또 다른 관점으로 여러 가지 의미가 모아져 물이 되기도 하고, 바람으로 떠돌다가 불꽃 풀포기가 되기도 함을 뜻하는 상징적인 조어라고도 했다. 또한 머리카락은 잡초의 뿌리처럼 강한 집착을 나타내는 어리석음에 비유된다. 그러므로 삭발은 거친 풀을 잘라내듯 일상의 번뇌를 단절하라는 의미가 더 강하다.

출가자의 머리를 깎을 때 곁에 있는 사람들은 그를 위해 출가의 노래를 부른다고 했다. "몸을 훼손하여 뜻을 지키고 애욕을 끊어 친할 것 없어라. 집을 버리고 성도(聖道)에 들어서 모든 사람을 구제하기 원한다."고 하여 머리를 깎고 출가하는 근본 목적은 오직 중생 구제에 있음을 말하고 있다. 원효 스님의 '발심수행장'에 보면 "마음속에 애욕을 떠난 사람을 사문이라 이름하고, 세속을 생각하지 않는 것을 출가라 이름한다." 하였다. 그러니 스님들은 매일 아침마다 세수할 때 머리를 만지며 출가의 의미를 다시 한 번 되돌아보는 마음을 낸다고도 했다.

산행을 앞두고 머리카락을 자르기로 마음먹으면서 대수롭지 않게 흘려보냈던 일들이 다시 떠올랐다. 직장생활을 하면서, 특

별한 정치적인 목적이 없이 머리를 자른다는 것은 그 자체로 번민거리였다. 출발하기 하루 전날 이발소에 가서 머리를 박박 밀어달라 했지만 이발사는 망설이며 조금은 남겨주었다. 짧은 머리로 사무실에 들어가니 모두 뜨악한 표정이었다. 만나는 이들마다 이유를 물었지만 단순하게 '히말라야 설산에 가려 한다.'고 답변했다.

현지에 도착했을 때 서운할 정도로 내 머리스타일에 관심을 가지는 이는 많지 않았다. 어찌 보면 크게 어색하게 보이지 않는다고 생각하기도 했다. 자주 씻을 수 없는 환경에서 머리카락이 짧다는 것은 다행이다 싶을 정도로 편안함을 주기도 했다.

머리터럭을 잘라낸 만큼 어설프지만 입산한다는 결연한 마음
도 있었기에 술과 담배를 멀리 밀쳐놓기로 했다. 담배는 내가
어찌 해 볼 수가 없는 내 안의 또 다른 지독한 군림자였다. 카트
만두에 도착했던 날 어렵게 한 대를 구해 피우고 더 이상 피우지
않았다.

머리카락을 박박 자른다는 건 쉽지 않은 결심이었고 실행이
었다. 신체의 일부이면서 가장 버리기 쉬운 머리카락에 대해 그
의미를 돌아볼 수도 있었다.

인정과 사랑

여자에게서 태어난 남자라는 존재는 원죄처럼 여자의 인정을
얻거나 받아야 하는 존재이다. 흔히 "세상을 움직이는 건 남자
이지만 그 남자를 움직이는 건 여자이다."라고 말하듯 이것이
인간의 본질이고 남자의 숙명이기도 하다.

그러나 이와 같은 엄중한 인간의 본질이 잠시 희석되거나 흐
려진 적이 있었다. 고려를 무너뜨리고 역성혁명을 주도한 이성
계는 새로운 국가의 통치이념으로 유교를 도입한다. 삼국시대
를 거쳐 고려까지 국가통치이념의 근간은 불교였다. 물론 유교
가 공존하기도 했지만 불교가 그 중심을 이루고 있었다. 그러면

도대체 왜 이성계를 중심으로 한 역성혁명을 주도한 세력이 그토록 철저하게 '숭유억불' 정책을 통치이념으로 내세울 수밖에 없었을까?

쿠데타라는 한계를 지닌 역성혁명의 정당성과 정체성을 세우기 위한 방편이었을 것이다. 하지만 나는 그로 인해 잠시 '남자는 본질적으로 여자의 인정을 추구하는 존재'라는 것이 흐려진 역사적 현상을 말하고 싶다.

조선은 고려에 비해 반상의 구분이 보다 엄격해졌으며 남자를 중심으로 한 가부장적인 사회가 견고해지는 등의 변화가 있었다. 그런데 그보다 더 중요한 것은 여성에 대한 차별 및 비하가 구체화되고 잔인할 정도로 변해갔다는 것이다.

'남귀여가혼' 즉 혼인 후에 남자가 여자 집에서 생활하던 것에서 남자가 여자를 데리고 와서 혼례를 올리고 남자 집에서 생활하는 것으로, 재산의 상속 또한 자녀균분상속에서 적장자 위주로 바뀌었다. 제사 또한 책임을 분담하는 것이었으나 철저하게 장자가 전담하는 것으로, 아들이 없는 경우는 양자를 들이는 것이 정형화되었다. 결국 이와 같은 규범의 기저에는 여성을 차별하고 비하하는 남존여비가 바탕으로 작용하였다. 그리고 과부의 재가는 철저히 금지되었으며 처첩제가 일반화되기도 했다.

심지어는 '삼종지도'로 여성의 질투까지도 죄악시했다. 그러한 엄격한 교리는 이 시대를 살아가는 사내들도 일부 가지고 있

다. 그 결과 오늘날을 살아가는 사내 중 몇은 혼란과 고통을 겪고 있다.

철저하게 여성을 비하하였던 시절로 일부 양반부류들을 제외하고는 대부분 궁핍했던 사내들은 여성에게 인정받는 것으로 자유를 만끽하기도 했다.

그 결과 사내들은 태어나면서 어머니로부터 여자친구, 아내에 이르기까지 그리고 주변의 여자들로부터도 끊임없이 인정과 사랑을 갈구하는 가엾은 존재가 되었다.

오랜 시간 유교라는 남성우위의 교리가 지배하던 사회에서 일부다처의 흔적이나 향수는 길게 이어졌다. 이제 70대를 넘어선 우리의 어머니 세대는 그 야만적인 교리에 굴종하고 순종했다.

그런 어머니세대를 보고 자란 사내들의 개념 속에는 일부다처제에 대한 지울 수 없는 향수가 남아있다. 그래서 이 시대를 살아가는 사내들에게 소리 없이 시작된 여성들의 반란은 혼란스럽고 두려운 것이리라.

일부 사내들의 그릇된 욕망의 배출이나 일탈이라고 치부할 수도 있지만 유흥업소에 출입하는 것은 여자로부터 인정과 사랑을 추구하는 또 다른 행태의 한 단면일 것이다.

"티벳인들은
그들의 적이 위대한 스승이라고 말한다.
그들에게서 인내와 연민을 배우기 때문이다."라는.
참으로 위대한 통찰력이다..

넷째 날.

정의

하멜표류기

　먼 여행지에서도 여행사의 사기행각이 예상되었다. 그것은 분명한 범죄에 속하는 것이었다. 속수무책, 내리치는 사기에 당하면서 '정의를 먼저 생각했을 것이다. 낯선 땅에서 여행에 몰두하며 지친 여행자에게 대응력이나 폭발력이 없었다. 그러니 궁여지책으로 정의라는 무거운 주제를 논하기 전에 그를 생각했다. 그는 한국을, 아니 조선(朝鮮)을 최초로 문서로 바깥세상에 알린 사람이다. 그렇다고 그가 조선을 여행을 했던 것도 아니니 기행문 형식의 글은 아니었다.

　네덜란드의 23세 청년 헨드릭 하멜은 1653년(효종 4) 8월, 제주도 해안에 탈진 상태로 도착한다. 하멜이 조수로 승선했던 동인도회사 소속의 상선 스페르베르호가 폭풍으로 난파당한 탓이었다. 그 해 1월에 네덜란드를 출발하여 같은 해 6월 바타비아(Batavia), 7월 타이완[臺灣]에 이르고, 거기서 다시 일본의 나가사키로 항해하던 중 폭풍우에 밀려 배가 난파당한 것은 8월 중순, 제주도 부근 해상이었다. 선원 64명 중 28명은 익사하고, 하멜 이하 36명이 제주도에 표착하여 관원에게 체포되었다. 제주목사 이원진은 같은 네덜란드인으로 조선에 귀화하여 훈련도감에 근무하던 박연(본명 벨테브레)을 불러 통역을 맡겼다. 박연은 1627년 제주에 상륙하였다가 체포되었으며 서양인으로 최초로 귀화한 인물이었다. 하멜은 감금 중 탈출을 시도하였으나 다시 붙잡혀 10개월간 구금뒤 서울로 압송돼 훈련도감에 배속됐다.

당시 임금인 효종은 북벌을 계획하고 있었는데 청나라에서 사신이 왔을 때 그들 중에 누군가 본국으로의 귀환을 청나라 사신에게 읍소한 사실이 발각되었다. 북벌의 불의(?)가 청나라에 노출될 뻔했으니 처음에는 사형이 내려졌다가 유배를 보내는 것으로 감해졌던 모양이다. 하멜 일행은 강진의 전라병영, 이어서 여수의 전라좌수영에 배치되었다가 1666년 9월에 탈출에 성공한다. 제주에 표류한 지 13년 28일 만이었다. 사전에 구입해두었던 해변에 있는 배를 타고 일본 나가사키로 도망하여 1668년 7월에 본국인 네덜란드로 귀국하였다.

당시 네덜란드는 포르투갈과 스페인에 이어 해상무역의 범위를 넓혀가고 있었다. 처음 아시아지역에 기독교 전파와 무역거래, 식민지 건설 목적으로 활동한 서양세력은 포르투갈과 스페인이었다. 이때 일본은 포르투갈 상인과의 접촉을 통해 조총(화승총)을 접했고 이를 개량하여 임진왜란 시 활용했다. 포르투갈과 스페인은 중국과 일본에 접근하는 것을 두고 경쟁했고, 기독교선교 때문에 서로 다투었다. 이들이 유럽 제해권(制海權)을 장악한 후로는 네덜란드인들이 주로 동아시아를 찾기 시작했다. 이들은 그동안 난립했던 무역회사를 통합하여 동인도 회사를 세우고 아시아무역을 독점하였다. 1604년 네덜란드가 명나라와 무역을 희망했으나 거절당하자 그 상대를 일본으로 변경했고 일본은 네덜란드와 무역을 하면서 새로운 서양 문물을 받아들이기 시작했던 것이다. 하멜이 돌아간 후였지만 당시 네덜란드는 조선과의 무역을 희망했다. 그러나 일본의 방해로 이뤄지지 못했는데 이는 우리에게 아쉬움으로 남는 대목이다.

조선에서 탈출하여 일본으로 갔다가 다시 동인도회사가 있던 인도네시아에 머물던 하멜은 우리가 짧게 '표류기'라 칭하는 보고서를 작성한다. 하멜이 일행과 함께 조선이 억류되었던 13년간의 밀린 임금을 동인도회사에 청구하기 위해 쓴 보고서였다. 하멜, 그가 문맹의 선원이 아니라 서기라는 보직을 가지고 있었기에 가능한 일이었다.

표류기라 짧은 제목을 붙였지만 본래는 'Sperwer호의 불운한 항해표류기'라는 제목으로 출판된다. 앞서 언급했지만 당시 한국의 사정을 유럽에 소개한 최초의 문헌으로서 1668년에 네덜란드어·영역본·불역본·독역본이 발간되었고, 한국에서는 1971년 영국왕립협회 한국지부에서 G.레드야드의 영역본을 발간한 바 있다. '진단학보'1~3권에 이병도가 영·불역본에서 번역·전재하였다. 네덜란드인 선원이 직접 경험한 미지의 세계 조선의 사회와 언어, 지명과 풍습 등을 담은 책은 당시 동양에 대한 환상으로 부풀어 있던 유럽에서 베스트셀러가 됐었다고 했다.

하멜이 13년여 여기저기 끌려다닌 생활, 즉 군역(軍役)·감금·

태형(笞刑)·유형·구걸의 풍상을 겪으며 많은 사람과 접촉하고 남북 여러 곳의 풍속과 사정을 견문한 결과가 상세하게 적혀 있다. 그들을 잘 활용하지 못한 당시 관리들의 편협한 시각, 마치 동물원의 원숭이처럼 그들을 보려 했던 당시 기득권층의 민낯이 드러난다. 특히 부록인 '조선국기(朝鮮國記)'에는 한국의 지리·풍토·산물·경치·군사·법속(法俗)·교육·무역 등에 대하여 실제로 보고 들은 바가 기록되어 있다. 그런 만큼 당시 조선의 실상을 객관적이고 담담하게 서술해 사료적 가치가 매우 높은 자료다. 자신들에게 친절을 베푼 제주목사에 대해서는 '우리는 기독교를 믿지 않는 사람들로부터 큰 은혜를 입었다'며 '그들이 보여준 따뜻한 마음에 절로 고개가 숙여졌다'고 고마움을 표시한다. 조선 백성의 삶과 관련해서는 담배를 많이 피우는데 여자들은 물론 네댓 살 되는 아이들도 담배를 피운다는 다소 충격적인 내용도 들어있다.

그를 소개하는 데 많은 지면을 펼친 듯하지만 이렇게 한 것은 여행사의 사기에 대해 이야기하기 위해서다.

촘롱은 안나푸르나 베이스캠프로 들어가는 길목이었다. 안나푸르나에 이르기 위해서는 반드시 지나야 하는 곳이었다. 여기를 내려가면 길이 두 갈래로 나뉘기 때문이다. 이곳을 거쳐나가 다시 내려가지 못한 이들도 많이 있었을 것이다. 해발 2,170미터, 여기까진 전기도 들어오고 웬만한 물건도 쉽게 가져오겠지만 여기를 지나면 고도가 높아지면서 어려워진다. 촘롱은 좀 더 거친 환경으로 들어가는, 트래커들에게 충전의 마지막 지점인 셈이었다.

촘롱에 도착하여 잠시 휴식하는 줄 알았는데 현지 가이드는 "네팔 관광성 등반국의 통제로 입산금지령이 내려 더 이상 통과할 수 없고 오늘은 이곳에서 숙박한다. 다음 일정은 상의 후 결정하도록 하겠다"는 어이없는 상황을 전달했다. 이유는 폭설이었다. 독일인 트래커들이 눈사태로 목숨을 잃었다는 이야기도 있었지만 확인하지는 못했다. 아무리 먼 길로 많은 시간과 비용을 부담하여 왔더라도 기상상황이야 어쩔 수 없지 않은가. 그런 일이 없기를 바라지만 생긴다 해도 어쩔 수 없는 일이었다. 맞은 편 언덕에 그날의 숙박지, 시누아가 평온하게 보이는데 더 이상 갈 수 없다니, 그럼 여행사 측에서는 그 사실을 언제 알았냐는 것이다.

출발지인 인천공항에서 인솔가이드는 예정된 이와 바뀌었던 듯 싶었다. 입사한 지 얼마 안 되는, 한 번의 인솔경험도 없는 직원이었다. 그런 경우는 있어서는 안 될 일이었다. 최소한 한 번쯤 견습의 과정을 거치는 것이 당연하다. 그런 상황이 되고 나서는 그것조차 여행사에서 현지 상황을 알고 나름 세운 자구책이었을 거라고 오해 아닌 오해를 하게 되었다. 한 번의 경험도 없는 직원인데 어찌하랴, 하는 꼼수였을 것이다. 정상적이라면 사전에 폭설로 통행이 금지된, 그렇게 조치된 것을 알았다면 여행자들에게 알리고 선택권을 부여하는 게 도리였다. 현지 사정을 도외시할 수 없기 때문이었다.

예정된 목표지점까지 갈 수 없으니 일정을 취소하는 방안, 코스를 변경하여 정해진 일정을 진행하는 방안이나 아예 다른 일정을 제시해야 옳았다. 여행사 입장에서는 예약된 항공권 등의 취소나 변경에서 발생하는 손해, 또 다른 일정으로 야기되는 문제점과 번거로움 등, 당연히 여러 가지 이유가 있을 테지만 고객의 입장을 무시했으니 이는 약속 위반이고 사기나 다름없다.

그런 상황을 대하는 여행자들의 대응은 갈렸다. 나처럼 격렬하게 항의하는 자와 침묵하는 자, 오히려 시끄럽게 한다며 '좋은 게 좋은 것 아니냐' 하며 오히려 여행사를 두둔하는 자 등으로 나뉘었다. 심지어는 곤경에 빠진 척, 가이드를 자식 같다며 안쓰러워하는 이도 있었다. 회사의 사과는 당연한 것이었고 이에 대한 보상책도 마찬가지였다. 그러나 여행사 측은 여행자의 반응에 대응수위를 조절하며 임기응변식으로 비켜나려고만 했다. 통탄할 일이었다. 인천공항에 도착해서도 마찬가지였다. 도착하면 여행사대표가 나와 사과하고 보상액을 증서로 전달할 것이라고 했는데 '갑작스런 출장으로 못 나온다' 했고 증시도 마찬가지였다. 팀장급의 직원이 나왔고 여행객들의 항의를 듣고서야 다시 약속하는 추태를 보였다.

다시 하멜의 이야기를 하려고 한다. 그는 표류기, 단지 보상금을 받기 위한 보고서에서 13년여 은둔의 땅 조선에서 겪었던 이야기를 풀어놓았는데 그 중에 한 대목은 사기인 것이 놀랍다.

그랬던 그가 다시 이 땅에 온다면 엄청난 발전에 놀랄 것 같고 역시 하나도 변하지 않은 세태에 놀랄 것만 같다. 오랜 세월이 흘렀지만 변하지 않은 것. 그는 이렇게 기록했다.

"조선인은 거짓말하고 속이는 경향이 강하다. 그들을 지나치게 믿어선 안 된다. 그들은 남에게 해를 끼치고도 그걸 부끄럽게 생각하지 않고 오히려 잘한 일로 여긴다. 또한 조선인은 매우 곧이 잘 듣는 사람들이다. 우리는 원하기만 하면 그들에게 어떤 것이든 믿게 할 수 있었다."라는.

오랫동안 꿈꾸었던 새삼스럽게 많은 비용과 시간을 투자하여 떠나 온 여행길에서, 이제 한국은 네팔은 물론 세계 어느 곳을 가든 한국어를 쓰는 여행객들이 차고 넘치는, 선진화된 나라 중의 하나인데 말이다. 하멜 그가 겪은 상황과 낯선 땅, 오랫동안 꿈꾸었던 안나푸르나를 가까이 올려다보기 위해 가는 길에서의 상황이 너무 흡사해서 그가 보았던 악습이 쇠퇴하거나 완화되지 않은 것이 어이없다.

정의란 무엇인가

한때 많은 사람들의 입에 오르내리던 책이 있었다. 그만큼 판매부수도 엄청났다. 저자는 미 하버드대 교수다. 미국의 인구가 2억 3천만 명이라면 미국에서 팔린 책은 10만 권 남짓이었는데 한국에서는 200만 부 가까이 팔렸다. 서점에서 책을 구입한 많은 사람들이 조금 딱딱하고 건조할 수도 있는 내용의 책을 다 읽었을까 하는 속닥거림도 있었지만 그보다는 도대체 왜 많은 사람들이 그 책을 사 들었을까 하는 의문이 컸다. 정의를 새로운 시각으로 보게 하였다는 이유도 있다. 절박한 상황에서 정의를 선택해야 하는 혼란스러운 상황을 부여하고 독자로 하여금 생각하고 판단케 하여 능동적인 사고가 가능하게 했다. 역시 늘 논쟁의 빌미가 되는 낙태, 동성혼, 대리모 등, 현재진행형인 다양한 문제점들을 새로운 시각으로 보게 하였다는 점도 있다. 그 중에서도 엄중한 인간의 생명을 다루는 문제는 무엇이 정의인지 고심하게 한다.

'당신은 운행 중인 열차의 기관사이고 어떤 착오가 있었는지 바로 앞에 선로에서 5명의 인부가 작업을 하고 있다. 당장 열차를 멈춰야 하지만 브레이크가 망가졌는지 그럴 수 없는 상황이고 그때 당신의 눈에 비상용 철로가 보인다. 그쪽에는 1명의 인부가 선로의 수리 작업을 하고 있다. 가던 대로 가면 5명을 죽

이겠지만, 방향을 틀면 1명만 죽게 할 수 있다. 당신의 선택은?'
하는 식이다. 다음 이야기는 실제 상황에서의 문제다.

2005년 6월, 미 해군 특수부대는 탈레반 지도자를 찾기 위해
아프가니스탄에서 은밀히 정찰 활동에 나섰다. 이들은 무장하
지 않은 염소를 치는 목동 두 명과 열네 살가량의 남자아이와 조
우했다. 목동들은 민간인으로 보였기에 놓아주어야 했지만, 다
른 한편으론 특수부대의 소재를 탈레반에 알려 줄 위험이 있었
다. 한 부대원은 "우리는 임무를 수행 중이다. 저들을 놓아주는
것은 잘못이다"라며 이들을 죽여야 한다고 주장했다.

실제로 우리 땅에서도 그런 일이 있었다. 지난 68년 1.21사태
시 임진강을 건너 청와대를 목표로 침투하던 김신조를 포함한
124군 부대도 마찬가지였다. 문산 근처의 야산에서 나무하러
온 형제와 조우하게 되고 공비들은 무고한 청년들을 죽일 것이
냐 말 것이냐로 갑론을박을 벌였고 겨울철 언 땅에서 사체처리
문제 등으로 살려두었던 경우처럼 말이다.

부대의 지휘관인 루트렐은 망설였다. 그는 의견이 팽팽히 맞
선 가운데 그들을 풀어주자는 쪽의 손을 들어 줬다. 곧 후회할
결정이었다. 목동들을 풀어 준 후 특수부대는 탈레반 병사들에
게 포위되었다. 격렬한 총격전이 벌어졌고, 부대원 세 명이 목
숨을 잃었다. 이들을 구출하러 온 미군 헬기 한 대까지 격추당
하는 바람에 군인 열여섯 명이 목숨을 잃었다. 루트렐은 중상을

입고 간신히 목숨을 건졌지만 자신의 행동을 후회했다.

저자는 특수부대원이 처한 딜레마는 앞으로 어떤 일이 벌어질지 확신할 수 없는 것이라고 말한다. 그는 죄 없는 사람을 죽여서는 안 된다는 생각에서 목동들을 놓아 주었다. 하지만 풀어준 목동들이 탈레반에 협조했고 결과적으로 부대원을 죽음으로 몰았기에 그의 결정은 잘못된 결정으로 보인다. 그렇다면 목동이 탈레반의 강요에 못 이겨 미군의 위치를 알려주었다면? 다시 부대원의 희생을 막기 위해 죄 없는 사람들을 죽였어야 하는가라는 도덕적인 문제가 제기된다. 또한 이러한 시각은 우리가 어떤 공동체에 살고 있는지에 따라 달라질 수도 있다. 이 책은 옳고 그름, 평등과 불평등, 개인의 권리와 공동선을 둘러싼 주장들이 경쟁하는 딜레마적 사례를 제시한다. 저자는 딜레마에 대해 고민하다 보면 옳은 행동과 바람직한 삶을 위해 어떤 식으로 도덕적 주장을 전개해야 하는지 깨닫게 된다고 말한다. 저자는 "민주 사회에서 살다 보면 정의와 부당함에 관한 이견들을 많이 접하게 된다."고 말한다.

딜레마에 빠졌을 때 우리가 처한 상황을 깨닫고 우리가 의존할 도덕적 원리를 찾는 것은 매우 중요하다. 또한 다양한 사람들의 입장과 관점의 차이를 깨달을 필요가 있다.

무엇이 옳은가 하는 정의의 문제는 참으로 난감하고, 여유가 있든 없든 쉽게 판단이 안 서는 문제이다. 이 책이 많이 팔렸다는 것은 우리 사회는 정의를 갈망하거나 여전히 혼란스럽다는 반증이다.

'정의란 무엇인가?'에서 약간 벗어난 이야기이지만 사진작가 케빈 카터를 생각해본다. 캐빈 카터는 1993년에 수단의 극심한 기아 참상을 보도하기 위하여 출입이 통제된 아요드 지역에 들어간다. 이 지역은 전염병이 옮겨지는 것을 차단하기 위하여 외부인의 출입이 통제된 구역이었다. 카터는 식량보급소를 향해 가던 도중 한 어린이를 만난다. 아이는 뼈만 남은 앙상한 모습으로 한눈에 보아도 극심한 굶주림에 시달리고 있다는 것을 알 수 있었다.

아이는 안타깝게도 식량보급소에 도착하기도 어려워 보이는 상태였다. 사진으로만 보면 아이 뒤에는 독수리가 아이가 숨을 거두기를 기다리며 굶주린 아이를 노려보고 있었다. 카터는 숨을 죽인 채 셔터를 눌렀고, 사진을 찍은 후 독수리를 멀리 쫓아냈다고 했다. 아이가 힘겹게 다시 식량보급소로 걸음을 떼는 것을 확인한 후에야 카터는 그 자리에서 벗어났다. 그는 그 사진으로 퓰리처상을 받았지만 이후 숱한 비난에 직면해야 했다.

사진을 찍는 것이 우선이 아니라 아이를 먼저 구했어야 한다는 이유 때문이다. 사진을 찍을 때 아이는 독수리에게 공격받는 상황이 아니었고, 그러한 구도를 일부러 연출한 것도 아니었다. 촬영 직후에 독수리를 쫓아냈으니 모든 과정에서 그다지 비윤리적인 요소가 없었다. 그는 스스로 서른네 살의 생을 마감했다. 그가 반드시 이 일에 대한 죄책감으로 죽었다는 확증은 없지만 그에게는 마음의 짐이 되었을 것이다.

네팔 여인들

촘롱에서 더 이상 나아가지 못하고 내려오던 길에 미련처럼 뒤를 돌아보았다. 가파른 길이었다. 타울렁에서 지누단다로 가는 길, 먼저 내려왔으니 잠시 마을을 어슬렁거리는데 우물가에서 한 여인이 상반신을 드러내고 목욕을 하고 있었다. 트래킹 첫날에도 그런 모습을 보았는데 여성이 야외에서 가슴을 거의 드러낸 채로 목욕을 하는 것이 의아스러웠고 호기심이 생기는 것도 어쩔 수 없었다.

　네팔에는 대중목욕탕이 없다. 폐지되었다고 하나 신분제는 이곳 사람들에게 깊숙이 잠재되어 있다. 문화적인 이유도 있을 것이다. 실내에서 혼자 목욕을 하더라도 옷을 다 벗고 목욕하는 경우도 남녀가 같이 목욕을 하는 경우도 없다. 보통 남자는 바지를 그대로 입고 여자는 입던 옷 그대로 상반신을 노출시키고 목욕을 한다. 자연스럽게 수유하는 모습을 보이듯 네팔 여인들은 상

체를 드러내는 것을 크게 부끄럽게 생각하지는 않는다고 했다.

정확한 통계를 인용하지는 못하지만 세계적으로 유일하게 여성들의 수명이 남성들보다 짧은 곳이 네팔이다. 세계에서 유일하게 여성가족부가 존재하는 곳이 우리이지만 더 절실하게 필요한 곳은 이곳일지도 모른다.

마을을 한 바퀴 돌다가 한 중년여인을 만났다. 중학생으로 보이는 조카도 곁에 있었는데, 이야기를 나누다가 그 여인의 나이를 물었다. 여인의 조카가 다시 현지어로 그 여인에게 나이를 물었다. 나보다 나이는 더 들어 보였는데 나와 같은 나이였다. 더 많은 관심을 표명하듯 생일까지 물었는데, 그 여인은 자신의 생일을 모른다고 했다. 네팔 여성들의 평균 혼인연령은 17세에서 20세 안팎. 그렇게 일찍 혼인한 여성들은 가사노동과 다수의 출산 등으로 건강에 문제가 생긴다. 아들을 낳지 못하면 결격사유처럼 옥죄는 정서가 남아있어서 아들을 낳지 못하는 아내의 남편은 다시 결혼을 하기도 한단다. 이슬람국가처럼 일부다처가 허용되는 건 아니지만 벌금으로 해결되므로 사내들의 야만적 의식이 작동될 듯 싶다.

그곳의 많은 사내들이 주변국 등으로 노동력을 팔러 가기도 하지만 대개 적극적으로 삶을 개척하지 않고 나태한 생활을 하는 경우가 낳다. 자신의 무능함에 열등감을 느끼고 자기보다 약한 여성에게 음주 후에 폭력을 행사하는 경우도 많다.

세습되듯 흘러내리는 신분과 관습의 억압, 경제적으로 윤택하지 못하다는 것은 여성의 교육기회를 제한하고 과거의 관행을 답습하게 한다. 네팔의 여인들도 마찬가지였다.

🏔 갑과 을

농경시대, 왕조시대의 신분제가 흐트러지면서, 노비의 진화된 모습으로 머슴이라는 직업이 생겨났다. 산업화 이전으로 업종이 단순했으니 직업의 구분도 단순했고 3D업종이라는 말도 없던 시절이었다. 머슴은 노예와 다름없던 '하인'이라는, 직업이 아닌 신분에서 직업으로 진화하는 과정에 있던 것이었다. '새경'이라는 연봉으로, '일 년에 쌀 열 가마' 하는 식으로 품삯이 주어졌으니 말이다. 일자리가 부족했기 때문에 노동시간이 지켜지거나 임금이 제대로 계산되지 못했던 시절이었다.

산업화시대가 도래하면서 머슴은 진즉 직업군에서 사라졌지만 '을(乙)'이라는 약자가 등장하기 전 머슴은 '을'의 대명사였다. '을'의 대명사란 말은 주인에 대한 저항이 담긴 표현이 아니라 단순한 희화화이고 체념의 의미가 담겨있는 말이다. 온갖 이해관계가 대립하는 현장에서 근래에 생겨난 말이다. 갑(甲)과 을(乙)이라는 말, 강자와 약자를 분명하게 가르는 말은 사람 사는 동네면 쓰이지 않은 곳이 없을 정도가 되어버렸다. 그만큼 이해당사자 간에 충돌과 갈등이 많다는 증거다.

본디 갑(甲)과 을(乙)은 계약서상 계약당사자를 지칭하는 말이었는데, 이제는 상대적인 약자를 총칭하는 말로 굳어졌고 여기저기 을(乙)의 범주에 든다는 사람들이 목소리를 높임으로 사회적인 갈등은 심화되고 있다. 갑(甲)은 불의이고 을(乙)은 정의인 것처럼 차별과 착취, 무시와 배척 등과 같은 부정적인 사회문제를 관통하는 담론의 중심을 이루고 있다.

그럼 우리사회에서 을(乙)의 범주에 들어가는 이들은 누구인가? 대표적으로 비정규직 노동자, 각종 혐오의 대상이 되고 있는 동성애자, 여성, 장애인과 외국인 근로자 등 사회적인 약자와 경우는 무수히 많다. 그동안 드러내지 못했던 여러 분야에서 성폭력을 폭로하는 미투(me too)의 피해자, 위정자의 실정에 시달리는 국민까지도.

흔히 '갑질'이라는, 자극에 노출된 각종 혐오와 폭력, 무시의 대상을 '을'이라고도 할 수 있지만 명쾌하게 정의하기는 힘들다. 좀 더 가까이 다가가보면 '을'의 대상은 상당히 광범위하다. 그리고 고정된 것이 아닌 상황에 따라 바뀌는 것은 예사다. 한 개인이 말단직원으로 회사에 가면 '을'이지만 식당에 손님으로 가면 '갑'이 되기도 한다.

인권의 부각과 내부고발 등이 자주 일어나지만 좀처럼 을의 문제는 개선될 조짐을 보이지 않는다. 모범을 보여야 할 주체들은 여전히 자유와 평등을 주장하면서 누군가의 희생을 강요한다. 불평등과 억압을 바탕으로 그런 치장을 하는지도 모른다. 투쟁을 통해 얻은 혁명도 소수의 주도층들이 그 과실을 독식했던 경우처럼 말이다.

그럼 이런 을의 억울함을 깨고 정의를 구현하는 방법은 있는 것인가 생각해본다. 이런 모든 문제들은 정치적으로 해결할 수밖에 없다.

민주주의 체제에서 을의 상황을 최소화하는 것은 민의를 제대로 알고 민의를 구현하기 위한 정책과 제도를 세울 수 있는 대표자를 공정하게 선출하는 방법밖에 없다. 그리고 그들을 잘 감시·통제할 제도적 장치를 만들어야 한다.

지난 80년대 '완장'이라는 소설이 드라마로 만들어지면서 완장이라는 말이 회자된 적이 있었다. 부동산투기로 졸부의 반열에 든 최사장은 저수지 사용권을 얻어 양어장을 만들고 그 관리를 동네 건달 종술에게 맡긴다. 종술은 적은 급료에 시큰둥해하다가 완장을 차게 해준다는 말에 귀가 솔깃해져 관리인으로 취직한 다음 낚시꾼들에게 온갖 갑질을 시작한다. 인생 막장의 건달로 살아온 종술에게 팔에 두른 완장은 바로 권력 그 자체였던 것이다.

완장(1989)

영감님 눈에는 여기
이 완장이 안 보이세요

　그 위태로운 권력은 저수지에서 낚시질을 하는 도시의 남녀들
에게 기합을 주는 모습으로도 나타나고 고기를 잡던 초등학교
동창 부자를 폭행하는 모습으로도 나타나면서 보다 나쁜 갑질의
세계로 나아간다. 읍내에 나갈 때도 완장을 두르고 활보하면서
자아도취의 민망한 수준에 이르지만 그 막강한(?) 권력에도 반
항세력은 생겨서 종술이 마음에 두고 있는 주점의 작부 부월이
에게는 완장의 위력이 전혀 먹혀들지 않는다.

　완장은 자꾸만 그 기세를 올려 자신을 고용한 사장 일행의 낚
시질까지 금지하는 모습으로도 증폭되면서 결국 종술은 관리인
자리에서 쫓겨나게 된다. 하지만 그는 해고에도 아랑곳히지 않
고 저수지 지키는 일에 몰두하다가 가뭄 해소책으로 저수지의 물
을 빼게 되는 위기에 직면한다. 종술은 '물을 빼야 한다'는 수리조

합 직원과 경찰에게도 행패를 부려보지만 결국 열세에 몰려 '완장의 허황됨'을 일깨워주는 부월이의 충고를 받아들이게 된다.

종술이 완장을 저수지에 버리고 부월이와 함께 떠난 다음날 소용돌이치며 물이 빠지는 저수지 수면 위에 종술이 두르고 다니던 완장이 떠다닌다는 이야기다.

반상으로 구분되던 왕조시대의 신분제하에서 갑을 을은 정해진 틀이었지만 파벌 간에 권력다툼으로 이어졌고, 일제강점기에도 해방 후에도 전쟁 후에도 산업화시대에도 여전했다. 그러곤 동네 건달이었던 종술이 완장을 찬 것처럼 수시로 역전되었다.

종술에게 완장은 평소 자신을 업신여기고 무능하다고 멸시하던 사람들로부터 자신을 과시하고 자신이 얼마나 대단한 존재임을 드러내는 수단으로의 상징성을 갖는다. 결국 완장의 권력이라는 것이 사람을 권력의 노예로 자빠트리고 해서 대개 과시하게 해주고 부를 추구하게 해주지만 그 대가로 파멸에 이르게도 된다는 것이다.

완장은 여전히 우리의 민낯을 보여준다. 우리도 완장과 비슷한 것을 가지려고 애쓰며 살아가고 있으니 말이다.

양반의 비루함

개인 대 개인, 시민으로서 국가정책에 대한 호불호 등, 정의의 개념은 명확한 듯하지만 늘 혼란스럽다. '소득주도성장'의 갈등처럼 말이다.

여행사가 드러낸 민낯을 보고 새삼 하멜이 기록으로 남긴 우리들의 여전한 자화상을 다시 돌아보았다. 양반과 상놈으로 삶이 규정되고 잦은 외침으로 이 땅, 민초들은 고단하고 피폐한 삶을 이어왔다. 일제강점기에 이어 남북한의 분단, 그리고 동족 간의 전쟁 중에 생존과 직결되는 선택을 강요받았고 구차한 목숨을 연명해야 했다. 이 과정에서 거짓말과 속임수의 임기응변으로 구차하게 목구멍에 풀칠을 하며 목숨을 이어가야 했으니 동병상련처럼 그에 대해 관대함도 가졌을 것이다.

우리는 '선비정신'이라는 말을 옛사람들을 치하하거나 누추한 우리의 현실을 위로하는 수단으로 인용하기도 하지만 그것은 보편성을 가진 말이 될 수 없다. 선비정신이 오랜 시간 흘러내려온 신분제의 한계를 뛰어넘을 수는 없었겠지만 그렇다고 정의의 틀을 구축하지는 못했다.

조선시대 양반이 세습으로 누렸던 특권은 여러 가지였다. 과거에 응시할 수 있었고 이런저런 역량을 바탕으로 얼마든지 높은 관직에 오를 수도 있었다. 병역도 면제대상이었다. 조선초기에는 징병제처럼 남성은 누구나 병역에 종사할 의무가 있었지만 제도적으로만 그랬지, 뇌물과 권력의 개입으로 유명무실해졌다. 담당 관리들이 부패하도록 만든 것은 양반이었고 결국 용병제화하였다.

양반의 지위를 유지하기 위한 조건의 유지는 까다로웠다. 상민의 신분을 가진 처자가 양반집 가문에 정식 혼인을 하여 며느리로 들어앉힐 때는 그 며느리에 대해서만 양반의 범주에 끼워 주었다. 그러나 그 아들은 '서얼'이라 하여 양반의 범주에 들 수 없었다.

양반은 국민으로서 가장 기본적인 세금도 지조(地租: 토지의 수익으로 걷는 세금)를 제외한 모든 세금을 면제받을 수 있었다. 그리고 공동체의 일, 부역을 면제받았고 죄를 지어도 형벌에 특혜를 받을 수 있었다. 심지어는 사옥(私獄)을 만든 세도가도 있었다.

위에 언급한 내용은 일부이고 그 외에도 말할 수 없는 권한을 가졌다. 국가의 기본 규칙과 상식이 지켜질 수 없었다. 울창한 산림이 있으면 좋은 묏자리라 하여 우선 가묘를 써놓고 상민들이 가꾸어 온 나무들을 팔아먹는 횡포도 부렸던 것이다. 그렇듯 양반이라는 재산과 권력을 가졌던 자들은 그것을 도구화하여 자신에게 불의하거나 불리한 것들을 뛰어넘었다. 사회지도층으로 모범을 보이거나 희생의 도덕적 틀을 가지지 못했다는 것이다. 현실성이 없는 낡은 주의와 이념으로 무장하여 대립하고 편을 갈랐을 뿐이다.

그러면 그러한 신분제의 후유증은 무엇이었고 오늘날 우리에게 숙제처럼 남겨진 것은 무엇인가? 1986년도 독립신문의 사설 내용의 일부는 이렇다.

"조선 사람들이 밤낮 하는 소리가 살 수 업다고 하되 살 수 업는 까닭은 일을 안 한 까닭이다. 속에 양반의 맘이 있은즉 지게를 지고 짐을 진다든지, 담배 목판을 메고 가로에서 판다든지…."

인용한 사설에 날짜나 이 기사를 작성한 이의 이름은 나와있지 않지만 당시 조선의 사람들은 일을 하지 않는다고 단정지었을 만큼 일하기를 싫어했다는 것을 인지할 수 있다. 양반들은 일을 한다는 것을 거북스럽게 생각하고 마치 저주라도 받은 것처럼 생각했다는 것이다. 그래서 일하는 것을 보면 당연한 것이 아니라 '욕본다', '애쓴다' 따위의 욕된 말을 인용하게 되었다는 것이다. 홍길동처럼 아무리 공부를 해도 가문과 출신에 따라 차별을 받을 수밖에 없었던 것이 현실이었으니 양반 밑의 신분은 도전의식이나 아예 학문에 관심을 가질 수 없는 것이 당연했다.

또 신분에 따라 집의 크기, 가산의 한계, 심지어는 가구며 식기, 의류, 신발까지도 차별을 가져야 했다. 그러니 상민이나 천민이나 그런 이유에서 도전적으로 개척정신을 가질 수노 없었고 동기 유발 요소노 없었다. 양반 계급에서는 누군가 관직에 오르면 그에 묻어가려는 의식에 있었기에 그들 역시 일할 필요가 없었다는 것이다.

　지면에 게재된 역사이야기는 내 눈을 의심케 했다. 그 기사의
내용은 이랬다.

　서기 1771년 6월 2일, 양력 7월 13일 여름 아침이었다. 태양
볕 아래 경희궁 중간문인 건명문 앞에는 남정네들이 우글거렸
다. 사내들은 모조리 발가벗고 두 손을 뒤로 묶인 채 나란히 엎
드려 있었다. 아침부터 이글거리는 태양 아래 거의 죽게 된 자
들이 100명 가까이 되었다. 자빠져 있는 사내들은 '책쾌(冊儈)'와
'상역(象譯)'이다. 책쾌는 서적 외판 상인이고 상역은 통역관이
다. 건명문 앞에는 조선 21대 임금 영조가 앉아 있었다. 영조는
정복 차림인 익선관을 쓰고 곤룡포를 입고 있었다. 닷새 전 영
조는 책쾌 다섯을 귀양 보내고 둘은 목을 잘라 용산 청파교(靑坡
橋)에 매달아버린 터였다.

　책쾌는 요즘으로 치면 외판원이었다. 공식적으로 책을 사고
파는 상업적인 민간서점이 존재하지 않았던 시절이라 하더라
도 그런 일이 있었다는 것은 상상할 수 없을 일이었다. 성리학
적 윤리를 담은 책들은 국가에서 출판하고 유통했다. 세상에서
가장 쉽고 효율적인 문자를 가졌으면서도 양반이 아닌 백성들은
단순히 충효의 단순한 계도적인 문자, 농서(農書)와 의서(醫書),

언해나 읽을 수 있었다.

그 같은 현상과 인식은 극심했던 신분제도와 계급의식에서 온 것임은 말할 나위가 없다. 그러니 반상으로 신분을 구분하였던 통치의 정체성은 배타성을 농축시키는 기제가 되었고 편을 가르는 것을 내재화했다. 편을 가르는 것은 '백성'으로 비루하게 존재하던 시대에는 파벌을 구축하는 데 유리했고 '국민'의 권리를 가진 시대에는 '우리가 남이가'로 대변되듯 표를 결집하는 데도 유효한 것이었다. 오늘날의 모든 문제도 거기에서 기인한다.

섣부른 듯하나 나의 판단은 틀리지 않는다. 최근 우리 사회 최고의 지성이라는 교수라는 직업을 가진 이들의 민낯을 보여주는 부끄러운 사실이 공표되었다. 그들은 경제적으로도 신분상으로도 그만큼의 대접을 받는 사람들이었다. 그러나 그들은 시정잡배들과 다름없었다. 장관 후보에 올라 청문회까지 나왔던 한 대학 교수는 학회에 참석한다는 출장으로 유학 중인 아들을 만나러 갔다는 오해를 불러 왔던 적이 멀지 않은데, 서울대 등 53개 대학 100명 넘는 교수들이 자신의 논문 160편에 미성년 자녀를 공동 저자로 올렸다는 조사결과가 발표됐다. 친·인척, 지인의 미성년 자녀까지 포함하면 73개 대학 549편이다. 이 같은 추태는 자녀들의 대입 전형에 이 논문 실적이 유리하게 반영하기 위한 꼼수였을 것이다. 해외 '가짜 학회' 여행도 마찬가지, 해외 유명 관광지에서 열린다는 가짜 학회는 돈만 내면 논문을 실어주고 '발표' 기회까지 준다는 것이다. 학회 참가비로 장사를 하는 업체들이다. '학회'가 반나절 만에 끝나는 경우도 있다고 한다. 이런 가짜 학회에 최근 5년간 교수 473명이 세금 수십억 원을 받아 650회 넘게 참석했다. 그러고선 마치 권위 있는 해외 학술지에 논문을 발표한 것처럼 포장했다. 지식인이 아니라 파렴치한이다. 이뿐만이 아니다. 연구비 사적 유용이나 논문 표절은 끊이지 않는다. 표절이 적발돼도 감추고 넘어가는 대학도 많다고 한다. 연구 결과 조작은 공공연한 비밀이다.

장관이 되었지만 끝내 낙마하고 만 경우로도 나라 전체가 반으로 갈려 혼란스럽다. 그것은 단순한 진영논리가 아니라 지극히 일반적인 정의의 문제이다. 정치인도 아닌 대학 교수의 신분이었거나 고위공직자로 정의를 설파한 지식인이었건만 촛불의 공의(公義)보다 사욕을 앞세웠다. 젊은 시절부터 사회정의를 부르짖었다던 그는 공정의 가면을 쓴 채 보통 사람의 상상을 초월하는 수법으로 자신과 가족의 사복(私腹)을 채웠다. 실정법 위반 여부를 넘어 민주 사회를 지탱하는 시민적 원칙과 상식을 거역했다.

일제청산도 이해관계에 엇갈린 근원적인 문제에서 벗어나 그러한 역사가 반복되지 않도록 제도적 개선과 인식의 전환을 위한 계도와 지도력이 필요한 것이었다. 적폐청산이라는 것은 끝없는 적폐를 만들어갈 뿐이다.

사기에 연루되는 이유는 허황된 욕심을 가졌기 때문이다. 고도성장에 따른 욕망의 증가로 무엇이 옳은지 사리분별을 흐리게 했을 것이다. 그리고 처벌이 가볍거나 교묘하게 법망을 빠져나갈 수 있기 때문이다.

고위인사들의 인사청문회 과정에서 갖은 탈법을 저지르고도 후보자로 나서고 그대로 임명되는 경우도 그런 범죄행위를 증가시키는 요인으로 작용하였을 것이다.

🏔 사랑하는 아들에게

'정의사회구현', 지난 80년대 파출소 현관마다 붙어있던 구호였다. '사회나 공동체를 위한 옳고 바른 도리'라는 것이 정의의 사전적 의미이다. 공공의 준법질서를 정의롭게 집행하는 것은 경찰로서 당연한 것이고 보다 정의로운 사회를 만들겠다는 의지가 담긴 구호였을 것이다. 그러나 결과론적으로 정권의 경과를 보면 이 구호는 결코 달성될 수 없는 이상적인 목표였다. 이미 출발부터가 정의는 고사하고 야만과 폭력으로 얼룩졌고 추악하기까지 했으니 말이다. 새로운 정부가 늘어설 때마다 청렴한 사회를 부르짖으며 부정부패 척결을 내세웠지만 구두선(口頭禪)이 되곤 했다. 측근 비리는 학습효과도 없이 정권이 바뀌는 5년마다 반복되는 것도 마찬가지였다.

적폐청산은 또 어떠하였는가? 많고 적음의 차이는 있을지언정 살아있는 자들의 모든 삶에는 허물처럼 과(過)도 있다. 새로운 정권이 들어서면 전 정권의 과를 들추고 단죄하려는 것도 마찬가지였다. 5공화국이 시작되면서 부정축재자라는 죄목으로 강제로 재산을 빼앗듯이 하고 모멸감을 주었다. 그렇게 심판자처럼 나섰던 대통령까지 부정한 방법으로 돈을 모았고 그들도 똑같이 축재를 했고 자신들도 모멸감을 받아야 했고 국민들에게는 환멸감을 주었다.

영화 '티벳에서의 7년'에서 주인공이 되뇌던 말.

"티벳인들은 그들의 적이 위대한 스승이라고 말한다. 그들에게서 인내와 연민을 배우기 때문이다."라는. 참으로 위대한 통찰력이다. 오늘날의 모든 상황에 대입할 수 있다.

백두산에 올랐던 적이 있었다. 헌법에 규정된 한반도의 북쪽 끝으로 우리 영토였지만 타국의 영토로 바다를 건너고 다시 뭍으로도 긴 시간을 달려야 하는 곳이 되었다. 비싼 입장료를 물으며 그곳에 오르며 비운의 젊은 장수가 지은 시를 떠올렸고 아들에게 편지를 썼다. 2년도 더 시간이 지났지만 암울하게도 상황은 그 당시보다 나아지지도 않았다.

사랑하는 아들에게

"저 광활한 벌판이 다 우리 땅이었지요?"

현지 여행안내자는 특이하게도 한족(汉族)이었단다. '특이했다'는 것은 당연히 조선족동포일 거라고 생각했기 때문이었을 테고. 그는 내 질문에 무뚝뚝하게 머리를 끄덕이더구나. 백두산을 오르며 오랫동안 가슴에 앙망하였던 천지(天池)를 올려다보기보다는 일망무제로 펼쳐진 벌판으로 뒤를 돌아다보았단다.

네가 기억할지 모르지만 나는 10여 년 전 도보로 국토종단을 시도했던 적이 있었지. 해남 땅끝마을에 도착. 자정시간에 맞춰 걷기 시작했고 목적지는 미완성으로 고향인 홍성까지. 땅끝마을에 도착하는 차비만 주머니에 넣어있으니 도보에다 길에서 우연히 마주치는 사람들과의 소통으로 숙식을 해결해야 하는 고단한 순례길이기도 했단다.

유대인 군인이 되려는 청년들에게 마사다 순례가 필수코스라는 것은 너도 알고 있겠지. 서기 72년 이스라엘이 로마제국에 맞선 최후의 항전지, 434미터 사막 요새에서 로마군과 싸우다 '노예로 사느니, 자유인으로 죽자'며 960명 전원이 자결한 곳, 그렇게 유대인들은 2천 년간 나라를 잃고 세상을 떠돌아야 했지. 다시 나라를 세운 지 많은 시간이 지났지만 유대인 청년들은 그 비극의 땅을 찾아 다시는 그런 아픔을 겪지 않기 위해 결의를 다지는 곳. 그들만큼은 아니지만 나도 분단된 강토에 대한 통일의 열망을 가슴에 품었었단다. 언제일지는 모르지만 통일된 강토로 지금 올라가고 있는 백두산 정상까지 오르고 싶다는 소망을 그 순례길에 새겨두고 싶었던 마음이었을 거다. 그 뜨거웠던 열망, 언젠가 우리 강토를 이으며 땅 끝 마을에서 백두산까지 오르겠다는, 그러나 시간이 흐르면서 내 마음속에서 점점 흐려져가더구나.

이제 내 강토가 아닌 바다를 건너야 했고 철 지난 옥수수 밭이 길게 이어지는 먼 길을 달려 이곳에 이르게 되었던 것이지. 그곳도 국경절과 추석으로 긴 연휴가 시작되고 긴 계단으로 이어지는 길은 말 그대로 인산인해를 이루고 있더구나. 우리는 국립공원 입장료가 없어진 지 오래인데 터무니없이 비싼 입장료를 물고 오르는 길에 오래전에 한 청년장수가 읊었던 시가 떠오르더구나.

'백두산 돌은 칼을 벼리는 데 다 없애고 두만강 물은 말이 마셔서 말

• 안나푸르나 7일 •

려버릴 거라는', 참으로 호쾌한 장수였지만 결국 그는 간신배의 모함으로 스물여덟이라는 짧은 생애를 마치게 되었지. 간신배의 모함도 모함이지만 분별력 있는 지도자의 철학과 안목이 얼마나 중요한 것인지는 시간의 간극을 넘어서는 것이리라. 지역과 구호로 편을 가르는 파벌의 폐해는 여전히 이 땅에 머무르고 있고.

사랑하는 아들아!

참으로 호쾌했던 청년장수의 시를 안타까운 마음으로 읊으면서 북으로는 백두산, 남으로는 한라산이 한반도에서 가장 높은 멧부리를 이루고 있는 의미를 생각했단다. 우연하게도 두 곳 다 오래전에 불을 뿜었던 흔적이 남아있는 것은 우리 민족에게 지상명령이나 계시라도 같은 것이었다는 것을.

내가 천지에 이르는 계단을 오르면서 자꾸만 뒤를 돌아다보았던 것과도 연관이 있는 것이겠지. 우리에게 백두산 너머 광활한 벌판이나 한라산 건너 창창한 바다는 넓은 세상으로 나아가는 통로가 아닌 끝없는 외침의 수모를 감당해야 하는, 중국에는 강토의 허리가 잘린 채 증오와 대척의 벽을 높여가고 이제는 공공연히 공멸의 저주를 주고받는 현실까지도 말이다.

남과 북으로 한라산과 백두산이 가장 높은 멧부리를 이루고 있고 뜨거운 불길을 뿜어냈던 것은 우리 민족에게 대양과 대륙으로 나아가라는 것이었다는. 동행했던 현지 여행 안내자에게 이곳이 우리 땅이었다는 것을 물었던 것은, '현재의 국경 안에서 이루어진 모든 역사는 자신들의 역사'라는, 동북공정에 대한 억울함과 통탄의 안타까운 심정 때문일 것이다.

오랫동안 앙모하였던 대상을 지척에 두고도 설레고 들뜨는 마음이 아니었는데 드디어 천지를 앞에 두고 비감은 거센 바람처럼 나를 흔들었단다.

애국가를 부를 때마다 가슴속에 일렁이던 천지의 물결, 오랫동안 앙모하였던 그 물결을 앞에다 두고 나는 사람들이 없는 한쪽에서 조용히 애국가를 불렀단다. 태극기를 흔들며 애국가를 불러보고 싶은 마음을 억누르며 한번도 가져지지 않았던 애국가 가사에 불만을 가지기도 했단다. 우리를 보우하는 것은 그 어떤 거룩한 대상도 아닌 우리들 자신이라는 것으로 말이다.

영하의 기온인 듯 진눈깨비가 흩뿌리는 차가운 바람이 나를 흔들고 호수의 물결도 흔드는 그곳에서 흐르던 눈물은 가슴속에서 차오른 뜨거운 눈물인지 진눈깨비가 스민 차가운 눈물이었던지.

사랑하는 아들아!

중국 땅이 된 서쪽도 북쪽의 봉우리도, 거기서는 '언덕'이라는 의미의 '서파' '북파'라고 표현한다는 것은 참고로 하고, 인산(人山)을 이루고 있는데 동쪽은 적막강산이었단다. 무슨 용도인지는 모르지만 인공시설물이 그 안으로 들어와 있는 것도 의아스러웠고. 많은 비용과 시간을 들여 이곳에 온 것은 차치하고라도 해가 뜨는 동쪽 너머 사는 우리 한민족의 방향성을 신령한 물결을 보며 깨우치게 하고 우리 민족의 뿌리나 영속을 되새기는 신령스런 장소인데 말이다. 부수적으로 세계인들에게 우리 터전의 위엄을 보여주며 일자리를 만들고 관광수입으로 국민들의 삶을 좀 더 풍요롭게 할 수 있을 것이라는 것도 마찬가지이고.

지금은 철수했지만 개성공단에서 자동차 부품공장을 운영했던 네 이모부가 했던 말, 북한의 근로자들이 점심으로 도시락은 준비하지만 국을 공장에서 제공했는데 한 달이 지나면 근로자들의 얼굴빛이 달라진다는, 참으로 안타까운 현실이다. 오로지 1인 독재체제를 유지하는 데만 혈안이 된, 비열한 독재자의 본심을 다시 한 번 확인하는 계기가 되기도 하였단다.

대화는 너무나 당연한 정치적인 수단이지만 권력유지에만 급급한 저들의 속내를 직시하고 냉정하게 대처해야 하겠지. 저들은 자신의 세가 불리하거나 오로지 기만하기 위한 수단으로만 대화에 응한다는 것은 엄연한 현실이고 사실인데 우리는 그것을 무시하는 것은 아닌지. 어떤 특별한 '주의'나 '이념'을 가진 것처럼 단순히 '내 편'안에 머무르려는 어리석은 행태는 버려야 하고 국민들도 올바른 시각을 가져야 하겠지.

천지를 둘러싸고 높고 낮은 봉우리들, 뜨거운 불덩어리가 식고는 한 번도 마르지 않았던 물결을 내려다보면서 산자분수령(山自分水嶺)이라는 말도 생각했단다. 그대로의 뜻은 '산은 스스로 물을 가르는 분수령이 된다.' 지만 '산은 물을 넘지 못하고 물은 산을 건너지 않는다.'라고 풀어내기도 한단다. 그보다는 내가 발을 딛고 서 있던 백두산을 뿌리로 하고 높고 낮은 산을 연결하여 큰 산줄기, 대간을 만들어간다는 의미로 받아들이고 싶었단다. 산과 물은 한 몸의 다른 형태일 뿐 별개의 존재가 아니라는, 산 없이 시작된 물줄기가 없으며 물을 품지 않은 산 또한 없으니 둘은 한 몸일 수밖에 없음이지. 우리의 삶도 그러하리라는. 큰 소리로 외치는 적폐청산의 기치는 흐지부지했던 일제청산의 적폐를 타파한다는 연장선상에 두었을 것이지만 자칫 기세를 유지하거나 내 편의 세력을 공고히 하는 수단은 아닌지, 그보다는 대의를 생각해야 하겠지. 분열을 최소화하고 의사결정과정에서 신중을 기할 수 있는 제도나 법규를 정비해야 한다는 의미로 받아들여주었으면 좋겠다.

  사랑하는 아들아!

  네가 세대 차이를 이야기하며 했던 말, 이제는 사라져버린 저장매체인 '디스켓'처럼 너무나 빠르게 변하는 세태 속에서 자유민주주의의 정체성, 한 번도 마른 적 없는 천지의 물결처럼 우리 민족의 영속은 세대를 막론하고 도모하며 공유해야 할 부분이라고 생각한단다.

  언젠가는 너와 함께 땅끝마을에서 손을 잡고 백두산에 오르겠다는

둘째 아들(해군 UDT)과 첫째 아들(육군으로 군악대)의 휴가

꿈을 품었단다. 현실이 각박하고 참으로 위태롭지만 우리 강토를 사랑하고 아끼는 마음도 가져주기를 바란다.

천지(天池)를 보며 천지(天地)를 분간하고 싶었던 마음으로 어느 곳에서 있든지 '대한국인'이라는 자긍심을 가지고 세상 사람들을 만나고 대해주기 바란다. 네가 UDT 부대에 입대했을 때 내가 처음 보냈던 편지를 기억하는지 모르겠다. 그것을 마지막으로 글을 마치고자 한다. 아들아 사랑한다.

'네 몸과 마음이 강건해지면 네가 누리거나 가질 수 있는 자유는 상대적으로 커지거나 부드러워질 것이라는 것을 생각하거라. 세상에서 높은 명예와 많은 재물을 가지겠다는 꿈은 누구나 가지는 꿈일 테지만 자신에게는 물론 무리 중에 있을 때에도 군림하지 말고 방향을 가리키는 나

침반 같은 존재가 되겠다는 꿈을. 그런 꿈을 이뤄가기 위해서는 끊임없이 몸과 마음을 단련해야 한다. 남의 말을 들어줄 줄 알고 큰 소리가 아니어도 의사를 전달할 수 있는 지혜와 용기가 있어야 한다. 당연히 힘들겠지만 절대 포기하지 말되, 최악의 순간에는 자신을 용서할 수 있는 용기도 가지기를 바란다.

사랑하는 아들아!

구보하면서 부르는 군가의 제목처럼 진짜 사나이가 되도록 해라.'

🏔 나는 과연

그렇다고 나는 과연 정의로운 삶을 살아가는가? 스스로 자문하기도 하지만 결코 정의롭다고 자신할 수 없다. 기본적인 내 삶의 프레임의 문제일 수도 있겠지만 막연히 정의롭다는 생각을 주문처럼 불어넣기만 할 뿐이지 온전히 정의롭다는 생각은 할 수 없다. 다니는 차가 없더라도 푸른 불이 들어올 때 건널목을 건너야 하고 가게에서 계산하면서 거스름돈을 더 받았을 때 돌려주는 것은 그리 중요한 정의라고 생각하지 않기도 한다. 남의 물건을 훔치거나 도둑질을 하지 않는 것이 정의라고 생각하는 반면 사회정의에는 무감하다. 환경운동 등에 직접 참여하거나 사회적인 이슈에는 직접 나서기를 주저한다.

밤하늘의 별은 그 모습이 언제나 변하지 않는 같은 모습이지만 바라보는 위치나 계절에 따라 모습이 바뀌기도 하듯이 정의의 관점도 마찬가지다. 대선을 앞두고 미국에서 현직 대통령이 동성애를 옹호한다는 발언을 해 논란이 되고 있다. 동성애 문제는 성경에서부터 오랜 논란의 과정 중에 있으며 각자의 관점에 따라 다른 것이다.

두 사람이 다투고 있었다. 지나가던 누군가가 중재자로 나섰다. 두 사람의 이야기를 모두 듣고 난 후 그 중재자는 "두 사람의 주장이 모두 옳다."라고 말했다. 이 중재자의 말을 정의라는 관점에서 살펴보기로 하자. 정의를 한자로 풀이하면 바른 것과 옳은 것의 합성어다. 바르기도 해야 하고 옳기도 해야 한 것이 정의라는 것이다. 중재자는 바른 것은 제쳐두고 두 사람이 각자 입장에서 "옳은 점이 있다."라고 인정한 것이다.

정의란 바르기도 하고 옳음도 있어야 한다는 의미에 딜레마가 있다. 예를 들면 대학생들이 반값등록금을 위한 시위를 한다고 가정한다면 학생들 입장에서 반값등록금은 옳은 것일 수도 있지만 대학을 다니지 않는 청소년 등 학교 측을 포함한 국가적인 입장에서 바른 것이 아닐 수도 있는 것이다.

내가 생각하는 것이 옳다는 생각에도 바르지 못한 부분이 있을 수도 있고 내가 바르다고 생각하는 것에도 옳지 않은 구석이 있을 수 있다는 것이다. 바르다는 것은 사회적인 인식의 기준이고 옳다는 것은 상황적인 인식의 기준이기 때문이다. 바르다는 것은 가변성이 거의 없고 옳다는 것은 가변성이 늘 존재한다.

물론 바르다는 것도 시대적인 상황과 가치의 변화에 따라서 기준은 달라지기도 할 것이다. 눈과 귀가 각각 두개인 것은 사물이나 현상을 잘 보고 들으라는 이유가 있을 것이다. 그러나 실제로 자신의 관념 속에 사로잡혀 그 이유는 늘 무시되기도 한다.

우리 사회가 정의롭다고 생각하는 사람들은 결코 정의로운 범주에 들지 못하면서 왜곡된 정의의 혜택을 보고 사는 사람들일 수도 있다. 우리 사회가 정의롭지 못하다고 생각하는 사람들은 정의로운 범주에 들면서 정의의 혜택을 보지 못하는 사람들일 수도 있듯이 말이다. 사회의 한 구성원으로 존재하고 더불어 살아가면서 이 사회가 정의롭지 않다고 생각하는 것은 있을 수 없고 견디기가 힘든 일이다. 그러나 결국 정의라는 것에서 무디어져가거나 스스로 정의를 도외시하고 멀리한다.

정의를 말하고 주장하는 사람이나 집단은 과연 정의로운 사람이나 집단의 범주에 속하는가? 앞서 말한 정의사회구현을 구호로 내걸었던 정권은 결코 진정한 정의를 추구하거나 스스로 정의롭지 못했으며 그 정의롭지 못함은 아직까지도 길게 이어지고 있다. 그러나 스스로 정의롭다는 생각이나 꾸밈의 의식이 없다면 스스로 존재할 수는 없다.

스스로 정의롭다는 것은 중요한 존재 이유가 되고 정치적인 수단이 된다. 여기에서 정치라는 것은 많은 영역과 활동을 포함한다. 그러면서 순수한 의미에서 정의를 추구한다는 것을 외형으로 하지만 대부분 순수하게 정의롭다면 집단이나 조직에서 도태되거나 개인적인 추락을 감수해야 한다고 자위한다. 스스로 이중적인 모순을 내포하게 되는 것이다.

농경시대에 정의는 인간적인 것, 즉 옳고 그름에 더 많이 치우치기도 했으나 점차 자본주의로 전환되면서 분배에 관한 정의가 시대를 지배했다. 그러나 부의 불균형은 점차 심화되어가고 있다. "강한 것이 정의다."라는 전체주의시대의 구호는 여전히 유효하다.

인간은 출생부터 결코 정의롭지 못하다. 천성과 각기 다른 여건에서 태어나기 때문이다. 그리고 사회 질서 또한 정의롭지 못하기 때문이다. 그리고 "내가 세상을 정의롭게 만들 것이다."라고 큰소리로 외치기도 한다. 그러나 그런 세상은 한 번도 존재하지 않았다. 부와 권력을 가진 사람들은 상대적으로 정의롭지 못한 경우가 많았을 것이다. 경제적인 부나 권력은 본질적으로 정의를 가까이하거나 좋아하지 않기 때문이다. 그보다는 정의가 존재하는 세상에서는 부나 권력이 필요하거나 존재가치가 감소될 수밖에 없는 사회이기 때문이다.

정의를 큰 소리로 말하는 사람들의 이야기를 들어보라. 과연 그들은 무엇을 바닥에 깔고 외치는가를. 다수를 위한다는 공리주의 때문인지, 개인적인 자유를 위한 주장인지, 평등을 외치는 것인지, 일반적인 사회연대를 외치는 것인지.

정의사회를 구현하겠다고 큰 소리를 내던 시절도 사람도 지나고 정의를 외치는 사람들 또한 잠잠해졌다. 스스로가 정의롭지 못하거나 그런 범주에 들 수 없기 때문인지도 모른다. 대신 공정사회를 외치기도 한다. 실질적인 부의 집중을 막겠다는 것인지도 모른다. 그러나 정의사회처럼 역시 공정사회도 이루기 어려울지도 모른다.

'옳고 바른 도리', 즉 정의와 궤를 같이하는 도덕은 결국 인간들에게 굴레처럼 작용하는 것은 아닌지, 스스로가 정의로운 삶을 살아간다고 타인에게도 주창한다는 것은 사회적인 도덕의 굴레를 씌워 내가 아닌 타인을 옥죄이려는 것은 아닌지 생각해본다.

나는 평생 종사해온 일이 이윤을 창출해야 하는 일이 아니어서 사기에 연루될 일이 별로 없었다. 다만 꾐에 빠져 사기로 인한 이득을 생각해본 적은 있었지만 그것도 허튼 욕심이라 생각하고 곧 접었다. 내가 온전히 정의로울 수 없으니 정의를 타인에게 강요하거나 적용하기도 어렵다.

어렵게 시간과 비용을 대고 먼 이국땅에서 정의롭지 못한 사기 행위에 직면하여 우리의 민낯을 돌아보았다.

시대와 상황에 따라 낯선 새로운 말이 생성되기도 하고 있던 말들도 변조 내지는 왜곡되기도 한다. '착하다'는 평가나 표현은 한때 행했던 치하의 미덕이었다. 그렇다고 그 의미나 본질이 달라지지는 않을 것이지만, 착하다는 것은 정의로움을 바탕으로 하거나 뛰어넘는, 그야말로 '법이 필요치 않은 자'라는 뜻을 지녔다. 그러나 언젠가부터 사회 일각에서는 '착하다'는 말이, 현대인들이 추구하는 많은 재력이나 빼어난 외모를 가지고 있지 않은, 그저 '심성 하나는 착하다'는 자조적인 것으로 받아들여지게 되었다. 그리하여 결국 장점으로 드러낼 수 있을 것이 '모나지 않은 성격뿐'이라는 뜻으로 전락했다는 것이다. 착함의 효용성이 결국 '시대상황에 맞지는 않다'는 듯 폄훼의 표현이 된 것이 현실이다.

좀 극단적인 표현이지만 이건 결국 과정의 정의, 순수를 훼손하는 말이다. 즉 사기를 쳐서라도 높은 지위에 오르거나 부자가 되는 것이 착한 것을 능가함을 은연중에 드러내는 것이다. 착함이 곧 무능함의 동의어로 되어가는 현상, 우리는 하멜이 남긴 우리의 민낯에서 벗어나지 못한 것인가? 아니면 못할 것인가?

인간이라면
마음속에 두어야 할 것 같은 세 가지 삶의 교훈,
'나는 반드시 죽는다.', '죽음의 시기는 아무도 알 수 없다.',
'죽음 이후에 내세로 가져갈 수 없는 건 참된 재산이 아니다.'라는
티벳인들이 스승으로부터 배우는 것이라고 했다.

다섯째 날.

죽음

🏔 왜 산에 오르는가

안나푸르나를 올려다보러 가면서 죽음에 대해 생각했다. 이미 알고 있는 것처럼 그러나 인간이라면 마음속에 두어야 할 것 같은 세 가지 삶의 교훈, '나는 반드시 죽는다.', '죽음의 시기는 아무도 알 수 없다.', '죽음 이후에 내세로 가져갈 수 없는 건 참된 재산이 아니다.'라는 티벳인들이 스승으로부터 배우는 것이라고 했다.

죽음의 시기는 알 수 없지만 그 순간을 어떻게 맞을 것인가를 생각해본 적이 있다. 깊은 산중에 홀로 들어가 죽음을 맞고 싶다고 생각해본 적도 있지만 코끼리들의 숨겨진 무덤 이야기처럼 현실성이 없다. 그러면 오롯이 혼자서 맞이할 것인가? 아니면 가족이든 누구든 여럿이 모인 가운데 눈을 감고 싶은가? 평상시에는 그런 생각을 한다 해도 과연 그 순간에 그런 판단과 실행성을 가질 수 있을 것인지는 의문과 막연한 두려움으로 남을 수밖에 없다.

주어진 삶이 얼마인지도 모르니 평생 타인의 삶을 훔쳐보거나 타인의 죽음도 구경하다가 정작 나는 아무것도 알지 못하고 죽는 것이 아닌가 하는 막연하거나 허튼 두려움도 있었다. 죽음은 경험하는 것으로써 삶이 종결되니 죽음은 경험담의 대상에 들 수도 없다. 히말라야 설산을 오르겠다는 목표로 산을 오르다가 살아서 내려오지 못한 사람들을 막연히 건너다보았을 것이다. 또한 생과 사가 자연의 한 조각이라거나 한곳에 있는 것처럼 스스럼없이 죽은 자들이 태워지는 인도의 갠지스 강가 바라나시나 카트만두의 힌두교사원 파슈파티나트 화장터의 연기를 생각하면서도 마찬가지였다.

숱한 사람들이 죽음에 대해 고민하고 고민했을 터다. 세상 모든 것들에 시작이 있으면 끝이 있다는 것, 생(生)이 있다면 사(死)가 존재한다는 엄연한 현실과 피할 수 없는 두려움 말이다. 진시황처럼 죽음의 공포에 전율하며 그가 가진 권력으로 불로장생을 도모하였던 이도 있었다.

우리는 평소 타인의 죽음에 관해 이야기하면서 나의 죽음에 관한 이야기는 피하려고 한다. 생의 시작은 선택할 수 없지만 그 끝은 선택할 수도 있다. 그러나 우리들 대부분은 막상 생의 결말쯤에 이르면 신체적인 질병으로도, 헤아릴 수 없는 두려움과 절망으로 나름 의미 있는 마무리의 기회를 잃는다. 산중에 홀로 살아가는 소위 '자연인'처럼 독립적인 삶을 살아갈 수 있던 이들도 더는 자연인으로 살아갈 수 없는 지경에 이르기 마련이다. 현대인들은 또 다른 삶의 방편처럼 '요양원'의 수를 늘려가고 있고 새로운 의술은 가지가시 질병을 공격적으로 치료하는 이기를 도모하기도 하지만 어떠한 수단이든 '삶의 질'은 간과되는 점이 없지 않다.

죽음을 두려워하지 않기란 가능한가? 죽음을 두려워하지 않을 때 비로소 죽음을 직면하고 그에 관해 이야기도 할 수 있는가? 이야기가 결말로 의미가 전해지듯 우리의 삶도 그러한 것인가? '제대로' 죽는다는 것은 무엇인가? 지상에 존재하는 모든 종교며 신의 존재는 그 고민의 산물인 것인가?

지리산이나 설악산을 오르면서 죽음을 생각하지는 않는다. 그러나 히말라야의 설산은 다르다. 죽음을 의식해야 하거나 죽음에 가까이 다가서야 한다. 희박한 공기며 갑작스런 눈사태, 악마의 아가리거나 죽음의 틈새처럼 갈라진 크레바스 등, 인간이 극복할 수 없을 악조건들을 마주해야 하기 때문이다. 또한 많은 사람들이 그 흔적조차 수습할 수 없게 차갑게 죽어갔기 때문이기도 하다.

생업이 아닌 취미생활로 등반을 즐기다가 눈사태 등으로 조난되었다는 뉴스를 보고 그들을 이해하기보다는 비난한 적이 많았을 것이다. 한때 유행했던 프로복싱 선수들의 타이틀을 향한 집착, 돈과 명예에 대한 열망 같은 것으로 말이다. 상업자본의 부추김인 것 같다는 섣부른 판단도 한몫했다. 에베레스트가 '가장 높은 공동묘지'로 희화화되는 현실을 목격하면서도 마찬가지였다.

앞서 언급했듯이 에베레스트 정상이 마치 북한산 백운대처럼 오르려는 사람들의 줄이 이어져있다면, 이로 인해 지체되는 시간 때문에 동사하는 이들이 생겨난다면 다시 생각해봐야 할 듯도 싶다. 인간의 야성보다는 과시욕이랄까, 네팔 정부의 무분별한 입산허가도 마찬가지이리라.

그러면서 베이스캠프를 벗어나 새들조차 살지 못하는 높고 날카로운 봉우리에 산악인들은 왜 산에 오르는가를 생각했다. 설산을 내려온 이가

"히말라야 정상에 오르는 것보다 원정 출발 비행기에 오르는 것이 더 힘들다."라고 푸념할 정도로 경비문제 등 등반준비 과정에 숱한 애환과 곡절이 숨겨져 있다는 사실은 잘 모르는 사실이었다.

등산을 비롯한 각종 여가활동이 일반적이지 않았을 때 식민지를 가졌던 제국들이 국력을 과시하기 위해 탐험이라는 작위적인 방법을 취했을 것이다. 그 후에는 개인적으로 타인의 관심에서 비롯된 인기를 탐하거나 언론에 노출되기를 염원하거나 하는 등의 존재감의 발로라고 단편적으로 생각했을 것이다.

'산이 그곳에 있으니 오른다(Because it is there)'는 말은 오랫동안 여러 사람들에게 회자되었다. 그 말을 한 이는 에베레스트 정상에 최초로 도전장을 내밀었던, 그러나 일보직전에 실패하고 신화로 남은 영국의 산악인, 조지 맬로리이다. 그는 목사의 아들로 태어나 캠브리지 대학을 졸업하고 에베레스트 원정대에 참여하기 전까지 교사생활과 함께 영국과 알프스일대에서 등산 활동을 했다. 에베레스트 원정대에 참여하여 1921년 1차 등반, 다음 해 2차 등반을 시도했지만 실패한 후였다. 3차 원정을 준비하면서 후원을 위한 것이었던지 필라델피아의 한 강연장에 섰을 때 청중 중 한 부인이

"당신은 왜 에베레스트에 올라가길 원하는가?"라는 질문에, "산이 그곳에 있으니 오른다(Because it is there)."라는 답변을 남기고 제3차 원정에서 동료 어빈과 함께 제6캠프(8,220m)를 떠난 후 정상 근처의 구름 속에서 자취를 감췄고 영영 돌아오지 못했다. 그 후 30년이 지나 뉴질랜드의 에드먼드 힐러리와 셰르파 텐징 노르가이가 최초로 에베르스트를 등정했고 이후 많은 산악인들

이 지상의 가장 높은 봉우리에 오르는 행운을 가졌거나 그렇지
못했다. 맬러리가 한 말은 깊은 사유에서 나온 말이 아니었다고
추측할 수 있다. 많은 사람들의 비슷한 질문에 약간은 짜증을
내듯 단순하게 답변한 것으로 말이다. 죽음을 무릅쓰고 산에 오
르는 이유가 그에게도 막연했을지도 모른다.

"왜 산에 오르죠?"

"산에 오르다 보면 '집중'할 수 있고 '절대적 순수'를 느낄 수
있어요. 그것에 매료당해 산에 오릅니다. 그리고 나는 그런 느
낌을 최근 얻었습니다."

"언제인가요?"

"달라이라마 앞에서입니다."

영화 '티벳에서의 7년'에서 주인공 하러가 한 말이다.

또 한 사람의 산악인, 김창호가 있다. 그는 2013년 한국인 최
초로 히말라야 14좌를 무산소 등반하는 기록을 세웠고 새로운
루트를 개척하기 위해 네팔 구르자히말산을 등반하기 위해 준비
하다가 2018년 10월, 베이스캠프에서 눈사태로 조난돼 숨졌다.
한국인 등반대원 5명과 네팔인 가이드 4명 등 총 9명이 숨진 대
형사고였다. 그는 높은 산들을 많이, 빨리 정복하는 등정주의
(登頂主義)를 멀리했고 가능한 한 최고 장비에 의존하지 않고 새로
운 길을 뚫는 과정을 중시하는 등로주의(登路主義)를 철학으로 삼

앗던 특별한 산악인이었다. 그래서 국내외 알피니스트들의 존경을 받기도 했지만 산악인으로 굵직한 성취를 드러내 자랑하지 않고 묵묵히 새로운 모험을 찾아 다시 산을 오르다가 영원히 산과 함께 하나가 된 안타까운 산악인이 되었다. 그는 그런 말을 했다.

"왜 산에 오르는지 알기 위해 산을 오른다."는. 그 말은 작위적이면서 산을 오르지 않을 수 없는 그의 심경을 표현한 것이라고 나름 생각했다. 어려움이 클수록 절망과 난관을 치고 나갈 때 느껴지는 희열은 마약과도 같은 중독성을 점증시킬 것이라는 것. 그는 등반 중 먼저 간 동료들을 이야기했을 때 그런 말도 했다고 했다.

"원 없이 울지도 못하는 자의 고통을 말로 할 수 없겠는데, 이는 죽음이 따라다니는 삶을 찾아다니는 사람들의 업보일 것"이라는. 그 말을 듣고 나는 내가 가졌던 인식을 바꾸어야 했다. 죽음을 무릅쓰고 산에 오르고 올랐던 이들에 대한 비난을 어느 만큼이나 거두어야 했다. 그의 "죽음이 따라다니는 삶을 찾아다니는 자의 업보일 것 같다."는 그 말 때문이었다. 물론 자기 합리화일 수도 있다. 누군가는 이렇게 말했다.

7,000미터 이상 올라가면 정신이 혼미해진다는 것, 사리분별력도 옆에 사람이 지나가도 그냥 사람인가 할 뿐 분간이 안 된다는 것, 악천후 속에서 3일 동안 추위에 떨고 잠도 못 자고 제대

로 먹지도 못하면 미래에 대한 희망이나 긍정적인 생각이 점차 사라진다."고도 했고, 솔직하게 말하자면 등산을 통해 동료를 잃은 고통을 이겨냈다고 할 순 없다는 것, 고통과 슬픔은 항상 마음속에 피 속에 섞여 돌고 있다는 것, 그러니 몸 안에 들여 함께 살아간다는 것, 다만 대개의 고통이 그렇듯이 시간이 지날수록 조금씩 무디어진다는 것 등이다.

아무튼 내가 직접 해보지 않는 이상 뭐라고 말할 수는 없을 것 같다. 그러한 과정을 겪은 누군가에게 묻는대도 쉽게 뭐라고 답할 수 없을 것이다. 그러나 남겨진 사람에게 어떤 식으로든 고통을 준다.

세상에 어떤 식으로든 혈혈단신인 자는 없다. 결혼하지 않아 부인이든 자식이 없어도 걸쳐진 혈연은 당연히 있고 또 다른 인연도 있다. 남겨진 자들에게 필요할 수도 있는 자신의 역할을 상실하거나 상실감을 준다는 것은 어떠한 이유로든 가혹한 행위다.

🏔 화장터에서

베이스캠프도 도달하지 못하고 내려와 포카라에서 하룻밤을 묵고 다시 카트만두로 돌아왔다. 떠나온 곳으로 출발하기 전에 꼭 가보고 싶었던 곳, 파슈파티나트의 화장터였다. 갠지스강처럼 넓고 수량이 많은 강도 아닌 작은 천변에서 시체를 태우고 강물에 그 재가 된 것과 남아있는 나무토막을 함께 밀어버리는 장소, 그 강물에 재를 뿌리면 윤회의 사슬이 끊어진다는 곳, 생의 껍데기처럼 육신을 태우는 데도 빈부와 신분의 차이가 존재한다는 곳 말이다.

앞서도 말했지만 시작이 있었다면 끝이 있다는, 피할 수 없는 죽음에 대한 두려움은 신을 만들어 종교의 외피를 씌웠을 것이다. 힌두교와 불교가 말하는 윤회라는 것, 현생은 전생의 이어짐이고 죽음으로 현생이 끝나는 것이 아니라 현생의 결산으로 다음 생이 이어진다는 것이다. 불교도 이와 비슷하나 수행법이 다르고 다음 생의 방식도 다르다. 다음 생을 불교는 재생, 힌두교는 환생이라고 표현한다. 물론 티벳 등 일부 종파에서는 환생을 일부 인정 하지만 불교에서는 환생을 부정한다.

재생과 환생을 놓고 불교와 힌두교를 구분할 수 있는 이론이 부처님께서 직접 말씀하신 연기론이다. 환생은 육체가 죽으면 '자아', '영혼'등이 다른 육체로 갈아타서 다시 태어나는 것을 말하는 것이고, 재생은 마음에 대한 이야기이다. 모든 마음은 이전 마음의 결과이면서 다음 마음의 원인으로 작용한다는 것, 생의 마지막 마음이 소멸하는 동시에 그 생의 마지막 마음을 원인으로 한 결과로서 다음 생의 첫 번째 마음이 발생한다는 것이

다. 그리고 다음 생의 첫 번째 마음은 재생연결식이라고 칭하며 재생연결식이 몸과 정신작용을 만들어내어 그 생이 시작된다는 것이다. 이해가 될 듯 그러나 쉽게 다가오지 않는 이야기이다.

인도든 네팔이든 티벳의 고원에서 척박한 삶을 살아가는 사람들은 현생에서의 부귀영화를 탐하지 않으며 살아가는 듯하다. 어쩌면 강변의 화장터에서 가려지지 않은 채 육신이 소멸되는 모습을 보며 생과 사의 새로운 인식을 가진 듯도 보인다. 그것을 보면 죽음에 대한 새로운 인식과 그 두려움에서 조금이라도 벗어나듯 편안함을 가지게 된다는 이들도 많다.

정말 이 인연이 사실이라면 인간을 통제하는 수단, 아니 삶을 정돈시키는 것으로는 더 이상 좋을 수가 없다. 현생을 잘 살았다면 전혀 죽음을 두려워할 필요가 없음을 환기시키는 것이다.

그러나 기독교에서는 윤회사상의 흔적을 지웠다. 오늘날의 기독교를 존재하게 한 것은 서기 4세기에 콘스탄티누스 대제가 의한 기독교를 공인하면서부터였다. 이 과정에서 신약성경에 실려 있던 윤회에 대한 언급들을 없애기로 결정한다. 6세기경 동로마 제국의 폭군 유스티니아누스 황제는 독단적으로 윤회설을 이단이라고 결정하고, 553년에 콘스탄티노플 공의회를 소집하여 환생사상을 가르쳤던 오리게네스와 그의 지지자들을 이단으로 규정했다. 황제와 그의 아내는 윤회사상을 왕권에 대한 도전으로 간주하고, 자신들을 신격화하는 데 방해가 된다고 생각했다.

열악한 환경과 궁핍한 삶을 영위하면서 그 현실에 순응하거나 그것에서 달관한 듯한 모습으로 살아가는 사람들을 모습을 보면서도 마찬가지일 것이다. 그러나 그곳에 다녀온 누군가의 이야기를 보면서 그 작위적인 위선을 생각했다. 그 누군가는 기본적인 자유도 가지지 못하고 사는 북한 주민들을 보면서 '그 체제에 순응하고 살아가는 듯 마음이 평안해 보인다.'라고 했다면 그는 위선적인 사람이 분명하다. 이런 나의 지적은 타당한 것인가, 부당한 것인가?

힌두교도들은 대부분 화장을 하지만 수장(水葬)을 하기도 한단다. 시신에 옷을 입혀 그대로 강물에 밀어 넣는 의식. 또 다른 것으로 천장(天葬)이 있다. 조장(鳥葬)이라고도 하는, 티벳의 장례

풍습이기도 하지만 네팔의 무스탕지역에서도 천장을 한다. 춥고 건조한 날씨이니 땅에 묻어도 썩지도 않고 나무가 귀한 고산지대에서 화장을 한다는 것은 어렵다. 수장 또한 어려운데 산 사람과 가축이 먹을 물도 귀하기 때문이다.

앞서 말한 대로 세 가지 삶의 교훈,

'나는 반드시 죽는다.', '죽음의 시기는 아무도 알 수 없다.', '죽음 이후에 내세로 가져갈 수 없는 건 참된 재산이 아니다.'라는 것을 생각하며 천장의 과정을 알아보았다.

사람이 죽으면 태아의 자세로 묶어 흰 천으로 전신을 감싼 다음 짧으면 하루, 길면 3일 동안 유해를 집 안에 모신다. 그리고 라마승을 청해서 망자의 극락왕생을 위해 불경을 읽는 등의 의식을 행하고 망자의 시신을 천장사가 등에 업거나 이동도구를 이용해 천장터로 옮긴다. 사람들이 하나둘씩 흰천을 망자에게 두른다. 그리고 극락왕생을 빌며 망자와 마지막 인사를 나눈다. 천장터로 향하는 장례 행렬은 단출하다. 망자의 가족들이 천장터에 가는 것을 금기시하기 때문이란다. 결국, 망자와 함께 하는 이들은 라마승과 천장사, 먼 친척이나 이웃들이다. 마을에서 꽤나 떨어진 외진 곳에 천장터가 있다.

천장이란 티벳과 무스탕지역의 장례법으로 독수리에게 시신 처리를 맡기는 풍습이다. 망자를 위로하고 영혼이 새로운 육신으로 좋은 곳에 탄생할 수 있도록 빌어주는 의식이다. 껍질에 불과한 육신을 천국의 사자인 독수리에게 아낌없이 바치면 영혼은 다른 육신으로 환생하여 더 나은 삶을 살 수 있다는 믿기 때문이다.

장례식이 진행되는 동안 독수리들이 귀신같이 알아채고 주위로 모여든다. 그런데 이들도 망자의 슬픔을 알고 있는 듯 의식이 끝날 때까지 덤비지 않고 기다린단다. 천장은 하늘을 높이 나는 독수리의 힘을 빌려서 망자를 조금이라도 하늘 가까이에 다다르게 하기 위한 소원을 담고 있다고 한다. 고대 티벳인들은 자신들의 조상은 하늘에 있으며 죽어서는 다시 하늘로 가야 한다는 염원을 갖고 있었다는데 이런 의식에서 천장이 시작되었다고도 한다.

지난 가을, 파키스탄 등 오지를 찾아다니며 사진을 찍는 이가 제주에서 노인들의 영정사진을 찍어드리는 나눔도 실천한다는 기사가 신문에 게재된 적이 있었다. 위의 사진은 그가 찍은 사진으로 2012년 내셔널 지오그래픽 인물 부문 수상작이라고 했다. '윤회'라는 제목을 붙인, '가족의 조장(鳥葬)을 치르던 한 티베트 아이의 웃는 듯 우는 얼굴'. 죽음이 끝이 아니라 윤회의 과정이라고 믿는 표정이 담겼다는 설명이 달려있었다.

카트만두의 거리의 모습이 어제와는 다르고 내일은 또 다른 것이다. 그동안의 억압에서 벗어나 욕망에 노출되어가고 있기 때문이다. 그러면 망자와 이별하는 모습은 또 어떻게 변할 것인가? 궁금하다.

공자가 죽어야 나라가 산다

좀 오래전이기는 하지만 '공자가 죽어야 나라가 산다'라는 책이 베스트셀러인 적이 있었다. 아주 오래전에 죽은 공자가 다시 죽어야 한다는 말이 이상했지만 무겁게 느껴지기도 했다. 마치 신을 부정하는 것 만큼이나 말이다. 저지는 이 땅에 공자가 제자들을 통해 전한 죽간(竹簡) 속의 문자들이 살아나와 오히려 억압과 왜곡된 질서의 수단으로 악용되고 있는 오래된 현실을 지적한 것이었으리라.

기득권층이랄 수 있는 자들이 유교적 질서에 애착을 느끼는 것은 어찌 보면 당연하다. 킬링필드의 비극을 연출했던 크메르 르즈도 좌우의 대립을 야기했던 사회주의에 심취했던 이들도 유교적 질서의식을 정권 강화의 수단으로 삼았다. 그런 것을 보면 유교사상 자체의 옳고 그름을 따지고 논하기보다는 유교가 절대적 권위에 복종케 하는 억압적이고 교조적인 윤리이기 때문이 아니었을까?

그의 제자들이 전한 문자의 바탕은 '인의예지(仁義禮智)'라 적혔지만 그것은 명분을 위한 외피였고 입신양명(立身揚名)을 독려하는 폐해를 낳았으며 지나치게 명분에 집착하게 했다. 충이든 효든, 말이 되든 안 되든 일단 받아들이도록 만들기만 하면 만사 편안한 지배이데올로기인 것이다. 그러니 공자의 도덕은 '사람'을 위한 도덕이 아닌 '정치'를 위한 도덕, '남성'을 위한 도덕, '어른'을 위한 도덕, '기득권자'를 위한 도덕, 심지어 '주검'을 위한 도덕이었다고 말할 수도 있는 것이다. 그중에서도 '주검을 위한 도덕'이라는 것은 시사하는 바가 크다. 유교의식에 따라 장례를 치르는 데 너무 많은 비용과 시간이 소비되었다. 이는 나도 간접적으로 경험해야 했던 것이었는데, 아버지께서 조부가 돌아가시고 장례를 치르기 위해 빌렸던 장리 빚이 불어나 농토도 변변치 않던 형편에 밭 한 뙈기를 허망하게 잃었다는 것이다.

통치이념으로 유교를 받아들인 조선은 신분별로 엄격한 장례절차를 규정하였다. 임금에 관한 것은 상상 이상이었다. 승하한 왕의 유해가 왕릉에 안치되기까지 걸린 시간은 무려 5개월, 왕의 장례인 국장은 그 절차만 총 69개에 달할 정도로 복잡하고 까다로웠다. 그 중에는 시신의 부패를 방지하기 위해 얼음을 이용해서 빙반(氷盤)을 설치하는 것도 있었다. 왕궁에서 장례절차가 진행되는 동안 왕이 묻힐 무덤, 왕릉도 엄격한 국장 예법에 따라 만들어졌다. 이 국장제도를 완비한 이가 제3대 왕, 태종이었다.

그렇다면 태종의 능은 어떻게 만들어졌을까? 기록을 기반으로 추정한 결과 석실의 덮개돌 무게만 무려 50톤이 넘었다. 대부분의 돌은 강화도에서 옮겨왔다. 돌을 깨고 다듬어서 바다를 건너고 먼 길을 옮겨와야 하는 공력이 어마어마하였을 것이다.

그러니 왕릉을 만드는 것은 당시로서는 대역사였다. 특히 석실을 만드는 데 따르는 백성들의 부담과 폐해는 컸다. 태종의 능을 만들기 위해 동원된 부역군은 1만 명이 넘었고, 돌을 운반하다가 죽은 사람이 1백여 명이나 됐다. 이에 세조는 백성들의 부담을 덜어주기 위해 거대한 돌을 사용하는 석실을 만들지 말고 회격(灰隔: 관을 구덩이에 내려놓고 그 사이를 석회로 메워서 다짐)으로 만들라는 유언을 남기다.

신분별로 엄격한 장례문화를 통해 권위를 유지하고 공포하기 위한 것이었을 것이다. 이집트의 피라미드는 말할 것도 없다.

그러면 최하층인 노비들의 장례는 어떠하였을까? 노비가 직접적으로 서술한 그들의 삶에 대한 자료가 없기 때문에 조선시대 양반이 남긴 일기를 통해서 알 수밖에 없다. 소설 '국수'를 쓴 김성동 작가 역시 그들이 썼던 조선시대 하층민의 언어를 찾아내지 못해 안타까웠다고 했던 것도 비슷한 맥락이다. 다만 노비를 부렸던 양반이 노비의 죽음에 대해 어떻게 생각하고 사후 처리를 했는지 알 수 있는 정도다. 조선 중기의 문신인 오희문이 쓴 '쇄미록(1594년)'에 당시 노비가 죽었을 때의 기록을 남기고 있다. 한 구절을 인용해 보면,

"비 열금의 병이 중하여 흙집에 거처했는데 음식만은 평소와 같았다. … 전란으로 인한 곡식의 부족으로 아침저녁 죽도

잇기 어려운데 하물며 주육을 갖추어 죽음에 임박한 늙은 비에게 먹이겠는가? 병이 비록 위중하나 일찍 죽지 않을 것 같으면 우리 집을 침곤함이 많을 것이다."

이 일기는 임진왜란 때 쓴 것으로, 당시 집안의 열금이라는 늙은 여자 하인이 병들어 있었다.

"비록 죽었으나 족히 애석하지는 않다. 다만 어릴 때 데려와 부렸는데 나이 70이 넘도록 한 번도 도망하지 않았으며 방적을 잘했고 집안일을 근면 검소하게 하여 조금이라도 속이는 일이 없었으니 이런 것들은 취할 만하나 타향을 떠돌아다니는 처지에서 비의 관을 마련치 못했다."

신분의 구분이 분명했다지만 늙은 여자 종의 죽음에 크게 슬프게 생각하지 않고 장례를 위한 준비도 거의 없었던 것 같다. 어차피 죽게 될 늙은 비가 곡식을 덜 축내고 빨리 사망하기를 바라는 솔직한 심정이 나타나 있다. 이로 부터 사흘 후 그 하인이 죽게 되는데, 이에 대해 다음과 같이 일기를 쓰고 있다. 열금은 죽은 후 다른 하인들에 의해 다음날에 바로 매징되었는데, 그냥 들것에 얹어서 매장했고 주인은 직접 나가 보지 않았다고 기록돼있다.

신이 내게 소원을 묻는다면

　맑고 쾌활함의 현실 속에서 삶의 문제에 대해 고민하기는 어렵다. 일반적이기도 하지만 경험상 갈등과 좌절의 번민 속에서 삶의 문제에 고민하게 되고 나름의 지향성을 설정하게 된다. 학문적으로 새로운 지평을 연 철학자들의 현실 속 삶도 마찬가지였다.

　'죽음에 이르는 병'이라는 책에 막연한 관심도 가졌었지만 읽어볼 기회를 만들지 못하다가 네팔에서 돌아와서야 읽어볼 수 있었다. 아니 그가 썼다는 한 편의 시 때문에 조금 딱딱할 수도 있을 책을 집어들었을 것이다.

　　신이 내게 소원을 묻는다면
　　나는 부나 권력을 달라고 청하지 않겠다.
　　대신 식지 않는 뜨거운 열정과
　　희망을 바라볼 수 있는
　　영원히 늙지 않는 생생한 눈을 달라고 하겠다.
　　부나 권력으로 인한 기쁨은
　　시간이 지나가면 시들지만
　　세상을 바라보는 생생한 눈과
　　희망은 시드는 법이 없으니까!

덴마크에서 태어난 키에르케고르는 그의 존재성을 드러낸 저서 '죽음에 이르는 병'에서

"인간은 유한한 실존을 누리면서 무한한 자기 확장을 원하나 좌절에 부딪친다. 이때 인간은 절망한다."라고 적었다. 철학의 범주가 기존 지식에 대한 인식론적 접근을 통한 객관적 진리의 확인이라고 하는 기존의 설정을 내려놓고 인간 내면에서 움직이는 주관적 내용에 주목해야 한다는 그의 주장은 당시 철학의 흐름에서 매우 파격적인 것이었다. 객관적 진리에서 주관적 진리로의 이행, 이것이 그가 가진 철학적 진리의 기본 입장이었다. 일반적으로 모든 인간이 육신의 병을 품고 살듯이 실존하는 모든 개인 역시 절망이라는 정신의 병을 품고 산다고 보았다. 그렇다면 그는 도대체 무슨 이유로 실존하는 개인에게 이러한 정신적 아픔이 있다고 본 것일까?

한계처럼 아니면 생명체의 보편적 존재성처럼 인간은 유한한 실존을 누리는 존재이다. 여기서 유한하다는 것은 생명체로서 당연하듯 인간이 가지는 이상과 현실의 부조화, 생의 유한성이다. 그러나 인간은 누구나 유한한 존재성을 가졌으면서 무한한 자기 확장을 꿈꾼다. 예를 들어 지금 당장 집에 있으면서도 네팔에 다시 가있기를 꿈꾸기도 하는 공간상의 확장과 누군가 죽음에 직면해 있는 순간에도 생의 끈을 놓지 않으려는 시간상의 확장 등이다. 그래서 그런 이야기, "당신의 오늘은 세상 떠

난 누군가 그렇게 가지고 싶던 날이다."라는 말을 만들었을 것이다. 인간은 이처럼 한계와 그것을 뛰어넘는 무한의 대립 구조 속에서 갈등하며, 이 대립적 간격을 좁히지 못하고 살아야 하는 운명을 가지고 있다. 그러니 인간은 절망에 빠질 수밖에 없는 존재, 유한한 상황과 유한한 자신에게 걸려 넘어지며 이때마다 유한성의 결핍에서 오는 '무한성의 절망'에 빠지는 존재다. 인간이 다시 유한한 현실에서 사실적인 삶에 몰두하려고 노력하는 순간 무한성의 결핍에서 오는 '유한성의 절망'에 빠진다. 따라서 인간이 실존한다는 것은 결국 절망이라는 병을 앓는 것이라고 키에르케고르는 보고 있는 것이다.

케에르케고르, 그는 자신이 실존을 위해 살아가며 그것을 위해 죽을 수도 있는 진실을 발견하고 그것을 자신의 신조로 삼아 생활했던 것일까? 그 길에 자신의 몸을 바치는 모습은 그가 말하는 '실존'이었으며, 이런 관심에 대해 타성적인 자신의 생을 새삼 스스로 대처하게 하는 것이야말로 주체적 자신의 인간다운 점을 발견하는 것이라고 여겼다. 그에게는 육신이 살고 죽는 일은 궁극적인 것이 아니며, 그것을 초월해 가치 있는 것의 존재를 믿으면서 그 희망에 목숨을 걸고 육체의 삶을 살아가는 것이야말로 인간 존재의 의미가 있다고 보았다.

키르케고르에게 희망은 그리스도가 말하는 '영원한 생명'이었다. 그 때문에 아무런 희망 없이 영원한 생명에 의탁해 살아가지 않는, 단순히 시간의 흐름 속에서 자연적이고 육체적인 생명을 살아가는 생이란, 그 한순간 한순간이 살아있는 시체로서의 생이며, 설령 그러한 생이 일반적 의미에서 희망에 가득 차 있고 영광으로 빛나는 것일지라도 인간적으로 절망이며 비참한 죽음을 의미했다.

반대로 그런 희망이 있는 한, "죽음조차도, 나아가 지상의 현세적인 고뇌와 곤궁, 병, 비참함, 가난, 재액, 고통, 번민, 우려, 비애 등으로 불리는 그 모든 것이 '죽음에 이르는 병'이 결코 아니라는 점은 두말할 것까지도 없을 것이다."라고 했다.

니체도 그러했고 키에르케고르도 역시 맑고 쾌활한 삶을 살았다고 말할 수는 없다. 그러나 이들의 고독과 우울한 세월은 인간의 본질을 성찰하고 확장하는 기회가 되었을 것이다. 그것을 숙명이랄 수가 있을까. 종교적인 것이든 환경적인 요인도 있었을 것이고 삶의 방향성도 있었을 것이다.

키에르케고르에게는 태생적인 절망이 있었던 것일까? 그의 아버지는 친척집에서 머슴과 같은 존재로 일하면서 자신의 신세를 원망했고 신에게도 자신의 원망을 내보인 적도 있었다. 그런데 시간이 지나고 그의 부친은 많은 재산을 모으게 되었다고 했다. 한때 신을 저주했으면서 자신이 부를 지니게 되자 신의 보복에 의한 두려운 은총이라고 생각했다는 것은 종교적으로 억압된 사고 때문이라고 생각할 수 있다. 그의 첫 아내는 아이가 없이 세상을 떠났고 두 번째 부인은 그 집에 가정부로 있던 인척 여성이었는데, 결혼하고 10개월이 지나기 전에 키에르케고르의 큰 형 피터를 낳게 된다. 부를 가지게 되면서 그의 아버지는 종교적인 문제에 천착하게도 되었고 자신의 성도덕에 죄의식을 가졌다. 그런데 키에르케고르에게도 어머니가 결혼 전에 임신을 했다는 사실이 씻을 수 없는 종교적 죄책감과 우울함을 더해주었던 것일까? 전 부인이 죽고 최소한 1년 후에 해산을 해야 하는 당시의 관례에서 온 죄의식이었다. 거기에다 저주랄 수도 있는 비극이 발생한다. 키에르케고르 형제는 모두 7남매였는데 큰 아들 피터와 키에르케고르를 제외한 5남매가 모두 어린 나이에 죽는 비극을 겪어야 했다. 이 사건을 그의 부친은 자신이 저지른 죄 때문에 신의 버림을 받은 것이라고 생각게 했을 것이다. 그러한 저주와도 같은 비극으로 부친은 자신이 죄인이라는 우울함을 벗어날 길이 없었다. 키에르케고르도 자라면서 이 사실을 알게 되고 자기와 가정은 신의 사랑에서 밀려난 죄인의 가정이라는 생각을 떨쳐버릴 수가 없었을 것이다. 부친과 아들 모두가 이 죄의식에 깊이 빠져 서로의 관계가 다정하게 이루어지지 못했다. 아들은 부친이 용서받기 어려운 범죄에 연루되었다는 의식을 벗어나지 못해 심지어는 부친과 불화하는 단계에까지 이르게 된다.

후에 부친과의 정신적인 양해와 화합이 이루어졌다고 했다. 그 내용은 알 수 없으나 키에르케고르는 신앙생활과 세속적인 생활을 체험하는 동안 부친에 대한 죄의식적 거리감을 해소한 것 같다.

간음하다 붙잡힌 사마리아 여인을 데려다가 예수 앞에 세우고 시험에 빠뜨리듯 "이 여자를 어떻게 해야 합니까?"라고 물었을 때 예수는 "죄 없는 자가 먼저 돌을 던지라."고 했다. 그러자 여인을 힐난하던 군중들이 다 자리를 떠난 것 같이 죄의 공감대를 느낀 아들은 아버지를 용납할 수 있었을까? 그들 부자는 하느님 앞에서 서로 용서하고 화해에 이를 수 있었다는 것이다. 키에르케고르는 오히려 고마운 마음을 갖고 아버지와 사별할 수가 있었다는 것이고.

키에르케고르는 또 다른 문제, 반려자를 택하는 문제로 혼란을 겪었다. 레기네 올센이라는 소녀를 만났을 때다. 소녀는 14살로 3년이 지나야 결혼연령이 되었다. 물론 키에르케고르는 그녀보다 훨씬 나이가 많았다. 그러나 키에르케고르는 그 소녀를 진심으로 사랑했고 그녀가 법적 결혼연령이 되는 때를 맞추어 프로포즈를 하게 된다. 양가의 허락이 내리고 약혼이 성사되었다. 그러나 불행은 이전부터 두사리고 있었듯, 키에르케고르는 약혼을 맺은 날 일기에, '나는 돌이킬 수 없는 큰 과오를 범한 것이 아닌가' 하는 후회를 남기고 있다. 그것은 사랑하고 결혼하는 모든 사람의 길을 자기도 택하기는 했으나 내가 어떻게 한 여인을 사랑하고 조용한 행복을 누릴 수 있겠는가 하는 번뇌의 시작이었던 것이다. 그것은 마치 자신이 부친이 걸어온 것 같은 죄의 길을 좇는 것이 아닌가 싶은 불안도 생각했을 것처럼, 인간적으로는 애정의 욕구와 잠재적인 거부감으로 망설이던 키에르케고르는 일 년 후에 일방적으로 파혼을 선포해버렸다. 레기네는 제발 나를 떠나지 말아달라고 호소했고, 양가 모두가 만류했다. 그런데도 키에르케고르는 자신의 결정을 돌이킬 수 없었고, 그 결과 극도의 절망감에 사로잡힌다. 후에 정신적인 사랑과 그녀의 행복을 비는 마음이 자연스러운 안정기를 가져다주었을까? 그는 큰 반향을 일으킨 두 가지 저서를 내놓았다. '불안의 개념'과 '죽음에 이르는 병'이다. 둘 다 인간학적인 신앙의 문제를 다루고 있다. 심리학과 인간학의 조화라고 해야 하나, 종교와 신앙문제에 천착하다 보니 그러한 산물을 만들어냈을 것이다. 신앙에 대립되는 즉 신앙의 결핍에 따르는 심리상태는 불안이며 인간적인 절망은 죽음에 이르는 병이라는 과제를 예리하게 논리적으로 전개시켰다. 해결에는 하나의 방법이 있을 뿐이다. 즉 신앙인 것이다.

철학의 범주가 기존 지식에 대한 인식론적 접근을 통한 객관적 진리의 확인이라고 하는 기존의 설정을 내려놓고 인간 내면에서 움직이는 주관적 내용에 주목해야 한다고 주창한 키에르케고르. 당시는 종교와 예술 및 국가를 융합시킨 헤겔 철학이 큰 주류를 이루고 있었다. 기독교 역시 철학적인 지평에 편승하면서 신앙 본연의 성격을 상실하고 있었다. 이러한 당시의 경향에 거부감을 가졌던 키에르케고르는 '인간'으로 상징되는 보편적 거시 논리보다는 '개인'이라는 표현으로 이해되는 실존자의 내면을 깊게 들여다봄으로써 인간에게 필요한 참된 논리를 구현하려고 하였을 것이다. 특히 신앙에 있어서도 각자가 내면의 본연을 지향하면서 신과 더불어 사는 삶, 성서가 말하는 기독교로 돌아갈 것을 강력히 요구하였던 것이다. 그러한 방향성은 결국 "신 앞에서 단순하게 하나의 객체로 존재해야 한다"는 것으로 정리할 수 있었다. 신 앞에 벌거벗은 듯 홀로 선 존재. 그 존재가 자신의 절망과 올바르게 맞서기 위해 신의 무한성을 의식하려는 결단을 하는 것. 이 신앙적 결단이야말로 죽음에 이르는 병에서 벗어날 수 있는 최고의 전략. 즉 그의 실존주의적 전략이었다.

오늘날 그가 말했던 실존은 어디에 있는 것인가? 그보다는 정말 너그러운 신이 나에게 소원을 묻는다면 나는 무엇을 말할 것인지?

상여 나가던 날

"이 애가 나의 맏상주일세." 어린 시절 아버지는 장남인 나를 타인에게 소개할 때 그렇게 표현하시곤 했다. 대를 이었다는 의미도, 자연의 순환처럼 아버지의 예정된 운명을 내비치기도 한 표현이었다. 그보다는 당신의 과포장된 당시의 혈연의식과 장례의식의 일단을 엿볼 수 있었다.

아버지가 나를 그렇게 소개했던 시절, 대개의 사람들은 집 밖에서 죽는 것을 객사라고 했다. 객사를 가장 불행하고 불길한 죽음으로 생각해 예전에는 객사한 시신은 집에 들어오지도 못했다. 그러나 지금은 시골이건 도시이건 망자의 집에서 치러지는 장례는 거의 보기가 어렵다. 오히려 살아계신 분도 임종이 다가오면 병원으로 옮기고 운명하면 바로 병원의 영안실로 옮겨 상장례의식을 치른다. 대부분 장례식장이라는 상업화된 공간에서 망자를 떠나보내는 것이 잔칫집에 손님을 받은 것처럼 민망스러운 경우도 많다.

지역마다 장례의식은 다 다르다. 같은 나라 안에서도 지역별로 조금씩 달랐듯이 말이다. 종교와 기후 등의 환경이 영향을 미쳤을 것이다. 이제 기억도 희미하지만 상여 나가던 날을 떠올려본다.

마당에는 차일이 쳐지고 벌겋게 달아오른 화톳불이 피워졌다. 상두꾼들의 목에는 흰 수건이 하나씩 걸려있었고 흰 고무신도 신고 있었다. 궁핍했던 시절, 수건과 고무신은 상주가 상두꾼들에게 돌린 보답품이었지만 엄숙한 의식을 수행하는 복식과도 같은 것이었다. 상여를 메는 일은 특별한 노역이었고 마을공동체별로 정해진 규약에 따라 품앗이처럼 순서가 정해졌다.

요즘에는 흔적도 남아있지 않지만 마을마다 상여를 보관하는 집이 별도로 있었다. 상여집은 마을에서 멀리 외진 곳에 있었고 죽음처럼 멀리하던 음습한 공간이었다. 상여집에서 귀신이야기가 나와 마을을 돌아다니기도 했다. 토담 안으로 서너 평 공간에는 망자를 저승까지 태워가는 가마가 웅크리고 있었고 장례가 있는 날에는 상갓집 마당에 옮겨져 화려하게 꾸며졌다. 망자의 상황에 따라 달라지기도 했지만 호상이라면 망자의 신분에 관계없이 꽃상여가 꾸며졌다. 상여는 이승에서 망자에게 마지막으로 베푸는 도리였다,

사흘 동안 안방에 모셔졌던 망자를 염하고 상제들이 널을 들어내왔다. 널을 상여의 정강 위로 모셔놓고 발인제를 지냈다. 영결식이라는 말이 더 익숙한 요즘이지만 고인이 살던 집과 이웃들로부터 영영 떠난다는 의식이었다. 삼베상복에 짚으로 꼰 새끼줄 허리띠를 두르고 굴건제복을 한 상제들이 이승에서 마지막 제를 올렸다. 사흘 동안 눈물을 쏟고 말리느라 퉁퉁 부은 눈

으로 아녀자들은 서럽게 곡을 했다. 서럽게 울어주던 곡비(哭婢)라는 눈물을 파는 이도 있었다.

문정희 시인은 어린 시절 곡비의 존재를 보았던 것일까? 옥례 엄마는 상갓집에서 불러주면 장례 때 곡성이 끊어지지 않도록 곡을 하는 곡비였다고 시에서 표현한다. 천지가 진동하게 울어 주는 그녀의 곡소리에 눈 못 감고 떠도는 죽음 하나도 없을 거라는, 그 울음은 가장 아프고 요염하게 우는 울음이 된다고도 했다. 곧 다른 사람의 한을 풀어 주고 상처를 치유해 주는 울음이다. '곡비'라는 시의 일부를 옮겨본다.

> 사시사철 엉겅퀴처럼 푸르죽죽하던 옥례 엄마는
> 곡(哭)을 팔고 다니는 곡비(哭婢)였다. 이 세상 가장 슬픈 사람
> 들의 울음 천지가 진동하게 대신 울어주고 그네 울음에 꺼져
> 버린 땅 밑으로 떨어지는 무수한 별똥 주워 먹고 살았다. 그
> 네의 허기 위로 쏟아지는 별똥 주워 먹으며 까무러칠 듯
> 울어 대는 곡소리에 이승에는 눈 못 감고 떠도는 죽음 하나
> 도 없었다. 저승으로 갈 사람 편히 떠나고 남은 이들만 잠시
> 서성거릴 뿐이었다.

식이 끝나면 제물을 풀어 상두꾼들에게 먹였다. 망자가 집을 떠날 시간이었다. 기다린 장대 끝에 매달인 명정과 만장이 너울

거렸다. 상여의 양쪽으로 상두꾼들이 자리를 잡았다. 요령소리를 신호로 상여에 매어있는 광목 끈을 어깨에 걸어 메고 일어서면 상여가 출발했다. 요령을 든 소리꾼이 앞장을 섰다.

요령을 흔들며 선소리꾼은 망자의 저승길을 인도했다. 망자의 살아생전 켜켜이 쌓인 한과 설움을 요령소리에 맞춰 토해냈고 애간장을 녹이듯 청승스러웠고 애달픈 곡조였다. 망자가 살아온 농축된 삶의 고백과 영가를 위한 진혼곡이었다. 망자를 장지까지 무사히 모셔야 하는 특별한 노역 길에 나선 상두꾼들 자신을 위한 노동요이기도 했다.

저승길이 멀다더니 죽고 나니 저승이요
북망산천 멀다더니 대문 밖이 북망일세
이제 가면 언제 오나 원통해서 못 가겠네

'어~허'로 이어지며 상두꾼들은 선소리에 후렴을 붙이며 발을 맞췄고 뒤따르는 상제들은 곡을 이어갔다. 상여는 상두꾼들의 발 놀임 따라 춤을 추듯 흘러가고 상여 뒤를 따르는 호상꾼들도 요령잡이의 선소리에 저마다의 슬픔을 삭이며 지나 온 삶을 돌아다보고 미구에 낙칠 자신의 운명도 내다보아야 했다.

태어나 자란 삶의 흔적이 배든 고샅길과 땀을 흘리며 농사일을 하던 들을 지나다가 내(川)를 앞두고는 상여는 멈춰 섰다. 살

아생전에는 마음대로 건너던 개울도 망자는 마음대로 건널 수
없었고 상두꾼들과 상제 간에 실랑이가 벌어졌다.

옛사람들은 이승과 저승 중간으로 강물이 흐른다고 여겼다.
불교를 바탕으로 한 동양에서는 이 강을 삼도천(三途川)이라고 불
렀고, 기독교를 바탕으로 한 서양에서는 요단강이었다. 기독교
신자의 장례식장에서 빠질 수 없는 '요단강 건너가 만나리'라는
찬송가는 죽은 뒤에 천국에서 만나자는 의미였다.

한 생애가 의미하는 것은 무엇일까? 농경사회에서 한 생애는
우주의 일원으로 뚜렷하게 존재했지만 산업사회로 전환되면서
노동력의 생성을 위한 도구화의 미천한 존재로 전락했다고 할
수 있다. 그러니 한 인간의 죽음은 도구화된 기능의 상실과도
같다. 마치 수명을 다한 전자제품을 폐기처분하는 것처럼 말이

다. 장례식장에서 무덤덤하게 마지막 서비스를 제공하듯 망자의 존재를 빠르게 지워버린다. 생과 사는 끊임없이 흘러온 것이지만 그 시대성에 의미가 달라졌다는 것이다.

빅토르 위고의 "모든 죽음은 하나의 사태지만 마치 가르침처럼 살아있다."라는 말처럼 죽음은 분명히 우리에게 많은 것을 알려준다. 안락사는 여전히 논란거리이다. 스위스는 안락사를 허용하는 몇 안 되는 나라이다. 호주 출신의 저명한 생태학자 데이비드 구달은 안락사를 금지하는 법을 피해 고령의 나이에도 10시간을 비행하여 스위스로 날아갔다. 최후의 하루를 남기고 그는 손자 3명과 식물원을 구경하고 평소 좋아했던 치즈케이크를 먹으며 마지막 시간을 보냈고 이윽고 바젤의 병원에서 애창곡이었던 베토벤교향곡 9번을 마지막으로 들으며 진정제와 신경안정제를 투여받았다. 그러고는 가족들이 지켜보는 가운데 치사제와 연결된 밸브를 본인의 손으로 열었다. 그가 마지막으로 했다는 말,

"앉아있는 것밖에 할 수 있는 것이 없어서 죽음이라도 자유롭게 선택하고 싶었다."

이제 건너가면 다시 돌아올 수 없는 강이었고, 그래서 망자는 내를 건너는 것을 두려워한다고 여겼다. 디리를 앞에 두고 상여가 멈춰 섰다. 상여가 멈춰 사면 상제들은 노잣돈을 내야 했다. 상여 새끼줄에 노잣돈이 걸려야 상여는 다시 움직였다.

당시의 장례문화는 혹독했을 정도였다. 그 이전에는 어쨌을까 싶을 정도로. 왕조시대에는 그 규칙 때문에 편이 갈려 싸웠고 과도한 국력의 낭비도 피할 수 없었다. 늘 그렇듯이 산 사람은 살아야 했기에 다시 일상으로 돌아갈 수밖에 없었다.

살아있는 것들의 존재의미는 무엇인가? "왜 사냐?"고 묻는다는 것과 같은 의미라면 어리석거나 참 미련한 질문인 것 같다. 존재의 원인과 시작은 자신의 의지와는 무관한 것이었기 때문이다. 자신의 의지로 선택할 수 없는 것이었으니 말이다. 만물의 영장이라는 인간을 기준으로 한다면 본능 같은 쾌락의 추구가 원인이었고 시작점이 된다. 여타 생물들도 대부분 마찬가지다. 존재의 원인과 시작이 본능 같은 쾌락의 추구에서 비롯되었다는 것은 시사하는 바가 크다. 숨겨진 음모처럼 쾌락에 상응하는 가지가지 고통도 배태되어 있음을 상징하고 의미한다. 그보다는 오묘한 이치처럼 세대의 영속성을 의미하기도 한다. 본능 같은 쾌락을 거부한다는 결코 쉽지 않은 것이기 때문이다.

사실 존재의 시작이 그러하였던 것처럼 존재의 의미도 크지 않을진대 그 존재의 의미에 천착하기도 한다. 때로는 깊은 산중에서, 때로는 광야에서 절대자와의 연결고리를 찾아내겠다며 자신의 욕구와 본능을 억제하고 인내하며 그 의미를 찾아내려고 했고 지금도 계속되고 있다. 그러나 그 모든 것들이 부질없고 부질없었음을 생각한다. 존재의 의미를 찾아냈다고 큰 소리로 외치기도 했지만 세상은 더 혼란스러워졌고 본성이 왜곡되면서 삶은 비루해지고 위축되어간다.

삶의 시작은 선택할 수 없지만 마침은 선택할 수도 있다는 것이 인간에게 주어진 슬픈 굴레이다. 2018년 리투아니아가 OECD에 가입하면서 지난 12년간 꾸준히 1위 자리를 고수해온 자살률 1위의 불명예를 넘겼지만 여전히 무방비로 노출되어 있다. 지역적으로 소득수준과 큰 연관성은 없었다.

노인들은 여러 가지 준비되지 않은 많은 현실에서 질병 등에 노출되고 가족관계의 해체로 인한 갈등과 외로움에 좌절한다. 중년세대는 실직으로 인한 생활고, 이혼 등 가족 내의 문제로부터, 청년세대는 취업과 생활고 문제 등이다. 모든 세대에 공통적으로 적용되는 것은 사람과 사람과의 관계에서 비롯되는 갈등이다. 2000년 이후 인터넷의 보급이 확산된 뒤 나쁜 정보의 공유 및 접근의 용이함이 크게 영향을 미쳤을 것이다.

앞에서 본능 같은 쾌락의 추구가 존재의 원인이었고 시작점이 되었다는 것과 세대의 영속성을 이야기했다. 이제 이런저런 이유로 자신이 존재했던 시작점을 기피하는 세태가 깊어져간다. 그렇다. 존재의 분명한 한 가지 섭리 또는 원인, 아니 절대적인 이유는 단 한 가지이다. 내가 존재하므로 이 세상이 존재한다는 것처럼 다음 세대를 이어가기 위해 존재한다는 것은 분명한 이유가 된다. 근대화 과정에서 결정적인 견인차로 작용한 높은 교육열도 자식을 통해 자신의 존재를 영속하겠다는 또 다른 의미도 있었을 것이다. 연로한 부모님을 뵐 때마다 집착처럼 자식을 위하는 마음이 더 깊어짐을 느낀다. 때론 부담스럽고 당황스럽기도 하다.

피치 못할 사유와 이런저런 이유가 있겠지만 다음 세대를 잇지 못한다는 것은 분명하게 존재의 이유에 반하는 것이다. 인간이 영생을 염원하기도 하지만 영생은 다음 세대로 이어짐으로 만족하고 그것에 충실해야 하지 않을까?

원고를 출판사에 넘기고 며칠 지난 새벽에 꿈을 꾸었다. 안나푸르나로 가던 길이었던 듯, 높고 가파른 길이었다. 옆을 내려다보면 천 길 낭떠러지 아래 시퍼런 강물이 흘러가는 길이었다. 오르는 길이 힘에 부쳤던지 지나가는 버스를 세웠는데, 그 자리에 버스가 멈추었다. 굽고 가파른 길에서 다시 출발하려면 위험한 상황이었다. 나를 태우기 위해 멈춘 것처럼 버스에 올랐다. 다시 출발하려는데 버스는 뒤로 밀리기 시작했다. 어찌할 틈도 없이 버스는 순식간에 뒤로 미끄러져 내려갔다. 갑작스런 일이라 공포나 두려움을 불러들일 사이도 없었는데 버스는 미끄러져 내려가다가 협곡에서 멈추었다. 아슬아슬 앞뒤의 바퀴가 협곡 사이에 걸쳤으니 조금만 균형을 잃어도 버스는 협곡 아래로 굴러 내릴 상황이었지만 바닥에 넘어져서 움직일 수 없었다.

이윽고 꿈에서 깨어났을 때 희미하게 잊힌 기억들이 돌아오고 있었다. 지난 2001년 9월 11일 미국 뉴욕의 세계무역센터(WTC) 쌍둥이 빌딩에 가해진 자살테러사건이었다. 워싱턴의 국방부 건물인 펜타곤에도 동시에 가해졌고 3,000명이 넘는 인명피해가 발생했던 엄청난 사건이었다. 당시 건물 안에 있던 사람들은 실제 상황을 모르고 잠시 후에 닥칠 절체절명의 순간을 예감하였을 뿐이었다. 그들은 이런 상황에서 아내 또는 남편에게 마지막 말을 전했다. 여기 한 30대의 남편이 아내와의 마지막 통화를 인용해본다.

"사랑해. 월드트레이드센터에 지금 있는데 이 빌딩이 지금 뭔가에 맞은 것 같애. 내가 여기서 빠져나갈 수 있을는지 모르겠어. 여보 정말 당신을 사랑해. 살아서 당신을 다시 봤으면 좋겠어. 안녕….."

나에게는 꿈이었지만 실제로 그런 상황을 맞는다면 나는 어떻게 할 것인가? 곁에 있는 가족 또는 남아있는 이들에게 무슨 말을 전할 것인가?

현존하는 모든 것들이 오고 가는,
생(生)과 사(死)는 외길이다. 오는 길이 외길이었는데
다시 돌아가는 길에 갈래 길이 생겨날 수 없다는 것이다.
그럼 대체 누가 다른 길이 있다고 한 것인가?

여섯째 날.

신앙 또는 종교

종교와 신앙

북한의 외교관으로 근무하다가 탈북했던 이는 한국에 와서 자신이 제일 이해하기 어려운 문화가 종교라고 했다. 이어서 그는 "서울의 중심에 있는 조계사에 항상 사람들이 붐비고 일요일이면 옷을 단정히 입은 신도들이 교회에서 쏟아져 나오는 모습이 낯설었다."고 말했다. 종교의 자유가 없는 북한에서는 상상조차 할 수 없는 풍경이라는 것도.

어쩔 수 없이 형식을 갖춰놓은 듯, 북한의 현실을 언급한 그의 기사를 읽으면서 나 또한 그의 말을 이해하기 어려웠는데, 먹고 사는 모습이야 비슷할 수도 있지만 종교 또는 신앙은 시공간적인 괴리가 크다는 것을 새삼스럽게 생각하는 계기가 되었다.

60년대 이후 산업화시대를 거치면서 종교는 축복에 이르기 위한 통로와도 같았다. 지금은 그 흔적이 사라졌지만 지금으로부터 60여 년 전인 1955년, 홀연 혜성과 같이 나타나 종교계에 해일과 같은 지각변동을 일으켰던 이가 박태선 장로였다. 박 장로가 국내외적으로 비상한 주목을 받기 시작한 것은 1955년 서울 남산집회, 영등포 집회, 한강 백사장집회 등 전국적인 대형 집회를 열기 시작하면서부터였다. 이후 박 장로가 전도 기반을 확장해 나가면서 신자수가 100만을 넘기도 했다. 기성교단의 질시와 배척으로 이단으로 몰려 영어의 몸이 되기도 했지만 그를 따르던 신도들은 경기도의 소사와 덕소, 그리고 부산 기장군에 제1, 제2, 제3의 신앙촌을 세워 키워나갔다. 죽지 않을 거라는 그도 결국 죽었지만 그가 완성한 신앙촌은 아직도 유지되고 있다. 단지 영성만을 위한 공동체가 아니라 생활의 수단이기도 했다. 기복(祈福)의 기도발이 먹히던, 실제로 물질적인 축복이 임했던 시절이었다. 73년, 빌리 그레이엄 목사를 초청한 여의도 집회가 그러한 사례를 대표한다.

포카라에서 다시 카트만두로 돌아왔다. 서울에서 출발하여 늦은 오후에 도착하였고 다음날 아침에 떠났으니 아쉬움으로 남아있었던 곳이었다. 어두워지면 다시 서울로 돌아가는 비행기를 탈 것이고 한나절 동안 카트만두라는 도시의 민낯을 보았으면 싶었지만 결국 눈에 보이는 것만 볼 수밖에 없었다.

누군가 먼저 이곳에 다녀간 듯, 네팔에는 도처에 삶의 원형을 보여주는 거울이 있다고 했다. 인도의 바라나시만큼은 아니지만 카트만두의 파슈파티나트의 화장터 풍경이 그러하다.

네팔 힌두교 최대의 성지 파슈파티나트, 이곳은 유네스코가 지정한 세계문화유산이다. 시바신에게 헌납되었던, 파슈파티나트는 시바가 가지고 있는 많은 이름 중의 하나이디. 파슈(Pashu)는 '생명체'를 뜻하며, 파티는 '존엄한 존재'를 뜻한다. 금빛 사원본당 내부는 힌두교도 외에는 입장이 금지되어 있다.

인도 바라나시의 갠지즈강(강가강)에서 몸을 담그고 목욕을 하는 경건한 의식을 볼 수 있듯이 네팔에서는 파슈파티나트 사원 앞을 흐르는 바그마티(Baghmati)강에서도 삶과 죽음이 교차하는 그러한 광경을 엿볼 수 있다. 바그마티 강둑의 파슈파티나트 사원은 네팔 힌두교뿐만 아니라 힌두교도 전체의 성지이며, 독실한 힌두교도들이 이곳으로 찾아와서 죽고, 화장되어 생사의 윤회에서 벗어나고자 한다. 이들은 여기에서 죽고 화장되는 것이 그러한 생사의 윤회를 벗어날 수 있는 길이라고 믿는다. 장작더미 위에서 타고 있는 시체나 그 시체를 고루 태우는 사람이나 그 광경을 지켜보고 있는 가족이나, 그리고 그곳에서 임종을 기다리고 있는 사람이나 어느 한 사람 슬퍼하는 이가 없더라고 했다.

닥신카리 사원에서 보는 암흑의 여신 칼리에게 바치는 번제(燔祭)도 그렇다고 했다. 짐승을 산 채로 목을 베고 솟아나는 피를 신상에 바르고 자신의 얼굴에도 바르는 행위. 그는 또 이렇게 말했다.

'잘사는 나라에서 오늘도 이곳을 찾아온 수많은 관광객들이 카트만두의 골목을 거닐며 네팔의 나지막한 삶을 싼값으로 구경하며 부담 없이 지나갈 것이다. 그러나 혹시나 그들이 네팔에서 문화의 원형을 만나고 그 문화의 원형에 비추어 그들 자신의 문화를 반성하는 대신 네팔의 나지막한 삶을 업신여기지나 않을까 걱정이다.' 하며 우려를 나타냈다.

스치듯 짧은 시간, 그 장면을 상상하듯 지나치면서 그가 우려한 것은 기우가 아니었다. 너무나 다른 문화 속에서 살아온 자가 자신의 잣대로 그네들의 삶속에 깊이 친잠된 종교를 잠시 스치듯 이야기한다는 것은 어불성설이라는 것이다.

설산에서 멀어지며 내려오던 길에 나는 충격적이며 적나라한 한 장면을 목격해야 했다. 길 위로 작은 사원인 듯 작은 건물이 보이고 사내들 몇이 서성거리고 있었는데 그 곁에 염소 한 마리가 산을 내려가는 나를 망연히 쳐다보고 있었다. 나를 쳐다보던 숫염소는 번제의 희생양. 희생양이라는 말은 이런 상황에서 비롯된 말이라는 것이 새삼스럽게 다가왔다. 살아있는 것의 뜨거운 피를 얻기 위해, 생명을 그치게 한다는 것으로 희생양의 뜻이 이해가 쉽게 될 듯하지만 별 생각 없이 흘려보낼 뿐이었다.

성경에 근거한 것이지만 인류 최초의 살인은 제례방식에서 비롯된 것으로 나온다. 형인 카인은 곡식으로 빚은 것으로 동생인 아벨은 새끼양으로 제물을 올린 것으로 나와 있다. 우연이지만 숫염소는 왜 잠시라도 나와 눈이 마주치려고 했을까를 생각했다. 순전히 나의 관점이겠지만. 그와 연관하여 대규모 번제(燔祭) 축제인 가디마이에 관한 논란을 돌이보았다.

   5년마다 네팔의 힌두교 축제 가디마이가 열린다고 했다. 카
트만두에서 남쪽으로 100킬로미터 떨어진 바라 지역의 가디마
이 사원에서 이틀 동안 열리는 이 축제는 수만 마리의 동물이
산 채로 바쳐지는 의식이다. 그런 이유로 이 축제는 전 세계 동
물 권리 보호 운동가들의 항의를 받아왔다. 2019년 12월, 동물
보호단체의 반대에도 가디마이 축제는 또 열렸다는 소식을 전
해들어야 했다.

   하지만 네팔과 인도에서는 이 축제에 참여하려는 신도 수십만
명이 사원으로 모여들었다고 했다. 이들 중 수만 명은 소나 염
소, 돼지, 쥐, 비둘기, 닭을 가져와 힌두 여신 가디마이에게 바

친다. 가디마이 축제 위원회의 주관자는 "산 제물을 바치는 것은 믿음에 대한 것"이라며 "이것은 멈출 수 없다"고 말했다. 하지만 운동가들은 산 제물을 바치는 것이 이 지역의 미신과 가난, 문맹의 극명한 증거라고 비판했다는 것이다.

동물복지네트워크 단체의 대표는 "이 축제가 공중 보건과 정신에도 매우 해로운 것과 별개로 동물의 권리를 침해하는 것"이라며 "희생된 동물의 고기와 가죽을 팔아 엄청난 돈을 벌 수 있기 때문에 축제가 계속 열리는 것"이라고 주장했다. 265년 역사를 가진 이 축제는 2009년 처음 널리 알려졌고, 이후 동물권리보호운동가들은 반대운동을 펼쳐왔다. 2009년 당시 소 1만 8천 600마리를 포함해 동물과 새 등 50만 마리가 희생됐다는 것이다.

인간이 먼저인가 아니면 종교가 먼저인가? 성서에는 신이 인간을 만든 것으로 기록되어 있으니 좀 혼란스럽다. 성서도 인간이 기록한 것이긴 하지만 말이다. 지구촌 곳곳에 사는 사람들이 다들 생존을 위한 문제로 제각각의 고민을 하고 사는 듯 하지만 종교는 개인만의 문제, 한계를 넘어선다. 현대 종교학의 창시자라 불리우는 막스 뮬러는 "종교는 그 역사를 인류와 같이 하였다."고 말하였고 에밀 뒤르껭은 "종교는 모든 문화의 큰어머니"라고 했다. 이는 인간이 존재하면서 어떠한 형태든 반드시 종교적 행위가 있어왔다는 것을 말한다. 긍정적인 측면으로 인간의

종교적 행위들이 문화를 낳고, 인류의 정신적 물질적 발전에 큰
기여를 해왔다는 뜻으로도 이해되지만 부정적인 측면도 간과할
수는 없다. 이처럼 인간과 종교, 문화와 종교, 인간과 문화 사
이에는 밀접한 관계를 지니고 있다.

내가 목도한 또 하나는 살아있는 신으로 추앙받는 '쿠마리'에
관한 것이다. 힌두교가 대부분인 그들의 종교를 이해한다는 것
은 불가한 일이었다. 특히 아직도 행해지고 있는 번제와 살아있
는 신은 이해하기 어려웠다.

힌두신으로 살아있는 여자아이, 소녀가 신으로 숭배되고 있
다는 것은 호기심을 넘어서는 경계 밖의 현상이었다. 어떻게 그
런 일이 버젓이 행해지는 것일까? 달라이 라마와 같은 티벳 종
파인 라마교의 영적 지도자를 떠올리면 되는 것일까?

달라이 라마는 지속적으로 다시 태어난다는 환생을 믿고 있

다. 수도승들은 달라이 라마가 사망한 시점에 즈음해 태어난 어린 소년을 찾아 나선다. 그리고 소년을 '새로운' 달라이 라마로 확정하기 전에 환생의 연속선상의 인물임을 드러내는 여러 징후들을 찾아낸다. 그런 다음 그 소년을 지도자의 역할에 부합하도록 교육하고 훈련한다. 쿠마리를 선택하는 과정도 이와 닮아있다.

샤카 문중에서 금세공업자의 딸 중에 4~5세의 여자아이 중 용모, 별자리 등을 검토 후 선별한다. 석가는 샤카(Sakya)라는 민족의 명칭을 한자로 발음한 것이고 모니(muni)는 '성인(聖人)'이라는 의미이다. 그러므로 석가모니는 '샤키아 족 출신의 성자'라는 뜻이다.

석가모니는 지금의 인도 땅에서 태어난 것이 아닌 네팔 테라이지방의 남서부에 위치한 룸비니에서 태어났다. 물론 그 당시에는 인도 땅이었을 것이다. 그곳은 잊힌 전설처럼, 인도의 불교

쇠퇴와 함께 15세기 이후 황폐해졌다. 19세기 말까지 기록상에 만 전해지는 성지였고 정확한 위치는 밝혀지지 않았다. 1896년 독일 고고학자인 포이러 박사가 히말라야 산기슭의 작은 언덕을 배회하다가 석주 하나를 발견하면서 세상에 널리 알려졌다.

석주에는 바라미(Brāhmī) 문자로 "신들의 사랑을 받는 아쇼카 는 즉위한 지 20년이 지나 친히 이곳을 찾아 참배하였다. 여기 서 부처님이 탄생하셨기 때문이다. 그래서 돌로 말의 형상을 만 들고 석주를 세우도록 했다. 이곳에서 위대한 분이 탄생한바 경 배하기 위한 것이다. 룸비니 마을은 조세를 면제하고 생산물의 8분의 1만 징수하게 한다."는 내용이 새겨져있다.

부처님이 실존했던 분인가를 두고 19세기 말에 서구학자들 사 이에는 의견이 분분했다. 인간이 행할 수 없는 기적을 행하고 죽은 지 사흘 만에 살아났다는 것으로도 예수는 특별한 존재였 지만 상대적으로 싯달타의 실존성은 미미했던 것이다. 어째든 아쇼카 석주의 명문으로 석가가 신화 속 인물이 아니라 역사적 실존 인물임을 확인하고 논란은 사라졌다.

아쇼카 왕은 인도역사상 최대의 온전한 제국을 형성하였다. 오늘날 그로 인해 부처의 존재를 확인하였듯이 불교사적으로도 그의 발자취는 뚜렷했다. 무엇보다도 불교의 대중화를 통한 새 로운 문화를 이루었다. 부처가 입멸한 후 유골을 모신 불사리탑 을 허물어 인도 전역에 탑을 만들어 퍼트린 것이 그것이었다.

종교의 본질이 결국 의지할 곳을 정하고 복이든 다음 생이든 염원의 대상을 세우는 것이니 이는 대단한 종교의 대중화였다. 탑은 불상처럼 염원의 구체적 대상이었던 셈이다.

쿠마리는 네팔에만 있는 또 다른 신의 모습이다. 힌두교와 불교의 융합을 도모하듯, 마치 달라이 라마의 환생자를 찾는 것과 흡사한 과정을 거친다. 전임 쿠마리가 사용했던 소지품을 골라내어야 하고 아주 캄캄한 방에서 하루를 묵어야 한다. 그런데 이 방에 놓인 소, 돼지, 양, 닭 등의 머리와 이것들에서 나는 피 냄새를 아이는 무서워하지 않고 하룻밤 동안 견뎌야 한다.

옛날 힌두의 탈레주라는 여신이 인간의 몸을 빌려 아름다운 여인의 모습으로 카트만두 왕국에 출현했고 왕은 여신을 극진히 모시며 영원히 같이 있어주기를 희망했다. 그러던 어느 날 왕은 그녀의 아름다움에 이성을 잃어버리는데 이에 여신은 분노하고 이승에서 사라져버린다. 왕이 잘못을 뉘우치고 여신이 돌아올 것을 간절히 기도하자 여신은 순수한 어린 여자아이를 선택해서 자신의 분신으로 섬기기를 명한다. 이것이 쿠마리의 기원이다.

그야말로 난관을 극복하고 선발된 쿠마리는 가족과 함께 초경을 치르기 전까지 쿠마리 사원에 거주하며 신으로 추앙받게 된다. 자신의 의지로 신이 되고자 한 것일까 궁금하지만 알 길이 없다. 사람들과 격리되어 사는 생활이 어떨지도 궁금하다. 쿠마리는 가족 외의 다른 사람들과 일체 접촉할 수 없고 쿠마리를 사진촬영하는 것도 금지되어 있다.

초경을 치른 쿠마리는 신성을 잃은 것으로 간주되어 사원을 떠나야 한다. 초경 전에라도 상처 등으로 피가 나면 자격은 박탈된다.

이와는 다르나 '차우파디'라는 관습도 이어지고 있다. 차우파디(chhaupadi)는 여성을 생리 기간 동안 가족과 격리하는 네팔의 관습이다. 차우파디는 힌두교 사상의 일종으로 여성의 생리혈을 부정하게 여겨 생리 중인 여성이 음식과 종교적 상징물, 소, 남자 등과 접촉하는 것을 금지해 완벽하게 격리 조치하는 전통

풍습이다. 이 관습을 지키지 않으면 신이 노해, 집안에 안 좋은 일이 생긴다고 믿는다.

네팔 서부 도티 지역에 사는 21세 주부가 차우파디 관습을 지키다가 사망한 것을 그의 시어머니가 발견했다. 사망 당시 차우파디를 지키기 위해 오두막 안에서 혼자 자다가 영하의 기온을 이기기 위해 피웠던 불의 연기로 질식한 것으로 알려졌다. 이미 네팔에서는 차우파디가 인권침해라는 논란 때문에 지난 2017년부터 공식으로 금지, 어길 경우 3개월 징역 및 약 30달러의 벌금을 부과하도록 했으나 아직도 네팔 서부를 중심으로 한 시골지역에서는 이 관습이 이어지고 있다고 알려졌다. 또한 외신 보도에 따르면 차우파디로 인한 질식사고 및 성폭행사건이 잦은 것으로 전해진다.

한편 힌두교는 남아시아에서 발생한 종교로 여러 신들의 존재를 부정하지 않는 다신교적 일신교로 교주가 없는 것이 특징이다. 기본 교의는 우주의 법칙과 인간의 윤회를 근간으로 한다.

더르바르는 옛 카트만두 왕궁의 중심 광장인데 카트만두 근처에 위치한 '파탄'과 '박타푸르'라는 도시에도 마찬가지 이름의 광장이 있다. 더르바르는 '왕궁'이라는 의미이다. 버스에서 내려 그곳으로 가는 길에 다리를 하나 건너야 했는데 그 불결함은 상상을 초월했다.

이 더르바르 광장에는 옛 왕궁을 비롯하여 쿠마리 사원, 시바 사원 등 많은 탑들과 건축물들이 있는데 안타깝게도 지난 2015년 대지진으로 인하여 상당수가 파괴되었다. 대지진 때에도 쿠마리 사원이 온전했던 것에 뭔가 의미를 부여하는 기류를 느낄수 있었는데 기둥으로 지탱하는 모습이 위태로워 보였다.

쿠마리는 하루에 두 번 관광객을 위해 모습을 드러낸다고 했다. 현지인은 물론 많은 관광객이 4층 높이의 창문을 올려다보고 있었는데 4시 정각이 되어도 쿠마리의 모습은 나타나지 않고한 여인이 나타나 카메라를 치우라고 고래고래 소리치고 있었다. 카메라를 내리는 이도 있고 뒤를 돌아보는 이도 있는데 잠시 시간이 지나고 드디어 여신께서 모습을 드러내시었다. 뭔가 계시를 내려주듯 근엄한 얼굴도 아니고 사월의 연초록 숲처럼 청순한 얼굴도 아닌 뭔가를 씹고 있는 듯 약간 심술궂은 어린 소녀의 모습이었다. 기대와는 달리 조금 허탈하게 여신을 배알하고 다시 네팔이라는 곳의 종교적 독특함에 대해 생각했다. 독특함이라고 인식하기보다는 보편성이라고 해야 하나 일반대중들에게 정치 또는 종교지도자들은 어떤 방법으로 그들의 통치력을 구축해나가느냐 하는 것이다.

　네팔에서 가장 큰 규모의 불탑인 보다나트는 20여 개의 티벳 사원들과 수많은 가게들이 함께 있어서 네팔 티벳 불교의 총본산을 이루고 있다. 그야말로 성(聖)과 속(俗)이 혼재한 공간이다.

불탑에 그려져 있는 그림, 두 눈은 부다의 눈을 상징하며, 물음표같이 생긴 코는 네팔 숫자 1을 나타내며 모든 진리는 하나라는 의미를 내포한다. 두 눈 사이에는 점이 하나 있는데 진리를 꿰뚫는 제3의 눈인 삼지안이다.

부처님이 이곳에서 태어나셨지만 힌두교가 절대적으로 우세했다. 대신 불교와 타협하듯 힌두교와 불교가 절충되어 있다. 쿠마리라는 신격화도 힌두교의 여신 '두르가'의 화신으로 숭배되고 있는데, 이 쿠마리는 반드시 불교도만이 갖는 직업인 금세공업자의 딸 중에서 선택되기 때문이다. 이곳에는 힌두교와 불교의 혼합형태의 구조물 및 조각상들이 꽤 존재하는데, 하부는 링가의 형태로 힌두교의 형태이며 상부는 불상이 존재하는 형태를 띠고 있다.

인도의 실체

인도에 다녀왔다는 이들이 많다. 심지어는 배낭여행으로 몇 달씩이나 돌아다녔다는 이들도 있다. 해외여행이 이웃집 마실 가는 것처럼 일반화된 세상이니 인도에 갔다 왔다는 것이 뭐 대단한 것도 아니지만 많은 이들이 한결같이

"꼭 한 번 인도에는 가봐."라고 말하곤 했다. 세상물정에 뒤

처진 자처럼 자괴감을 가지면서도 그 이유를 묻지는 않았다. 인도 여행에서 뭔가 특별히 챙겨온 것이 있거나 인상적이었다는, 내세우거나 강조하고 싶은 마음일 것이다. 그곳이 고대문명을 이룬 곳이라는 것을 의식하거나 그 흔적에 의문을 가지기보다는 말이다.

인더스문명은 기원전 3300년부터 1700년 사이에 인더스강 상류, 펀잡 지방(지금은 파키스탄)에 있었던 문명으로 1921년 히랍파에서 발굴이 되고 1922년 모헨조다로가 발굴되면서 인더스문명으로 인정받게 되었다. 이 문명은 아리아인들이 이주해 오기 전에 살았던 원주민인 드라비다족에 의해서 이룩된 문명으로 고대 폼페이처럼 문명을 누렸다고 추정하고 있다. 이어 기원전 1000년경에 아리아인들이 침입하면서 멸망하였고 침입한 아리아인들에 의해서 오늘날 힌두교의 교리라고 할 수 있는 베다들이 정리되었고 그때부터 신분제도가 생기기 시작했다.

정복자들은 신들을 섬기는 집전자인 승려계급인 바라문(브라만)과 무인계급이 크샤트리아 그리고 서민계급인 바이사로 나누어지게 되었으며 피정복자들을 지배하는 계급으로 존재하게 된다. 피정복자는 가장 낮은 계급인 수드라가 되었다. 이 네 계급 외에 불가촉천민이 있는데 사람으로 취급을 당하지 못하는 사람들이다. 이같은 계급제도는 지금까지 유지되며 계급이 다르면 결혼도 할 수 없으며 만약 결혼을 하게 되면 불가촉천민의 계급으로 떨어지게 된다. 식당도 주인과 종업원의 계급이 같아야 한다. 만약 주인이 바라문인데 요리사가 바이사면 바라문계급과 크샤트리아계급이 오지 않는다. 이는 자기보다 계급이 낮은 사람에게 서비스를 받으면 자신의 신분이 더러워진다고 생각하기 때문이라고 한다.

그리고 바라문은 불가촉천민을 교통사고로 죽였다고 하더라도 자신의 잘못이라고 생각하지 않는다고 한다. 그런데 이런 불가촉천민이 인도 인구의 20%라고 한다. 인권문제 등 여러 문제가 많은 계급제도를 타파하기 위해서 아무리 정부에서 노력하여도 수천 년을 이어온 관습이기에 그 뿌리가 깊어 좀처럼 개선되지 않는다.

인도 사람들은 기원후 천 년이 지나 오백여 년 이상 지속된 이슬람 지배하에서 해방되었다. 이슬람 종교의 특성상 이런 계급제도가 타파되었어야 함에도 불구하고 계급제도가 그대로 남아있다. 물론 피상적으로 확인한 것이지만 네팔에서는 신분제가 제도적으로는 와해되었다 하나, 그를 체감하기는 어렵다는 것을 느낄 수 있다.

최첨단과 후진이 같이 머무는 곳, 고등 종교의 범주에 드는 기본적인 요건은 경전인데 힌두교는 불경이나 성경 같은 경전이 없다. 신화만이 존재한다. 한계처럼 통일된 교리도 없고 상징적인 사원도 드물다. 숱하게 많다는 신처럼 집집마다 거리를 떠돈

다. 오랜 염원이 지상으로 내려온 신화가 인간을 만나면서 종교가 되고 경전을 가지면 인간은 신화를 버리는데 인도며 네팔은 신화가 살아서 신으로 존재하고 계급을 가른다. 셀 수도 없이 많은 신의 숫자만큼 삶의 방식과 모습도 언어도 제각각이다. 그러니 신화 속의 신은 여전히 인간을 지배하며 보살핌과 경배를 받으며 인도·네팔인 등과 함께 생활하고 있는 것이다.

인도에 다녀온 누군가가 나에게 인도에 한 번 가보라고 하는 건 이같은 인도 사회의 실상에 대해 잘 모르기 때문이다. 나름 대단한 걸 깨닫거나 충격적인 사실과 현상을 목도했기에 남에게도 인도를 체험하길 권하는 것이다. 하지만 대개는 자신의 관점에서 피상적으로만 그들의 삶을 보고 왔을 것이다. 더하여 많은 불자들이 성지순례로 다녀오기도 한다. 먼저 갔다온 이든 아직 가보지 못한 나에게도 인도 여행의 중심은 종교였다. 그런데 갔다온 이들이 과연 그들의 종교에 대해 얼마나 알고 있을까?

인도 여행을 권하는 이들은 빈곤과 비위생적인 환경, 무질서 속에서 태연하게 살아가는 인도 사람들에게서 큰 깨달음이라도 얻은 듯할 것이다. 특히 바라나시의 갠지스 강가에서 공개된 의식처럼 주검을 화장하고 그 강물을 마시고 성수처럼 몸을 담그는 의식을 치르는 그들의 모습을 그들은 과연 어떻게 보았을까?

삶과 죽음이 태연하게 흐르는 강가 풍경은 윤회라는 마법이 작동하고 있다는 느낌을 줄 것이다. 불교 또한 그 뿌리에서 비롯되었으니 불교신자에게는 갠지스강 풍경이 대단히 인상적일 것임이 분명하다.

신대륙에서 일어난 일

콜럼버스, 그는 왜 신대륙을 찾아 떠났던 것일까? 앞에서 인도이야기를 했지만 이어서 당시 인도를 찾아 떠났던 그를 이어가며 묘한 연관성을 가진다. 그가 인도를 향해 떠났던 이유는 무엇일까?

그는 보물을 찾아 떠났던 것일까? 당시 보물의 범주에는 금이나 은보다 향신료가 포함되어 있었음을 전제해야 한다. 후추나

계피의 원산지였던 인도의 남부로 가서 그것들을 한 배에 싣고 올 수 있으리라는 장삿속도 있었다는, 요즘 말로 대박을 칠 수 있었다는 것이다.

그것은 긴 전쟁보다 더한 투쟁이 끝난 전사들의 또 다른 열망이었다. 그러나 배의 돛대에 매단 깃발처럼 명분은 그게 다가 아니었다. 그가 배에 오를 수 있도록 해준 스페인의 페르디난도 국왕과 이사벨라 여왕에게 고한 항해록의 서문에는 그 이유를 적시하고 있다.

"이렇게 많은 백성이 우상숭배에 빠져 파멸의 교리를 받들어 왔지만 폐하 내외께서는 가톨릭교도로서, 또한 성스러운 가르침을 높이 받들고 널리 알리고자 하시는 군주로서, 나아가 마호메트의 가르침이나 모든 우상숭배나 사교(邪敎)의 적으로서, 크리스토발 콜론(크리스토퍼 콜럼버스)을 인디아 앞으로 뻗은 지방에 보내시고, 그 땅의 군주나 인민, 나아가 토지와 그 생김새, 그 밖의 모든 것을 견문하고 그들을 성스러운 가르침에 귀의하게 할 방도를 탐구하도록 명하시고, 그 일을 위하여 종래부터 다니던 동쪽 육지가 아니라 오늘날까지 사람이 지나간 적이 있는지 없는지 분명하지 않은 서쪽을 통해서 도달하도록 이르셨습니다." 라는. 그랬다. '그들을 성스러운 가르침에 귀의하게 할 방도를 탐구' 하는 것이 적시된 이유였다. 거기엔 본질적인 목적이었을 보물을 언급하는 내용은 빠져있다. 그보다는 또 다른 이유, 영토회복에 결정적으로 기여한 기사계급의 처리 문제가 있었다.

대항해의 시대를 열었던 포르투갈과 스페인이 위치한 이베리아반도는 서기 8세기부터 15세기까지 이슬람의 지배를 받았다. 단순히 영토의 회복이 아닌 오랜 기간의 전쟁에서 기독교 신앙을 위해 기꺼이 목숨을 건 전쟁에 나섰던 기사계급, 어느 역사에서나 무력으로 정치적 목적을 달성하고 나면 그 무력은 다시 거치적거리는 존재가 될 수밖에 없었다. 마치 전국시대를 통일한 도요토미 히데요시가 조선침략을 시도했던 것처럼 말이다. 그곳의 권력자는 그들을 밖으로 내보내는 방안을 고민했을 것이다. 콜럼버스의 항해 허가는 신의 이름으로 마침내 회복한 승리 직후의 들뜬 분위기에서 이루어졌던 것이다. 다만 이교도 교화라는 포교의 명분은 숨기고 가릴 수가 없었다. 새로운 섬을 발견하고 그곳에 사는 원주민을 만날 때마다 포교의 대상 여부를 일일이 보고했던 것이다. 그에게 성경에서 적시한 종말은 먼 미래라는 막연한 시기가 아니었고 곧 닥쳐올 사건이었을 것이다. 그러니 그 종말이 도래하기 전에 신대륙의 정복, 이교도의 개종을 크나큰 사명으로 인식하였다는 것으로 추정할 수 있다. 그렇더라도 신앙에 대한 욕망과는 또 다른 본질을 숨길 수는 없었다.

그들의 시작은 무장된 신앙심의 발로였지만 또 다른 욕망을 배태하고 있었다. 역설적으로 그 욕망을 감추게 하는 것이 있었

는데 바로 그들의 포교라는 명분이었다.

오늘날 IS로 대변되는 극단적 이슬람들이 있다. 이들은 이슬람세계를 확장하기 위해 테러를 불사한다. 이들처럼 침략자들의 한 손에는 칼이 있었고 한 손에는 성경이 있었다. 물론 성경은 잘 보이지는 않았던 것이고 상징적인 표현이고 한 손에 성경을 들었었다는 것은 포교의 목적이라고 할 수 있겠지만 절대적인 강압이라고도 할 수 있었다. 예외가 있기는 했다. 바로 대제국의 영토를 이어놓았던 몽골 사막의 기마병들이었다. 그들에게 유일신을 추종하는 종교가 침입하지 않았다는 것이고 그들역시 이민족들에게 종교를 강요하지는 않았다. 초기 이슬람도마찬가지였다.

그러나 침략에 이은 지배는 오래가지는 못했다. 그 이유는 신대륙 원주민들은 유일신의 종교를 가지고 있지 않았기 때문이다. 북아메리카의 인디언이나 중남미의 원주민, 몽골초원의 유목민들의 종교는 샤머니즘이나 토테미즘적인 다신교 형태, 태양을 숭배하거나 자연에 기반을 둔 종교였다. 독선적이고 배타적인 종교가 아니었다는 것이다.

유럽인들이 정복과 지배 과정에서 배태되고 야기되는 모든 야만을 신의 섭리라고 포장하였던 것은 아니었는지. 샤머니즘이나 토테미즘의 종교에서 메시아사상은 없었다. 유일신을 추종하는 종교와 차별 내지는 구별되는 중요한 것이라 추정할 수 있다. 원주민들이 자신들을 구원해줄 초자연적인 인물을 갈구하지 않았다는 것으로 말이다. 지금 이 순간의 삶이 천국이라고 믿었고 위대한 정령의 도움으로 대지에 살 수 있다는 것을 고마워했을 것이다.

유럽에서 배를 타고 건너온 백인들이 친구를 가장해 그들 삶의 터전을 파괴하고 빼앗기 전에 그들은 굳이 메시아를 기다릴 필요가 없는 풍요로운 삶을 살아갈 수 있었다. 그런 그들의 종교에 메시아사상이 개입된 것은 그네들 삶의 터전이 죄다 파괴되고 존재감마저 파괴된 다음이었다. 바로 이러한 침략과정에서 보듯이 인간의 욕망이 절대적인 신을 만들었다는 가정이 가능하다.

십자군전쟁은 종교의 이름으로 인류사에 지울 수 없는 만행을 기록했다. 셀주크 투르크가 크리스트교도의 예루살렘 순례를 방해했기 때문이지만 실은 이슬람이 비잔틴제국에게 위협을 가하였고 이에 위협을 느낀 비잔틴제국의 황제가 도움을 요청하면서 십자군원정이 시작되었다. 앞에서 언급한 콜럼버스의 신대륙 항해의 이유처럼 교황이 비잔틴제국으로 세력을 확장하려 했고 편승한 영주들은 약탈로 재산을 늘리려 했으며 상인들은 새로운 시장을 개척하려는 야심이 본심이었다. 역시 종교를 앞세운 전쟁은 여전히 전선을 형성하고 있다.

동서고금을 막론하고 권력도 마찬가지였다. 고려 말 신돈 등의 정치 관여는 권력체계를 무력화하는 요소로 작용하기도 했고 또 다른 권력을 태동시켰다. 새로운 왕조는 불교를 배척하고 유교를 숭상하였으나 세력 간의 다툼은 피할 수 없는 현실이었다.

인간이 존재하면서 신은 필연적으로 존재하게 되었다. 종교는 인간들이 자연현상과 생로병사의 두려움을 극복하고 현실의 고통을 해소하고자 하는 염원에서 생겨나기 시작했다. 인간이 사회화하면서 이해다툼과 갈등이 심화되면서 종교는 인간을 정화하고 이상 사회를 열망하는 마음, 단순하면서도 그러나 쉽게 도달할 수 없을 목표와 지향성을 포함하게 되었다. 죽음의 공포에서 벗어나 영원한 내세의 행복을 추구하고자 하는 마음도 지대했을 것이다. 즉 인간의 필요에 의해서 말이다.

북아메리카의 인디언이나 몽골초원의 유목민들에게서 보이듯이 인간은 자연의 온갖 죽음의 위협에 직면하여 하나의 생명체로서 생존하기 위해 자기보다 강한 존재를 숭배하기 시작했다. 처음에는 커다란 돌이나 큰 나무가 자기를 보호해준다고 믿었고, 몽골계 인종이 산포되어 있는 북방아시아에서는 곰을 숭배하는 사상이 존재했었다. 원시부족 사회에서 풍미하던 토테미즘에서 신의 원형을 볼 수도 있다. 이런 자연물에 대한 숭배는 주술신앙으로 발전했고 샤머니즘의 탄생도 동일한 맥락이었다. 고대 그리스 로마시대에는 다양한 형태로 신의 모습이 그려지면서 인간이 생각할 수 있는 모든 형태의 신들이 신화 속에서 등장한다. 이들 신의 모습은 모두 인간과 동물들의 모습과 특성이 결합된 형태이고 인간 심리를 극적으로 그려내어 사람의 내면이 투영되었다. 여기까지는 그런대로 흘러가는데 그 다음이 문제였다. 즉 석가모니, 예수, 마호메트 등 성인들이 등장하면서 한계에 봉착하게 되었다. 인간이 생각할 수 있는 가장 이상적인 신의 개념이 완성되는 시기라고 볼 수 있다. 그 후에 인간의 지식이 높아지고 이전에는 신비롭게만 여겨졌던 현상들이 상식화되고 인간이 미리 예측하고 통제할 수 있게 되면서 신의 영역은 점차 줄어들었다. 우주와 생명의 신비들이 인간의 지혜영역으로 급격히 유입되고, 급기야 유전공학에서는 인간을 복제하는 단계를 넘어 새로운 생명체를 창조할 수 있는 단계에까지 이르게 되면서 신의 영역을 넘보는 오만을 부릴 수 있는 지경에 이른 것이다. 이러한 사실은 이제 더 이상 새로운 신이 생겨나기 어려운 이유가 될 것이라고 추정할 수 있다. 메시아를 갈구한다는 것은 현실에 만족하지 못하는 욕망의 산물임은, 앞서 인디언들의 예에서 말했다. 메시아적 사상을 가미하여서 온전치 못한 존재로서의 신에게 은신처를 마련해 주고 싶었던 것이다. 대개의 종교에서 신의 모습이 인간의 모습으로 표현되고 인식되는 것도 같은 맥락이다.

윤회와 천국

현존하는 모든 것들이 오고 가는, 생(生)과 사(死)는 외길이다. 오는 길이 외길이었는데 다시 돌아가는 길에 갈래 길이 생겨날 수 없다는 것이다. 그럼 대체 누가 다른 길이 있다고 한 것인가?

누구에게나 죽음에 대한 공포와 두려움은 쉽게 떨쳐버릴 수 없는 것이었다. 또 다른 길이 있다고 말하는 건 자연인으로서는 큰 파급력을 가지지 못하고 신의 이름이거나 경전으로 구속력을 가진다. 그런 이유로 인간은 신화를 만들고 신화 속에서 체계화된 종교를 만들었나. 단 한 번의 삶이라면 현세를 살아가는 인간의 존재성이 어떻게 달라질 것인가?

'천국의 발명'이라는 책이 있다. 과학 잡지 '스켑틱'의 편집장인 저자는 이 책을 통해 죽음의 과학적 실체를 드러내면서 '내세라는 거짓'을 믿는 이들에게 오고 가는 외길의 실체를 설득력 있게 계몽한다. '계몽' 하는 이유는 사람이 종교를 믿든 안 믿든 '내세'의 두려움에서 벗어나는 것은 불가하기 때문이라는 것이다. 과학으로 해결될 수 없는 현상을 종교는 극복한 듯이 보이지만 저자는 종교적, 신비주의적 악령들을 철저히 논증하고 비판한다.

역시 오랫동안 종교를 통해 인지된 천국이니 지옥이니 하는 종교적 사후세계는 죽음의 공포로 인한 인간의 강박이 빚어낸 허구에 지나지 않는다는 것이다. 5만 년 전부터 지금에 이르기까지 약 1,100억 명 가까운 사람들이 지구상에 태어났고, 죽어 사라진 약 1,000억 명 이상의 사람 중에서 되돌아와 천국이 있음을 알려준 사람은 한 명도 없다. 기독교, 이슬람교 등에서 말하는 천국의 묘사는 자연지리와 인간 상상력을 짜깁기한 소망의 태피스트리(다채로운 색실로 무늬를 짜 넣은 직물)일 뿐이라고 저자는 지적한다.

사형수들의 최후진술 중 특기할 만한 것은 죽음의 공포를 말하는 것이 아니라 이제까지 나누지 못한 사랑과 용서, 미안함 등이었다. 인간에게 두려운 것은 죽음 자체가 아니다. 잘 먹고 잘 살면서 사랑과 우정을 나누는 삶을 아직 살아보지 못했는데 죽음이 다가오는 일이다.

그럼 천국의 대체물이랄 수 있는 이상향은 어떠한가? 삶을 불편하게 하거나 불행하게 하는 요소를 제거하면 무한정 행복을 누릴 수 있다고 생각하는 순간 인간은 사악해져 되레 야만성을 갖는다. 현대과학과 동양사상의 용어들을 적당히 버무려 영혼 불멸을 주장하는 디팩 초프라 등의 명상 신비주의는 사실에 대한 명확한 설명을 회피하는 심오한 헛소리에 속하고, 윤회, 전생이나 영매 등은 대부분 일종의 확증편향에 불과하다는 것이다.

과학의 힘을 이용해 불멸을 꿈꾸는 불사과학은 어떨까. 의료기술을 통한 인간 수명의 무한연장을 말하는 생명무한 확장론과 트랜스휴머니즘, 정신을 일단 보전한 후 먼 미래의 기술적 부활을 주장하는 인체 냉동보존론과 오메가 포인트론 등도 허구나 마찬가지다. 인간 정체성의 물리적 실체인 뇌의 커넥톰(뇌 부위 간 연결 관계에 대한 정보총체)을 완전히 보존하는 것도 어렵지만 뇌세포에 담긴 정보를 가상공간으로 옮기는 기술도 아직 없다. 설령 가능하더라도 그것이 나인지 알 수 없다는 것이다. 한마디로, 불사 비즈니스의 희생자가 되지 말라는 이야기다.

앞서 인도이야기를 했지만 삶이 단 한 번으로 끝난다면 인도나 그 언저리에 사는 사람들처럼 그렇게 삶을 여유롭게 받아들이지 못할 것이다. 받아들이지 못한다는 것은 상대적인 수용을 말한다. 다 같이 못산다면 그건 어떤 종교적 사상에 관계없이 받아들일 수밖에 없을 테지만 결혼식 한 번 하는 데 1억 달러쯤 쓰는 부자가 집 앞에 산다면 그것을 쉽사리 받아들일 수는 없을 것이라는 말이다. 다음에 태어나면, 다음 생애는 현생보다 나은 삶을 살 수 있으리라는 믿음. 그러나 이는 믿음보다는 갈망일 것만 같다.

윤회(輪回)란 한마디로 삶이 한 번의 삶으로 끝나지 않고 죽음도 죽음에서 끝나지 않는 순환적 의미가 크다. 결코 한 시절 왔다가 가는 존재가 아닌 생사를 되풀이 하고 업을 통해 다양한 삶이 부여된다는 것이다. 덕을 많이 쌓은 고행자는 다음 삶에서 자연물, 또는 신이 되고, 선행자는 인간이 되고, 추행자는 천민 또는 동물이 되며, 범죄자는 미생물이 된다고 하는데 이런 사상을 통해 힌두교 특유의 카스트 제도가 정당화될 수 있었을 것이다. 또 힌두교에서 추구하는 또 하나의 키워드는 바로 '금욕주의'인데 이는 고통과 불쾌감을 포함하여 자신의 영혼과 육체를 수련하고, 절제하면서 자신의 욕구를 절제 또는 금한다는 것이다. 이러한 사상들로 스스로를 절제하면서 매일 예배를 드리고 자신의 가족의 장례를 치러도 또 다른 시작으로 생각하여 울지 않는 모습을 보이듯 자신의 종교에 대한 강렬한 믿음이 내재한다. 네팔 힌두교에선 가장 이상적인 죽음이 사원에서 죽고, 가트에서 화장되고, 바그마티강에 떠내려가는 것이지만 평범한 국민들은 이러한 죽음이 어려운 현실이다.

이 강렬한 믿음은 어쩔 수 없이 그늘을 드리운다. 힌두교 사원에서 수행을 하고 덕을 쌓는 수행자들을 '사두'라고 하는데 원래는 자신의 신체를 훼손하고 고통을 주면서 수행한다는 이들이다. 그런 이유로 마리화나를 피우기도 하지만 그것에 중독되는 경우도 있고 다른 이에게 덕을 나누면서 수행을 한다곤 하지만 티카를 찍어주고 무조건 돈을 요구하는 등 기본적인 교리에서 벗어나버린 모습도 보인다고 했다.

기독교는 현생을 결산하는 과정을 통하여 천국과 지옥으로 구분하여 다음 생을 이야기한다. 그러나 힌두교는 결산, 심판하는 과정이 없다. 인도나 네팔, 동남아 국가 어디를 가든 개 팔자가 상팔자라는 말을 실감하게 된다. 그것은 동물을 사랑하는 것과 무관하며 개를 현실세계와 사후세계의 연결고리로 믿는다는 것이다. 이와 관련해 힌두교에서는 지옥이라는 개념이 없다. 생전의 업에 따라 더 높거나 낮은 계급으로 다시 태어날 뿐이다. 그렇기 때문에 심판자의 모습을 무서운 모습으로 나타낼 필요가 없었다. 생전의 업만으로 다음 생의 계급이 자연스럽게 정해지며 그 과정에 개가 있다는 것이다. 그럼 기독교는 윤회라는 것이 교리에서 없었던 것일까? 아니면 왜 윤회사상이 사라진 것일까 하는 의문을 갖지 않을 수 없다.

사실 현생으로 소멸되지 않는다는 것은 힌두교가 모태일 수도 있고, 오늘날까지 인도사회의 병폐로 받아들여지는 카스트 제도는 소수의 지배계급들이 자신들의 기득권을 허물지 못하도록 강력한 안전망을 구축한 결과물일 수도 있다.

오늘날 기독교는 윤회사상을 절대 인정하지 않는 것처럼 보이지만 사실은 초기 기독교에서 윤회와 환생은 정식으로 인정되던 교회신학의 일부였다. 그런데 대부분의 종교에서 공통된 원리인 윤회사상이 성경에서는 왜 사라진 것일까? 그 이유는 기독교가 신앙 위주의 종교로 변질되면서 기독교를 장악한 로마황제와 교회가 자의적 필요성에서 예수가 말한 진리를 함부로 훼손했기 때문이다. 오늘날 기독교인들은 사후세계에 천국과 지옥이 있다는 것과 내세가 있다는 것은 의심 없이 믿고 있으나 기독교의 역사 때문에 전생이 있다는 것은 모두 부정하고 있다. 그러나 이 세상의 모든 일에 반드시 원인과 결과의 법칙이 통용된다면, 내생이 있다는 것은 곧 전생이 있다는 것을 의미한다. 오늘날 너무나 당연한 사실을 기독교인들은 외면하고 있으니 초기 기독교인들보다 그 수준이 더 떨어지는 것은 아닌가. 만약 예수가 지금 살아계신다면 세상의 이치와 인간의 도리를 밝힌 자신의 참된 깨달음의 가르침이 사라지고 오히려 자신이 그토록 싫어하던 우상이 되어 이치도 없이 무조건 섬김 받는 현실에 대해 매우 통탄해 하실지도 모른다.

윤회설조차도 어찌 보면 인간을 억압하기 위한 수단이라면,

현생에서의 고난과 고통은 전생에서의 죄업 때문이라며 현생에서 선업을 쌓는 데 애쓰고 금욕적으로 살아야 함을 강조하는 인과론도 인간을 억압하는 논리다.

전생이라는 것이 있는 것인가? 윤회(輪廻)는 일정한 깨달음, 경지 또는 구원된 상태에 도달하지 못한 사람에게 지워지는 형벌과도 같은 사상을 바탕으로 한다. 깨달음, 경지 또는 구원된 상태에 도달할 때까지 계속하여 이 세상에 재탄생한다는 교의 또는 믿음이다. 윤회사상을 흔히 불교와 연관하지만 이미 인도에 존재하던 것이었다.

전생을 이야기하는 윤회사상은 나에게 미지(未知)의 이치로나 신심의 분량만큼 막연한 것이었다. 만난 누군가가 '손금을 볼 줄

안다' 하면 손을 내밀듯이 전생의 부피와 질감은 그런 정도였을 것이다. 현생에서 비루한 삶을 견디게 하거나 선한 삶을 강조하고 압박하는 수단 정도로 가볍게 생각했다.

원숭이도 모여 사는 사원에서 오체투지 순례를 하는 이를 만났다. 고행일 수밖에 없는, 온몸을 땅바닥에 던지는 행위, 그에게 감히 이유를 물을 수가 없었다. 물질이 내 몸을 이루는 듯하지만 마음에 빛이 없다면 무슨 소용이 있겠는가라며 그가 나에게 묻는 듯했다.

🏔 인간의 인간적 행위

종교와 신앙은 같은 범주인 듯 하나 들여다보면 다르다. 한때는 종교적 의식 속에 신앙심이 한데 있는 것이었지만 이제는 구분되고 있다. 태어나고 혼인하고 죽는 것이 종교 안에 있었지만 이제는 아니다. 집 밖에서 죽은 이는 집 안에 들이지도 않았지만 이제는 다르다. 장례를 상업화된 공간에서 치르므로 종교의 영역을 벗어나고 있다.

인류 초기의 원시종교는 다신교의 모습이었다. 인도인들과 마야인들은 천체관찰로부터 지상의 사건을 예언하기 위한 정교한 체계들을 발전시켰고 중국의 은(殷)나라는 나라의 운세를 거북의 껍질을 불에 달궈 갈라진 무늬를 통해 나라의 운세를 연결지었다. 신, 즉 조상신과 상제(上帝)의 뜻, 하늘의 숨겨진 의미를 읽어내고자 했다. 은나라를 무너뜨린 주(周)나라는 상제의 호칭을 여전히 쓰면서 '천(天)'을 신의 이름으로 사용했다. '천(天)의 아들'을 뜻하는 천자(天子)라는 흥미로운 개념도 여기서 생겨났다. 그때부터 천(天)은 직접 모습을 드러내서 세계를 이끌어가지 않지만, 적어도 지상 세계에 한해 천자에게 통치권을 위임한다는 사고가 자리 잡게 된다. 상제든 천(천자)이든 의지가 있으므로 지상의 사람들이 따라야 할 방향을 제시했다. 따라서 인류 초기 역사에서 지배자들은 늘 상제나 천(天)의 이름을 빌려서 자기 언행의 정당성을 역설했다. 춘추전국시대에 이르러 하극상이 일어나고 재해가 빈번하게 일어나면서 천(天)은 현실의 규제로부터 더욱 멀어졌다.

종교와 문화는 상호 밀접한 연관성을 유지하고 있다. 그 물증처럼 지구촌 곳곳마다 사람들의 현재를 살아가는 모습과 그 과거는 각종 건축물로도 충분히 설명할 수 있다. 종교이든 문화이든 이는 오로지 인간만이 할 수 있는 인간적 행위의 산물이다. '인간의' 행위는 여타 동물과 다름이 없이 본능의 범주에 속하기도 하지만 '인간적' 행위는 그 의미가 다르다. '인간의' 행위는 여타 다른 동물처럼 생존을 위한 본능을 충족시키기 위한 행위를 지칭하며, 여기엔 어떤 윤리성이 포함되어 있지 않다. 그러나

'인간적' 행위는 다르다. 흔히 비인간적이라는 말을 인용하기도 하듯이 말이다. '인간적'이라 함은 인간이 어떤 행위의 대상을 자유로이 원하고 그 행위에 책임을 지는 윤리적 행위로 규정된다. 그러므로 인간의 종교적 행위는 넓은 의미에서 인간의 행위라고 뭉뚱그려 말할 수 있지만, 엄밀한 의미에서 '인간적' 행위가 되는 것이다. 그러므로 인간이 종교를 신봉하는 것은 인간이 자유로이 원하고 추구한 인간적 행위가 되며 여기에 인간의 종교성이 내포되어 있다.

초자연적인 절대자의 힘에 의존하여 인간 생활의 고뇌를 해결하고 삶의 궁극적 의미를 추구하는 문화체계, 이는 종교의 사전적인 정의이다. 그러므로 어린 시절 산골 마을에서 목도하고 접했던 것은 종교가 아닌 신앙의 범주에 속하는 것이었다. 신앙은 단순히 신이나 초자연적인 대상을 믿고 받드는 단순한 행위를 의미하기 때문이다. 그러나 종교는 다르다. '체계'라는 말이 들어가기 때문이다. 종교를 신앙에 비해 진화된 개념이라고 표현하기는 애매하지만 어떤 특정한 집단이나 권력이 유일신을 내세우며 경전에 입각하여 일관된 의식을 반복, 지속적으로 행하면서 믿고 따르는 행위를 종교행위라 할 수 있을 것이다. 이에 반해 신앙은 종교적 행위의 일부로 포함할 수도 있지만 제3자의 강요나 인위가 개입되지 않아도 개개인의 뜻에 따라 특정 신이나 절대자를 믿고 받드는 것이다.

처음 인간생활의 고뇌, 종교 또는 신앙의 의미를 생각한 것은 언제일까? 70년대 새마을운동으로 초가에서 함석으로 지붕개량을 하면서였던 것 같다. 여름 장마철이면 폭우가 쏟아지곤 했는데, 함석지붕의 요란한 소리와 마당에 가득 차 흐르는 물줄기에서 두려움을 느낀 순간이었을 것이다. 낡은 집이 떠내려갈 것 같은, 거센 물결에 나의 작은 몸도 그럴 것 같은 두려움으로 막연하게 간구하고 싶은 신앙의 대상을 떠올렸을 것이다. 그 이전에 어머니가 치르던, 동짓날이면 팥죽을 장독대에 올리고 정월대보름 전날이면 거리제를 지내던 것은 종교가 아닌 신앙의 일부분이었다.

사립문 밖에 삿된 기운을 물리치기 위해 붉은 황토 무더기를 양쪽에 놓는 것이 신앙의식의 준비이자 시작이었다. 떡이나 밥과 나물 정도의 간단한 제물을 바가지에 담거나 소반에 얹지 않고 짚을 깔고 그 위에 제물을 올리고 집에서 가까운 길에서 행하던 의식이었다. 굿을 할 때처럼 무당을 청하지는 않았고 어머니가 직접 행하던 소규모의 간단한 행위였다. 잡귀에게 제물을 주어서 잡귀를 쫓아 가까이 오지 않도록 하거나 몸에 들었다고 생각하는 잡귀를 떼어버리는 주술적인 방법이었다. 이렇듯 신앙은 조직화되지 않고 특정 경전을 통한 통일된 의식도 없는 개인의 정서에 따라 관례화된 행위였다. 또한 유일신이 아닌 다신(多神)의 형태였다.

그렇듯 신앙은 조직과 경전이 필요 없었고 집안의 범주를 벗어나지 않았다. 정기적인 집회의 시간도 없고 다만 관례화된 시기와 장소에서 믿고 받들었다. 그러니 포교의 확장수단을 가질 수 없었다. 물론 집안 내력 등이 작용했겠지만 외부의 간섭이나 통제의 범주가 될 수 없었다.

이처럼 단순히 토착신앙의 명맥을 이어오던 이 땅에 삼국시대 불교가 전래되면서 토착신앙은 지각변동의 시기를 맞는다. 경전과 함께 사찰이라는 별도의 공간이 세워지고 법의 형태로 경전을 설파하는 승려라는 신분이 존재하게 되면서 신에 대한 개념 및 신앙생활에 변화가 오게 된다. 물론 불교는 유일신의 범주에 들 수는 없는 거지만 불상으로 통칭되는 유형의 신앙의 대상을 갖게 되었다는 것이다. 삼국시대로부터 통일신라, 고려에 이르기까지 불교는 권력과 궤를 같이하며 국가종교로서의 권위를 유지했다. 왕실과 귀족들은 수많은 절을 짓고 불상·불탑을 설치하는 등 사원과 승려에 대한 재정적 지원을 아끼지 않았다. 또한 국사나 왕사를 책봉하는 의식에서 이들을 상징적으로 왕권보다 우위에 두게 함으로써 불교에 절대적 권위를 부여했다. 사원과 승려들 역시 왕실 및 귀족들과 협력관계를 유지했고 승려들은 이들을 위해 군사적·정치적 자문의 역할을 수행했다. 또한 팔관회·연등회와 같은 국가적인 민속제전 및 각종 법회와 도량을 주관했으며, 교리를 왜곡하여 정치 이데올로기로 이용하기도 했다. 결국 자율적인 정화기능을 상실하고 권력화한 귀족불교는 왕실과 결탁하여 대규모의 경작지와 노비를 차지하고 소작, 양조업, 고리대금업 등을 통해 막대한 부를 차지하고 부조리와 타락상이 극에 달했다. 불교가 득세하면서 고려는 종말을 예고하는 그림자를 드리웠고 공민왕은 신돈을 등용하여 개혁을 도모하지만 권문세가인 기득권의 반발 및 그도 인간의 한계를 넘어서지는 못하고 고려는 다른 성씨에게 왕권을 넘겨야 했다.

조선은 유학적 소양을 갖춘 사대부들이 강력한 숭유억불정책을 편다. 태조 이성계는 무학대사를 왕사로 추대하는 모양을 갖춰으나 승려들의 출가를 억제하기 위하여 도첩제를 시행한다. 태종은 불교 탄압을 본격화하였으나 이후 점차 완화되는 경향을 보인다. 조선은 성리학을 치국의 지도이념을 내세움으로써 유교국가를 표방하였으나 유교가 종교의 기능을 온전히 담당할 수는 없었다. 그러니 불교, 도교, 민간신앙을 완전히 배척하지는 못했다. 이후 중앙권력이 약화되면서 위기감을 느낀 사림은 성리학으로 백성들을 옥죄었고 민간신앙도 탄압했다. 다만 조상 숭배를 종교적 차원으로 차별화했다. 조선 중기부터 성리학은 여성의 지위를 약화시키는 데 악용되었고 성리학 외의 다른 학문을 배척했다. 그러면서 바깥세상이 어떻게 돌아가는지 모르게 외부세계 문을 닫은 것이 외침을 불러들이고 다시 망국의 구렁텅이로 빠져들게 했다. 그 와중에 서양의 학문처럼 기독교가 전래되었다. 밖으로 통하는 문을 닫아걸었지만 열강의 침탈이 시작되면서 문물도 따라 들어오기 시작했다. 그 중심에 기독교가 있었다. 동학 등 민속신앙을 범주를 벗어난 민족종교도 생성되기 시작했다. 그런데 기독교는 이 땅에 생소한 것이었다.

어린 시절, 마을에 교회가 세워지기 전 한 교인의 사랑방에서 예배를 보던 시절이 있었다. 먹으로 쓴 찬송가가 논산훈련소 야외교장의 궤도걸이처럼 서 있었고 벽면에는 지팡이와 다른 한 손에 어린 양을 안은 목자와 한 무리의 양떼들이 한가로이 풀을 뜯는 목가적인 그림이 든 액자가 걸려 있었다. 구약성경에는 절대자를 목자로, 피조물인 인간을 양으로의 표현이 더러 나온다. 후에 예수는 자신을 '나는 선한 목자요'라고도 했다. 동양에서 양(羊)은 좋은 의미의 표현으로 바탕을 이루기도 한다. 아름다울

미(美)도 착할 선(善)도 마찬가지다.

목자나 양의 모습은 생소한 풍경이었다. 우리는 전통적인 농경민족이었으니 말이다. 농경은 동물을 방목하거나 사육하는 것이 아닌 주로 농작물을 가꾸고 기르는 것이다. 농작물을 경작하는 데는 목자가 필요 없다. 허나 양에게 목자는 절대적인 존재다. 목자가 없으면 양은 생명을 부지하는 것이 불가하다. 이리떼들을 쫓아내야 하고 길을 잃지 않도록 돌보아야 한다.

'희생양'이라고 표현하듯 양은 산 제물의 상징적인 동물이었다. 이 또한 생소한 것이었다. 산 짐승의 피로 제사를 지낸다는 것은 생각할 수도 없는 일이었다. '순한 양'이라고 표현하듯 양은 죽는 순간에라도 저항을 하지 않는 유일한 동물일 것이다.

어린 시절, 예배당에서 접한 유목의 낯선 풍경에 대해 천착할 때 생각은 없었다. 왜 낯선 풍경이 전기도 들어오지 않았던 한 갓진 시골마을에 들어왔는지 깊이 생각하지는 않았다.

네팔의 종교 분포 비율은 대략 힌두교 80%, 불교 11%, 이슬람 4% 내외이다. 네팔은 전 세계에서 유일하게 힌두교를 국교로 했던 나라였다. 시절로 왕이 있었던 2008년까지는 공식적으로 '군주제 힌두교 국가'라고 기술했었다고 한다.

하지만 힌두교의 다신교적 특성 때문에 타 종교를 배척하거나 탄압하지 않았고 이로 인한 종교적인 분쟁 같은 건 거의 없었다. 정도의 차이는 있지만 우리가 히말라야에 가서 주로 만나게 될 셰르파족을 비롯한 여럿 소수민족들은 그들의 토착신앙, 불교, 힌두교의 특성이 어우러진 그들만의 특색 있는 종교를 믿는다고 한다.

🏔 종말론

곁에 있는 상대가 누구이든 정치나 종교이야기를 나누는 것은 쉽지 않다. 심지어는 가족 간에도 마찬가지다. 특히 종교에 관한 이야기는 더 그러하다. 그러한 기류는 '종교적인 사람들'이 늘어나면서 지혜의 범주에 들 정도로 경계나 각을 확실히 하는 것이었다.

종말을 이야기한 것은 오래전의 일이다. 4천 년 전에 만들어졌다고 추정하는 바빌로니아의 점토판에 적힌 "요즘 젊은이들은 버릇이 없다."라는 말처럼 말이다. 그렇다면 종말의 실체가 지구라는 별의 소멸인 것인가? 아니면 인간이라는 일개 종의 소멸을 이야기하는 것인가? 성경에는 대홍수에 의한 심판의 과정이 기록되어 있다. 이제는 불이라고도 한다.

몇 년 전, 고비사막 마라톤대회에 참가하고 돌아와서 나름의 소회를 정리하여 쓴 책이 '무신론자를 위한 변명'이다. 노마드의 거친 삶을 살아가는 유목민들을 보면서 우리가 누리는 문명의 한계를 인식해야 했고 오래전부터 가졌던 '종말론'에 대한 거부감 때문에 쉽지 않았던 제목을 선택했다. 종말을 마치 예정된 것처럼, 인간이라는 일개 종의 소멸이 아닌 지구별의 소멸로 확대 해석케 한다는 것에 대한 거부감도 있었다. 또한 인간의 욕망이나 종교가 은연중에 부추기는 욕망과는 무관한 것처럼 포장하는 것에 대한 반감도 작용했을 것이다. 종교라는 것이 절대적이거나 너무나 완강한 것이니 미욱한 자로서 겨우 할 수 있는 것은 변명이었다.

'대멸종 연대기'라는 책에서 저자는 언젠가 지구도 생명을 다하고 별 먼지가 되어 사라질 것이라고 예측했다. 이미 여러 번 예행연습도 거쳤다고도 했다. 우리가 사는 대지에서 일어났던 다섯 번의 대멸종이 바로 그것이고 지금은 또 다른 연습 기간이라는 것이다. 그것이 언제냐 하는 예측은 제각각이지만, 지구가 여섯 번째 대멸종의 초입에 들어섰다는 것이다. 이는 기후변화 등 작금의 현상으로 많은 사람들이 일반적으로 체감하는 바와도 크게 다르지 않다.

그러나 중요한 것은 앞선 다섯 번이 자연활동의 예측할 수 없는 결과였다면, 지금은 산업혁명을 도화선 삼아 인간이 분출한 과도한 욕망의 결과라는 사실이 다르다고 했다. 인간이 예감할 수 있는 상황, 저자는 "우리는 해마다 화산보다 100배 많은 이산화탄소를 방출한다. 이는 지구 온도조절장치가 암석 풍화와 해양 순환을 통해 따라잡는 능력을 한참 추월한다."라고 지적한다. 생물다양성과학기구도 생물 멸종이 전례 없는 속도로 진행되면서 전체 동·식물종의 8분의 1인 100만 종 이상이 멸종위기에 처했다고 밝힌다. 탄소를 흡수하고 동·식물의 서식지가 될 숲은 2000년 이후 해마다 650만 헥타르씩 사라지고 있다. 이는 우리나라 전체 산림 면적에 해당하는 크기다.

저자는 운 좋게도 다섯 번의 대멸종을 겪고도 지구가 살아남았기에 인류가 발전했지만 인류의 지나친 자신감이 파괴적인 효과를 일으킬지 모른다고 경고한다. 그는 캘리포니아대학교 샌타크루즈캠퍼스의 우주론자 앤서니 아기레의 말을 전하며 우리가 앞으로 행성을 어떻게 관리하느냐는 우주론적으로도 중요하다고 덧붙인다. "문명과 함께 어쩌면 지구상의 모든 생명이 자멸하든가, 그러지 않는다면 우리가 어떻게든 근처 행성들로, 다음에는 멀리 떨어진 행성들로 도달하는 식으로 은하계 구석구석까지 퍼질 수 있다"는 것이다. 저자는 책에서 더 이상의 생물 멸종을 막기 위해서는 인간이 생산하고 소비하는 방식의 근본적 변화가 필요하다는 것으로 경종을 울린다.

흐릿한 기억으로 내가 처음 예배당에 갔던 것은 초등학교 2학년쯤이었다. 낮게 엎드린 초가의 작은 사랑방이었다. 폐병으로 요양 차 내려왔던, 신학대학에 다니던 병약한 청년이 예배를 인도했다. 자발적으로 찾아간 것은 아니었을 것이고 먼저 예배당에 다녔던 동무의 권유가 있었을 것이다. 많은 세월이 지났지만 나를 인도했던 동무가 전달했던 권유의 말, 복음의 내용이 무엇이었을까 조금은 궁금하다.

사람을 구성하는 성분에는 여러 가지가 있겠지만 보이거나 만질 수 없는 것으로 사람들에게서 가장 핵심적인 것은 욕망일 것이다. 인간에게서 욕망은 삶의 본질을 이루는 성분이다. "인간에게 최고의 행복은 성희(性喜)이다."라는 누군가의 말은 부담스럽지만 충분히 타당성이 있다. 행복과 욕망은 상호 밀접한 관계가 있는 것이고 경우에 따라서는 종교도 마찬가지일 거라고 생각한다. 종교는 욕망을 버리라고 가르치지만 정말 욕망을 버리기라도 한다면 그 필요성을 상실할 것이다. 그러면 종교와 욕망

• 안나푸르나 7일 •

은 어떤 상관관계가 있는 것인가? 성별과 나이, 사는 공간과 사회적 신분과 위치에 따라 각자의 욕망의 분량과 모양은 다 다르지만 욕망과 종교는 깊은 상관이 있다. 내 안에 신을 가진다는 것은 자신의 모습을 신에게 투영하는 것이고 억압과 복종을 기꺼이 감수하겠다는 또 다른 표현이다. 신의 모습은 인간 내면의 욕망이 투영된 모습일 테니 말이다.

그러나 중요한 것은 대지에서 인간이 사라지면 신도 사라진나는 것이다. 신이 대지를 만들었다면 신은 인간이 만들었고 인간이 대지에서 사라진다면 신도 사라질 것이다. 대지는 자연(自然)이라는 말처럼 스스로 그러하다.

삶이 지나간 길에는 연민과 그리움이 남는다.

그나마 인간이 만물의 영장처럼 존재하는 것은 연민이 있기 때문이다.

사회적인 성취나 위업이었더라도 그것은 바람과도 같이 지나갔고

지금도 지나고 있을 것이다.

길이 끝나는 곳에서

길이 끝나는 곳에서

오스트리안캠프에서 내려오면서 길이 끝나가고 있었다. 길은 늘 시작과 끝이 겹쳐 있었다. 칸드에 도착했을 때 그곳에는 하나의 길이 끝나고 새로운 길이 또 시작되고 있었다. 길은 언제나 그 모양이었다. 그곳에는 먼 길을 돌아와 산을 오를 준비를 하는 이들도 있고 떠나온 곳으로 돌아가려는 이들이 한데 모여 있었다. 우리와 한 꾸러미로 길을 안내했던 네팔리 툼부는 7일 동안 걸어온 길을 다시 가기 위해 우리와 이별하고 새로운 팀과 한 꾸러미가 되어 짐을 꾸리고 있었다. 그에게 길의 의미는 자신의 존재성과 가족들의 일용할 양식을 뜻했다. 아내와 아이들이 기다리고 있을 안락한 귀가의 방향을 마다하고 다시 고단한 길을 떠나려는 그를 보면서 새삼스럽게 길의 의미가 저마다 다 다르다는 것을 새삼스럽게 생각했다.

시간여행도 생각하며 떠나왔던 길은 살며 지나왔던 길을 다시 가는 행로이기도 했다. 계절을 조금 앞당겨서 갔던 길도 있었다. 길이 이어진 높낮이에 따라 사람이며 나무들의 사는 모습도 마찬가지였다.

태초에 길의 의미는 없었을 것이다. 처음 누군가 들판을 가로질러 갔고 다른 사람들도 그 길을 다니면서 길이 되었을 것이다. 중국 근대문학의 시초처럼 노신(魯迅)은 그는 소설 '고향'에서 반식민지 상태 하 농경의 정서가 파괴되어가는 고향의 절망을 목도하고는 주인공의 입을 빌려 이렇게 말했다.

"희망이란 본시 있고 없고를 말할 수 없는 것. 그것은 길과 같다. 사실 땅 위에 처음부터 길은 없지만 다니는 사람이 많아지면 길이 되는 것이다"라고. 그가 말한 길의 의미는 다를지라도 길의 시원(始原)처럼 상통하는 바가 있다. 안나푸르나로 나를 잡아끌었던 여행을 마치면서 길의 의미를 새삼스럽게 음미해본다.

'타향도 정이 들면 고향'이라는 말이 있다. 이 땅에 철길이 놓이면서도, 60년대 이후 산업화시대에 고향을 떠난 사람들이 서로를 위로하기 위하여 나눈 말이었다. 그럼 정이 든다는 구체적 대상은 무엇일까를 생각해본다. 낯선 곳으로 옮겨간 새로운 집이었을까? 아니면 주변의 이웃들이었을까? 내 생각으로는 새로이 옮겨간 거처를 중심으로 오가던 고샅길이었을 것만 같다.

죽음은 누구에게나 길을 송두리째 잃는다는 엄숙한 선언이다. 늘 다녔거나 다니고 있는 길도, 새로운 길도 갈 수 없다는 뜻이니 죽음의 의미는 엄중하다.

자작나무 노랗게 물드는 가을 산의 모습이 아름다웠던 장면으로 기억하는 장쯔이의 데뷔작인 영화 '집으로 가는 길', 도시에서 사업을 하는 위성은 평생을 산골 마을의 교사로 봉직했던 아버지의 부음을 전해 듣고 집으로 향한다. 이젠 아무도 따르지 않는 전통 장례를 고집하는 어머니를 보며 부모의 첫 만남을 회상하는 것으로 영화는 시작된다. 시골학교에 부임한 선생님에게 첫눈에 반해 사랑하게 되는 시골소녀의 이야기.

중국 전통장례에서의 길의 의미는 심오하다. '죽은 자가 집으로 오는 길을 잊지 말고 기억하라'는. 작은 시골학교의 교사로 한평생을 지낸 아버지의 장례식날 각지에서 몰려든 수많은 제자들, 그들은 자신들에게 가르침을 주기 위해 오셨던 길을 다시 걷는다. 그 길은 사랑하는 연인을 기다리고 그에 대한 한없는 사랑을 표현하는 공간이다. 이생에서 사랑했던 이와 같이 걸었던 길, 그에 대한 존경과 감사의 길이다.

예정된 것처럼 베이스캠프에도 오르지 못하고 산을 내려오면서 아쉬움이 큰 나머지 억울한 지경이었지만 누구한테도 말할 수 없는 나만의 밀당의 비밀도 끌어안고 내려와야 했다. 나와의 밀당이라니?

밀당이라는 말은 근래에 생긴 말이다. 줄임말을 좋아하는 젊은이들이 만들었을 듯싶다. 밀당은 연애를 시작한 남녀 사이에서 연애의 기술이랄까, 어떤 관계에서도 적용 가능한, 밀고 당기기의 준말이다. 상대방을 내 영역으로 좀 더 끌어들이기 위해 심리적인 갈등을 유발하기 위한 나름의 수단, 자구책이라면 타당한 표현일까 싶다.

출발하면서 그런 생각을 했다. '베이스캠프에 도착하면 안나푸르나 정상까지는 아니더라도 그곳보다 얼마만큼은 더 오를 것이다.'라는. 사막에서 마라톤을 달리면서도 희미하게 설산을 올려다보아야 했던, 막연하지만 오래 품었던 열망 때문이었다. 물론 현지 사정은 잘 몰랐지만 그렇게 나와의 밀당을 숨겨두었는데 그 기회마저 갖지 못한 것이 너무 아쉬웠다. 칼날처럼 날카롭게 비껴선 협곡이니 없는 길을 찾아내는 것은 당연히 쉽지 않을 것이다. 막연했기에 밤에 몰래 올라가야 할 것인가도 생각했을 것이다. 도대체 죽음과 맞닥뜨리며 왜 그곳을 올라가려고 하는지, 그 답을 구하고 싶었던 마음도 마찬가지였다.

애초에 정해진 목표에 도달하지 못하고 내려온 길, 길은 개념(槪念)과도 같았다. 개념은 어떤 사물이나 현상에 대한 일반적인 지식을 말한다. 예를 들어, '사람을 많이 만나다 보면 요즘 사람들의 관심사를 읽을 수 있다'는 말로 이해하면 될 것 같다. 길이 없던 곳에 길을 만들며 정상에 오른다는 것, 그것은 어떤 의미이고 어떤 모양의 성취일까? 희열을 느낀다는 것으로 바뀔 수 있을지 의문스럽다.

영상으로나 글로도 네팔에 왔던 것은 여러 번이었지만 현실은 또 달랐다. 그것은 '개념과 사실은 다르다.'라는 말로도 표현힐 수 있을 것인지. 사실 우리 사회는 아직도 개념이 사실을 지배하는 듯하다. 이는 앞서 말한 권위주의적 가부장적인 질서가 유

지되는 것에서도 기인한다. 개념은 길과 같다. 나 혼자만 다니
는 공간이 아니라 타인들도 오고 가는 길이다. 길 위를 지나는
사람들의 모습은 제각각이다.

🏔 뒤를 돌아보다

　70일도 아니고 단 7일이라니, 다니느라 바쁜, 뭔 할 이야기
가 없을 듯싶다. 시간을 여행하듯 떠나온 길이었지만 산천은 의
구한 듯 보였다. 그러나 사람들은 바뀌어가고 있었다. 바뀐다는
것의 중심은 욕망이었다. 종교적인 억압에서도 헐거워지고 있
었다. 네팔리들의 순박하고 여유로운 모습은 점점 각박해져갈
것만 같다. 10년 후 아니 1년 후에 다시 이곳에 온다면 어떻게
또 변할지?

　산을 오르고 내리며 풍경과 사람들도 만났다. 지나온 길을 돌
아다보면 일행보다 먼저 도착한 간두룩마을 좁은 골목길에서 만
났던 아이들이 돌아나오곤 했다. 그 형제며 형제의 동무들을 그
골목길에서 만난 것은 큰 행운이었다. 마치 나를 위한 것처럼
동생을 업고 있는 어린 소년의 미소. 동생을 업은 표정이 힘들
다거나 조금의 짜증도 볼 수 없는 얼굴이다. 어릴 적 나도 그랬
을까 하는 생각이 들었다. 무언가를 의식하지 않는 여유로운 모

습은 길 위에 선 자에게 축복처럼 다가들었다.

　두고 온 대지에서는 저런 모습을 보기가 어렵다. 저렇게 모여
노는 아이들도 없을뿐더러 인구가 밀집된 아파트촌이라도 밖에
서 모여 노는 아이들이 없다. 운동장에서 노는 것 같이 보이는
아이들도 축구 등의 과외학습을 받는 경우가 대부분이다. 그것
은 놀이가 아니라 부담을 가져야 하는 학습이다.

　내 누이동생과의 터울은 여섯 살이었고 저 소년처럼 나도 누
이동생을 업어주어야 했다. 요즘처럼 유모차가 있었던 것도 아
니었으니 말이다. 그 시절 고만고만한 형제들은 다 그렇게 업고
다녔고 서로를 돌보며 자랐다. 기저귀를 채웠을 테지만 이린 동
생의 오줌이 등을 뜨겁게 했던 것도 기억난다.

　언젠가 다시 이곳을 찾는다면 저 소년을 다시 만날 수 있을

까? 아니 꼭 다시 만나고 싶다. 파키스탄 등 오지를 찾아다니는 한 여행자의 이야기를 기억한다. 현지에서 인물사진을 찍어 와 다음 번 다시 그곳에 가 사진의 주인공을 찾아 전해주었다는. 그 이야기를 들었을 때 참 대단하다는 생각을 했는데 나도 다시 찾아가 그 소년에게 저 사진을 꼭 돌려주고 싶다. 아니 책의 표지사진으로 넣어 책을 전해주면 더 좋을 것도 같다는 생각을 한다. 결코 돌아갈 수 없는 유년시절의 모습을 잠시 돌려준 것에 대한 보답품처럼.

일부러 불러 모으지 않아도 골목길을 오고가던 간두룩마을의 아이들처럼 우리가 어린 시절 그 많던 아이들은 언제, 어디로 다 가버린 것일까? 60년대 당시 50여 가구의 마을에서 내 또래

아이들이 무려 열다섯이나 되었다. 전후에 출산율이 급격히 증가했던 '베이비붐 세대'로 태어났으니 그랬을 것이다.

내가 태어났을 때만 하더라도 가족계획이란 말은 없었다. 후에 규정된 것일 테지만 전후 베이비붐 세대였다. 전쟁 등의 불안정한 시기가 지나고 풍요롭고 안정된 시절이 도래하지 않았다 하더라도 전쟁이나 불황이 끝나면 출산율이 증가했다. 유럽 등의 역사에서도 마찬가지였다. 식민지쟁탈전이 끝나고 두 번의 세계대전 후에도 마찬가지였다.

61년 5.16군사정변이 있었고 1963년은 이상기후로 큰 흉년이 도래했다고 했다. 3월 하순부터 내린 비가 6월 중순까지 계속되었으니 보리는 익어가지 못하고 서 있는 상태로 녹아내렸다. 그렇다고 없는 형편에 외국에서 부족한 식량을 들여오지도 못할 때니 대대수 국민들이 배를 곯아야 했던 시절. 당시 군사정부는 선거 시기를 조정해야 할 정도였다. 산에 도토리마저 열매를 맺지 못했으니 산짐승까지 굶어야 하는 지경이었다. 그랬으니 당시 정부 당국자들은 부족한 식량을 확보하거나 식량증산을 위한 계획을 구체화하기보다는 급격한 인구증가를 위협요인으로 인식하기 시작했고 이에 대한 대책을 강구하기 시작했다.

처음에는 산아제한이라는 말을 쓰다가 가족계획이라는 용어를 쓰기 시작했고 행정력을 적극 동원하였다. 임신중절이 합법화되고 월경조절술이라는 생소한 용어도 보급됐다. 초기에는

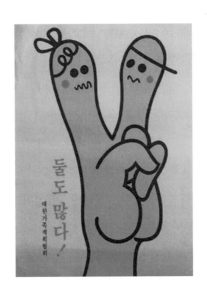

'루프'라는 자궁 내 피임장치를 권장하다가 이후 불임시술을 적극적으로 권장하였다. 불임시술을 하면 공공주택 우선 입주권이 주어졌고 예비군훈련을 면제하는 혜택도 있었다. 이 같은 제도를 도입하면서 직접적인 효과로 나타났다. 구호도 마찬가지였다. 내가 살던 시골마을까지 갖가지 반공구호에서부터 소주밀식 등의 농사 구호 등 온갖 구호가 난무하던 시절이었는데, 가족계획 구호가 한자리를 차지하게 되었던 것이다. 시대별 흐름은 다음과 같다.

'알맞게 낳아 훌륭하게 기르자'(61년), '덮어놓고 낳다 보면 거지꼴을 못 면한다'(63년), '세 자녀를 세 살 터울로 낳아 서른다섯에 단산하자'(3-3-35운동, 66년), '딸 아들 구별 말고 둘만 낳아 잘 기르자'(71년), '잘 키운 딸 하나 열 아들 안 부럽다'(80년), '적게 낳아 밝은 생활'(90년).

그랬던 시절도 있었는데 지금 저출산 문제는 국가 존립의 문제, 심각한 지경을 넘어섰다. 한 여론조사에 따르면, 미래에 가장 큰 위협요인으로 저출산 문제, 고령화가 28.5%로 1위를 차지하였고, 부정부패가 2위, 북한 안보위협이 3위로 확인되었다. 저출산은 말 그대로 새로 태어나는 아기, 즉 신생아가 줄고 있다는 것, 아이를 낳는 여성이 감소한다는 것으로 2018년 기준 여성 1명당 1명도 낳지 않는 것으로 나타났다. 의료기술과 생활환경의 개선으로 사망자 수는 계속 줄어 고령인구가 늘어나는 것일 뿐 전체적인 인구는 당연히 감소한다는 것이다.

출산율이 저조하면 전반적인 소비가 감소하고 노동인구도 감소한다. 노령층을 생산에 활용한다 하더라도 효율성은 떨어질 수밖에 없다. 어느 시대건 조직을 이끌어 가는 것은 젊은 세대들이다. 인공지능과 첨단 기술을 활용, 인력을 줄이는 것으로 해결되는 문제가 아닌 것이다. 시장은 당연히 수요와 공급으로 순환한다. 만약 몇몇 소수 인원이 노동력이 필요 없는 기계화를 이루었다 해도 이로 인해 생산되는 물건이든, 서비스든 판매 목적이 있을 것이고 이는 수요층들이 이용해야만 지속 가능한 순환이 이뤄진다는 것이다.

아무튼 전쟁이나 천재지변이 일어난 것도 아닌데 이처럼 인구가 급감한 것은 유례없는 일이다. 일반적인 경우로 경기악화와 청년실업, 높은 집값 등이 복합적으로 작용해 결혼기피, 출산율 저하로 이어진 결과다. 여성들의 사회진출과 경제적 안정 등이 일반적이지 않은 경우이지만 핵심적인 무거운 이유가 된다.

한 사회가 존속 가능하려면 적정인구가 유지돼야 한다. 하지만 인구절벽으로 여러 곳에서 문제가 발생하고 있다. 입대하는 청년들의 수도, 심지어는 입산하는 승려들도 마찬가지다. 경쟁자가 줄어드는 만큼 미래세대는 지금보다 일자리 걱정에서 가벼워질 수 있을 것이라는 예측도 가능하지만 그것도 애매하다. 기성세대보다 잘살 수 있을 것이라는 기대는 생각할 수 없다.

이제 젊은 세대들에게 결혼은 필수가 아닌 선택인 시대, 급격한 변화 속에서 우리는 한계를 향해 다가서고 있다. 문제는 늘 악화되어간다는 것이다.

길에서 만났던 이곳의 아이들도 이제 대처로 떠날 것이다. 또래의 아이들보다 더 나은 삶을 살아갔으면 하는 부모들의 바람이 있을 것이다. 버스를 기다리며 이곳에서 멀지 않을 듯 라다크 사람들이 생각났다.

오래된 미래

'오래된 미래, 라다크로부터 배운다'라는 책의 저자인 헬레나 노르베리-호지는 스웨덴 출신의 언어학자이자 환경운동가이다. 원래 런던대학교의 언어학 전공 학생이었던 헬레나는 1970년대 중반에 학위논문을 쓰기 위해 라다크를 방문했고 그곳에서 오래 머물렀다.

라다크는 인도에 속한 지역이지만 '작은 티벳'라고 불리는 서부 히말라야 고원의 황량하지만 아름다운 곳이다. 10세기경 티벳제국의 일부가 라다크 지역으로 건너가 세운 왕조가 라다크 왕족이었다. 대승불교가 주된 종교이고 달라이 라마가 정신적 지도자인 곳이다.

오래된 미래는 결국 지나간 과거에 있었다는 의미인가? 저자는 왜 '오래된 미래'를 제목으로 정했을까? 오래되었다는 것은 흔히 지나간 시간을 말하는 것이 아니던가?

행여 내력(來歷)이라는 말에서 그 답을 찾을 수도 있을지 생각했다. 내력이라는 말은 '지금까지 지나온 경로나 경력'을 뜻한다. 그러므로 미래보다는 지난 과거를 담는 말인데 오히려 지날 과(過)가 아닌 올 래(來)로 쓴 것처럼 말이다. 지니온 시간은 단순히 과거로 흘러가는 것이 아닌 앞으로 다가올 시간에도 깃든다는 깊은 의미가 담겨있는 듯, 오래된 미래도 결국 그 의미와 궤를 같이 하는 것으로 짐작했다.

저자는 라다크의 현지 조사 과정에서 그곳 특유의 안정된 가족공동체와 세대 또는 이웃 간의 유대 관계가 그들의 삶의 방식에 큰 영향을 끼쳤음을 피력한다. 이것은 라첼이 주장한 환경결정론과 배치된다는 느낌이다. 환경결정론이란 '여러 가지 형태로 나타나는 인간의 지역적 생활양식이 인간의 자유로운 선택에 의해 결정되는 것이 아니라고 주장하는 것'이다.

문화적으로 티벳에 속하는 라다크인들의 삶에 가장 큰 영향을 미치는 것으로 고원지대의 기후적인 특징, 여름에는 너무 뜨겁고 겨울에는 온도가 영하 40도까지 내려가는 날씨가 지배적이라고 생각할 수 있을 것이다. 강수량이 부족한 것도 마찬가지다. 이처럼 황량한 지역에서의 삶은 대개 척박할 수밖에 없다. 하지만 그들은 그렇지 않았다. 놀라운 정도로 그들만의 문화를 축적해왔다는 것이다. 척박한 환경 속에서도 사람들이 땅과 긴밀한 유대관계를 맺고, 물길을 섬세하게 관리하며, 각자 혹은 서로 협력하고 공생하며 아주 잘 살고 있더라는 것이다. 물론 그 당시와는 많은 시간이 지난 지금은 그곳도 많은 변화가 있을 것이다. 인간의 생활양식이 환경에 의해 영향을 받는다는 라첼의 이론을 라다크인들의 문화에 적용하는 것이 과연 옳은가 의문을 가졌던 것이다. 그렇다면 공동체에서 삶의 방식에 가장 큰 영향을 미치는 것은 무엇인가?

그것은 자급자족, 함께 나누며 공유하는 문화, 여성의 높은 지위, 그들의 전통 종교인 불교, 그리고 안정적인 정서를 가진 공동체였다. 그들은 늘 땅과 가까우며 모든 일에는 노래를 곁들이는 풍류, 제한된 자원을 조심스럽게 쓰는 '검약'의 문화를 가지고 있었다. 여기서 검약은 인색함과는 거리가 먼 것이었다. 가진 것을 아껴 쓰는 생태적 순환의 고리, 빈약한 자원이지만 자연에 성공적으로 적응하는 예를 보여준다는 것이다.

삶의 속도가 느리고 편안한 이곳에서 스트레스라는 말은 무색했다. 그들의 식사는 오래된 습관처럼 섬유소가 부족하고 불균형한 편이지만 건강하게 잘 살아가는 점으로 보아 안정된 심리 상태가 건강에 미치는 긍정적인 영향을 볼 수 있었다는 것이다. 이들은 사치품을 사는 용도 이외에 돈을 거의 쓸 필요가 없으므로 이들에게 가장 중요한 것은 돈이 아니라 서로에 대한 관용과 배려였다. 그들의 공동체는 소규모이고 서로 친밀한 관계를 유지하였고 이러한 문화에서 부패나 속임수, 권력 남용 등은 거의 드문 일이었다.

모든 법은 유연하고 정의는 인간적인 모습이며, 가진 것의 분배가 비슷하므로 그들은 경쟁보다 시로 도움으로써 공동체 삶을 꾸려나가는 습속을 이어나가고 있었다. 새로 태어난 아기는 공동체가 함께 양육하고 여성은 공동체 안에서 중요한 역할을 하

며 그 노고를 충분히 인정받았다. 공동체 속에서 라다크의 구성원들은 각자라는 느낌보다 서로 연결되어 있었고 이상적인 사회 구조를 이루고 있었다는 것이다.

그러했던 곳인데, 고립되다시피 살던 그곳에 길이 열리고 개발논리가 적용되면서 역설적이게도 그들의 사회를 돌아보게 되었다는 것이다. 그들은 그들의 전통을 유지해나가는 대신 새로운 미래를 구축해나갔다. 그것은 무분별한 개발을 통한 획일적이고 단일한 문화의 확산. 지금까지 축적된 고유의 문화는 새로운 개발논리로 파괴되어갔다. 이는 여러 세기 동안 축적된 지식도 말살시키는 가혹한 것이었다.

점점 더 많은 사람들은 자기의 것을 잊어버리고 오로지 경쟁에 몰입하며 탐욕스럽고 자기중심적으로 변해갔다. 그러한 산업화와 개발의 과정에서 나타나고 생성되는 자기중심적인 성향들을 인간의 본성일지도 모른다. 그러나 이것은 모든 사회 문제의 시작이고 끝과 같은 것이다.

1960년대 파키스탄과 중국의 침략으로부터 이곳을 보호하기 위해 이 지역에 인도 군대가 주둔하게 되면서 라다크가 겪은 변화를 소개한다. 인도 정부가 1974년부터 이 지역을 관광객에게 본격적으로 개방하기 시작하자, 라다크는 점차 서구 문명을 접하고 서구식 개발을 경험한다. 저자는 이 과정에서 물질문화가 라다크 사람들의 마음에 광범위하고 파괴적인 영향을 미치는 과정을 지켜본다. 외래 문물이 들어오면서 라다크가 경험한 첫 번째 커다란 변화는 인구의 빠른 증가였다. 인구의 증가요인은 출산에 의한 것이라기보다는 외부에서의 유입이었다. 인구가 증가하면서 작은 공동체는 점점 무너졌고, 작은 공동체 내에서만 가능했던 직접 대면 관계와 친밀감도 약해졌다. 라다크 사람들은 영상매체를 통해 서구의 이미지를 보면서 자신들의 문화에 대한 열등감을 갖게 되었고 영상을 통해 현대의 과장된 이미지를 긍정적으로 받아들이고, 갑자기 자신들이 '가난하다'고 생각하세 된 것이다. 이깃은 오늘날 우리기 헤외여행으로 가볼 수 있는 미얀마나 캄보디아 등의 나라를 생각하면 쉽게 이해할 수 있을 것이다. 또한 자급자족 문화에서는 일부 사치품 소비 이외에 필요가 없었던 '돈'에 대한 욕구가 생기고 돈은 라다크 사람들이 전에는 몰랐었을 '탐욕'을 잉태했다.

사람들은 점차 돈을 벌 수 있는 도시로 떠나가고 점차 공동체의 유대 관계는 약해졌다. 농사일을 하는 이들은 자신의 직업에 대한 자긍심이 줄어들고 빈부격차도 점점 커지게 된다. 빈부의 격차는 도시로 진출하기 위한 서구식 교육의 중요성이 강조되는 계기가 되었다. 고비사막에 사는 게르의 아이들도 마찬가지였다. 대부분 초원지대의 게르를 떠나 도시에서 교육을 받거나 일자리를 찾는다. 그들이 살던 과거 농경에 의존하던 단순한 시대에는 시간이 넉넉했고 생활은 인간적인 속도로 진행되었는데 말이다. 그러나 기계를 사용하면서 '시간을 절약하는 기술'을 갖게 됨에 따라 삶의 속도는 오히려 급해지게 된다. 고속철도가 다니면서 짧은 시간에 서울과 부산을 다닐 수 있게 되었지만 결국 사람들은 더 바빠지게 된 것처럼 말이다.

특히 라다크 아이들은 예전과는 달리 서로가 아닌 각자를 위해 공부를 하게 되었다. 이는 우리도 마찬가지였다. 70년대 중·고등학생이었던 나와 같은 세대들은 개인을 위한 공부가 아닌 공동체를 위한 공부도 생각했다는 것을 돌이켜 보면 쉽게 이해할 수 있다. 중학생 시절 내가 소설 '상록수'를 읽고 그 주인공과 같은 농촌운동가의 삶을 꿈꾸었듯이 말이다.

서구식 교육은 경쟁을 유도하고 경쟁은 더 큰 경쟁을 초래한다. 한편 경쟁에서 소외된 라다크 아이들은 그동안은 몰랐던 소외감과 결핍을 경험하고 분노와 원한이 생기게 되었다. 그 결과 '배려'를 강조하던 라다크 문화에서는 없었던 폭력이 생겨났다.

이처럼 서구식 개발의 힘은 라다크인들의 뿌리 깊은 만족감과 편안한 태도를 너무 많이 파괴하는 결과를 가져왔다. 그래서 라다크인으로서 서구식 교육을 받고 서구 문화에 대한 균형 잡힌 시각을 갖게 된 지식인들이나 저자와 같은 서구의 환경운동가들에서부터 점차 반성이 시작되었고, 라다크를 회복하기 위한 움직임이 생겨났을 것이다.

우리는 이미 그 오래된 미래에 와있는 셈이고 골목길에서 만난 아이들, 좀 더 자라면 부모의 의지에 따라 마을을 떠날 것이다. 공부를 하지 않으면, 돈을 벌지 않으면 뒤쳐진다는 강박의식을 갖게 될 것이다. 네팔도 라다크의 변화와 다를 바 없다. 간두룩마을의 미래도 그러할 것이다.

가족의 의미

돌아가기 위해 떠나는 것이 여행이리지만 외국 여행을 마치고 돌아가는 길은 언제나 바람이 빠져가는 풍선과도 같았다. 설렘과 기대감으로 가득 찼던 바람이 빠지면서 마음이 심술을 부르듯 움찔거렸고 지친 심신에다 먼 거리를 건너가야 하는 거리, 밀쳐주었던 일상으로 다시 돌아가야 한다는 부담감도 떨쳐버릴 수 없었다.

포카라에서 카트만두로 와서는 낮 시간동안 미뤄둔 듯 시내 이곳저곳을 돌아다녔고 공항으로 이동했다. 트리부반 국제공항에서 출발준비를 마치고 활주로로 이동하던 항공기는 그 자리에 멈추어 섰다. 영문을 모르고 30분을 넘게 멈칫거리고서야 안내 방송으로 그 이유를 전해 들었다. 인접국가인 인도에서 '영공통과허가가 나지 않는다.'는 것이었다. 정기항로에서 기상이변 등의 저해요소가 없는데도 그런 절차가 있다는 것이 의아했지만 지체된 시간이 무려 세 시간이었다. 돌아가면 세 시간도 더 앞으로 가있을 텐데 도착시간은 당연히 더 더디어질 것이었다.

투덜거렸던 밤을 건너 인천공항에 도착하였을 때 뿌연 먼지를 내보이며 이르게 아침이 와 있었다. 공항은 유난스럽게 기다려야 할 절차들이 번거로웠지만 출발하면서와 돌아오는 모습은 확연히 달랐다. 귀가의 방향이 정해져 배낭이 나오기를 기다리는 기다리는 시간에 잠시 머뭇거렸다.

집을 떠날 때 빠진 것이 없는지
살뜰히 챙겨두었던 짐꾸러미는
돌아오면서 구차스런 짐짝이 되어 있었다

처음 만나듯 떠나던 날은
반갑게 친해지고 싶었던 일행이었는데
짐이 된 것들을 챙겨 돌아설 때는
되레 퉁명스러워져 돌아나갔다

공항은 일상 탈출의 경계선인 듯
무거운 동체마저 가볍게 지상을 솟아올랐다
너와 나의 이별은 또 다르던가
그래 언제나 돌아설 때는
말없이 돌아보지 말고 헤어지기를
훗날 영영 이별을 준비하듯

　지나온 길과 다시 돌아가야 할 길이 한데 겹쳐있었다. 길 위에서의 이야기들은 시간이 지나서야 숙성의 과정을 거처 그리움으로 남을 것이다. 그것은 일상으로 돌아가서야 제자리를 잡는다.
　시간 차이는 있었지만 두 아들이 한꺼번에 군에 입대했던 때가 있었다. 퇴근하고 집에 돌아오면 불 꺼진 집. 언제나 혼자였다. 문을 밀치고 깜깜한 공간에 들어서는 것은 언제나 피하고 싶은 일상이었다. 일상적인 퇴근시간에야 그런 감상에 빠져들지 않았겠지만 집 밖으로 멀리 나섰다가 돌아오는 길이면 아무도 없을 집에 들어가기가 싫었다. 누가 기다리든 그렇지 않든 그건 집이라는 공간은 가족이라는 것과 궤를 같이하는 것이었다. 집이라는 공간은 단순히 거처하는 공간이 아니었다.

이제 그런 가족이라는 공동체로서의 가정이 빠르게 해체되어 가고 있다. 보건복지부가 발간한 사회 통계 지표를 살펴보면 1인 가구 수는 85년부터 점진적으로 늘고 있다. 2018년 우리나라 가구가 2천만 가구를 돌파했는데 그 중 1인 가구 비율이 전체의 30%를 차지했다. 반대로 4인 이상 가구 수는 감소하고 있다. 이제 가족이라는 개념은 빠르게 해체되고 있다. 빠른 핵가족화와 맞벌이부부 증가, 이혼율 급증, 결혼을 포기하는 경우 등. 젊은 세대의 가치관이 변하면서, 더 이상 결혼을 꼭 해야 하거나 가족을 이루고 자식을 낳는 것이 당연하지 않게 된 것도 이유 중 하나일 거다. 이러한 경향은 계몽이나 사회 환경이 변한다고 다시 회복되기는 힘들다. 출산율을 높이기 위해 엄청난 예산과 노력을 들였지만 효과는 별무신통이다. 이제 가족이 이루는 가정이 아닌 단순히 주거공간으로의 가구로 분류될 것이다.

가정이 없는 삶은 어떠한 영향을 미칠지 두렵다. 세상은 나 혼자 살아가는 것이 아니기 때문이다. 더불어 사는 사회에서 각자의 살아가는 모습 속에 내 모습도 한데 섞이기 때문이다. 가정이 해체되어가는 증가율과 가족 간의 범죄율은 비례하는 것으로 나타난다.

2011~2017년까지 7년간 친족을 대상으로 벌어진 범죄는 21

만여 건이었다. 동거 친족은 물론 기타 친족 간 벌어진 범죄 건수를 합친 것이다. 이 수치는 2014년 이후 폭발적으로 증가했고 2017년에는 4만 건을 넘겼다. 가족범죄 중 가장 많이 발생하는 유형은 폭력이었다.

대가족사회에서는 가족이라는 가부장적인 억압도 없지 않았지만 기대고 사랑을 주고받는 의지처가 되어주었다. 조부모나 주변 친척들이 가정문제에 개입하고 질책하는 방식으로 직간접적 교육이 공생했지만 핵가족 사회에서는 공동체의식이 약해지면서 이런 기능을 상실했다.

엿새 동안의 이야기에서 불러오지 못한 한 사람이 있었다. 아니 한 여인, 아니 한 어머니였다. 6일 동안의 이야기 중 어디에 모셔야 할지 두리번거리다가 마지막 일곱 번째 날까지 왔다. 그녀는 봄볕이 가득한 들판의 마당에서 아기에게 젖을 물리던 엄마였다. 아마 남편은 돈을 벌러 대처로 나갔는지 모습이나 자취를 볼 수 없었다.

분유라는 것이 없었던 시절이었으니 예전에는 우리도 저렇게 엄마 젖을 먹고 자랐다. 심지어는 심청이처럼 동냥젖을 얻어먹고 살아남기도 했다. 공공장소에서 가슴을 보이는 것이 서로에게 불편한 섯은 사실이겠지만 그렇다고 꼭 숨기고 기려야 할 것도 아니었다.

잠시 동안이지만 낯선 여행지에서 타국인 엄마의 수유 장면을

사진으로 남긴다는 것이 주저되는 것은 사실이었지만 그녀는 그
것을 자연스럽게 수긍해주었다. 그녀 앞에 앉은 조금 큰 아이는
발달장애가 있는 듯했다. 그런 상황에서도 이방인의 눈길을 의
식하지 않고 자연스럽게 내비치는 결코 만들어질 수 없는 여인
의 저 미소는 무한한 사랑의 눈빛, 그 자체였다. 수유가 끝나고
아이를 안아주는 모습은 낯선 이방인에게 정말 고마운 선물이었
고 가족을 이루어간다는 후대를 이어가는 위대한 몸짓이었다.

　남자의 입장에서 함부로 현재의 출산 기피 현상을 논박한다는
것이 부담스럽다. 하지만 우리가 얻은 문명의 편리함과 이기심
으로 가정을 해체하는 지경에까지 이르게 되었다는 것에는 우려
를 금할 수 없다.

　밤을 건너 인천공항으로 들어왔을 때 이르게 날이 밝아오고 있었다. 지독한 미세먼지가 한반도를 뒤덮고 있다는, 새봄의 우울한 현실과 맞닥뜨려야 했다. 만났던 이들과 헤어지는 순간의 모습은 처음 만났을 때와는 다르게 되레 퉁명스러워졌다.

　짐을 집에다 가져다 놓고 회사로 가야 했는데, 정상적인 출근 시간에는 늦어버린 시간이었다. 일주일여 사무실을 비운데다 아침 출근시간에 정상적으로 나가지 못하고 오후에 나가려니 몸도 마음도 무거웠다.

　안나푸르나를 다 오르지는 못하고 올려다보기라도 한다면 하는 소망을 품고 나섰던 길, 짧은 여정이었지만 너무 거창한 주제를 챙겨간 것이 아닌가 싶기도 했다. 돌아와서의 일상은 그 연장선상의 이야기였다.

이제 일곱 날 동안의 이야기를 마치려고 한다. 이제 태어난 지 60년, 안나푸르나로 떠났던 여행은 오래전부터 꿈꾸었던 시간 여행이었다.

다가올 미래는 우리의 의지와 관계없이 허구로 가득 차 있다. 다만 현재라는 공간 속에서 움켜지고 투사하려는 욕망이 눈앞에서 어른거릴 뿐이고 착시 될 뿐이다.

농경사회에서 산업사회로의 급격한 변화 속에서 우리의 오랫동안 이루어온 문화와 정서는 왜곡되고 자기비하의 늪에 빠져들었다. 그러니 과거는 초가집이나 돌담처럼 부수고 허물어야 할 것이었다. 별난 음식이라며 돌담 너머로 넘겨지던 오랜 시간 체화된 정서는 돌담을 무너뜨리고 블록 담을 쌓으며 그 여유와 고유의 정을 잃어갔다. 성장제일을 추구하고 황금만능의 물신을 숭배하면서 과거는 물론 현재도 중요하다고 생각하지 않았다. 오로지 앞만 내다보고 더 많이 가지고 남보다 더 잘 먹고 잘살겠다는 야망으로 달려온 세월이었다. 그것은 기실 교활한 시지푸스에게 내려졌던 가혹한 형벌과는 같은 것이었다.

이제 산업화시대의 물질적인 성장과 분배는 한계에 도달한 것 같고 자연재해를 포함, 미래는 비관적인 암운이 드리워지고 있다. 먹구름이 몰려오는 것처럼 답답한 현실과 꿈을 던져놓을 수 없을 것 같은 미래를 내다보면서 견디고 살아나갈 힘은 어디서 찾아낼 것인가?

초가삼간, 모난 곳 없이 둥근 두레밥상에 모여 앉았던 시절은 가난했다. 하지만 나눌 시간은 풍족했다. 일상에서의 시간과 거기에서 벗어난 시간의 의미를 구분해보면 그 빠름과 느림의 공간을 인식할 수 있으니 시간의 의미를 확인하고 찾아보고도 싶던 여행이었다. 모나지 않은 두레가 될 때 너와 나는 서로를 보듬어주는 둘레가 되었던 의미를, 서로를 귀히 여기며 섬겨지는 지혜를 다시 찾아내고 싶다는 꿈을 꾸기도 했다. 특별한 나눔처럼 마주 보며 추억을 공유할 수 있을 때 먼 곳에서 울림이 오고 갑자기 오랜 친구가 된 것 같은 가외의 기쁨은 덤으로 주어지는 것이리라.

'네팔을 한 번도 안 가본 사람은 있지만 한 번만 가본 사람은 없다'라는 말은 네팔 관광청에서 홍보용으로 만든 말은 아니었겠지, 네팔에 다녀와서 오랫동안 잊고 있었던 영화를 다시 보았다.

'티벳에서의 7년', 실화를 바탕으로 한 영화라니…. 잠시 머물렀던 히말라야 산록의 모습이 새롭게 다가왔다. 그 중 한 장면, 주인공 하러(브래드 피트 분)가 신체 치수를 재러 온 티베탄 재단사와 나누던 대화가 떠오른다. 하러는 자신의 얼굴 사진이 크게 나온 기사가 게재된 지면(紙面)을 보여준다. 하러에게는 사회적 자아를 만족시키기 위해 노력한 삶의 모습을 상징하는 사진이다. 그는 자랑스러워하는 얼굴로 상대의 열광적인 반응을 기대했는데 의외로 재단사의 반응은 미적지근하다. 재단사는 하러에게 다음과 같은 말을 한다.

"이걸 보면 우리 두 나라의 인식이 얼마나 다른지 알 수 있죠. 당신들은 어떤 방법으로건 자신들의 야망을 실현하려고 하고, 우린 그런 자아를 버리려고 하니까요."

하러는 2차세계대전 중 영국군 포로수용소를 탈출하여 온갖 역경과 생사의 갈림길을 헤치고 티벳에 안착했고 7년을 보냈다. 그 7년의 이야기를 책으로 썼고, 후에 영화로도 만들었다.

그렇게 하러가 보냈던 7년도 아니고 7주도 아닌 7일을 나는 안나푸르나에 머물렀다. 그러나 안나푸르나를 다녀온 후 마음에 무엇인가가 꿈틀거렸다. 안타푸르나를 올려다보며 걸었던 7일동안의 이야기를 마치며 빈정거리듯, 누군가 했던 그 말이 생각났다.

"인도를 일주일 여행한 사람은 책을 한 권 쓰고 일곱 달 머문 사람은 겨우 글을 한 편 쓸 테지만 7년 동안 머문 사람은 아무것도 쓰지 못한다."라는.

　삶이 지나간 길에는 연민과 그리움이 남는다. 그나마 인간이 만물의 영장처럼 존재하는 것은 연민이 있기 때문이다. 사회적 인 성취나 위업이었더라도 그것은 바람과도 같이 지나갔고 지금 도 지나고 있을 것이다. 그러니 나의 여행의 주제는 풍경이 아 니라 늘 사람이다. 이것은 앞으로도 변하지 않을 것이다. 돌아 와서 그곳의 풍경들이 되돌아오기도 했지만 시간이 갈수록 오가 는 길에 만났던 사람들이 새록새록 그리워졌다.